정치적 말의 힘

● 정치발전소 강의노트 06

정치적 말의 힘 정치적이되 아름다워야 한다

1판 1쇄 | 2022년 11월 28일

지은이 | 박상훈
펴낸이 | 안중철, 정민용
편집 | 심정용, 윤상훈, 이진실, 최미정

펴낸 곳 | 후마니타스(주)
등록 | 2002년 2월 19일 제2002-000481호
주소 | 서울 마포구 신촌로14안길 17, 2층 (04057)
전화 | 편집_02.739.9929/9930 영업_02.722.9960 팩스_0505.333.9960

SNS | humanitasbook
블로그 | blog.naver.com/humabook
이메일 | humanitasbooks@gmail.com

인쇄 | 천일문화사_031.955.8083 제본 | 일진제책사_031.908.1407

값 21,000원

ⓒ 박상훈, 2022
ISBN 978-89-6437-425-2 04300
     978-89-6437-231-9 (세트)

이 도서는 한국출판문화산업진흥원의 '2022년 우수출판콘텐츠 제작 지원 사업' 선정작입니다.

정치적 말의 힘

정치적이되 아름다워야 한다

/ 박상훈 지음

후마니타스

차례

이 책에서 소개한 연설의 전문 및 육성, 영상을 QR코드로 확인할 수 있습니다.
병기된 쪽수는 본문에서 해당 연설을 싣거나 다룬 곳입니다.

- 최고의 시절: 의회 연설

  (1940년 6월 18일) 185, 186쪽

- 그토록 적은 사람들에게: 의회 연설

  (1940년 8월 20일) 187쪽

샤를 드골

- 레지스탕스의 불꽃은 꺼지지 않을 것: 망명지 런던 BBC에서

  타전한 대독 항쟁 촉구 연설(1940년 6월 18일) 194, 195쪽

프랭클린 루스벨트

- 두려워할 것은 두려움 그 자체뿐: 대통령 취임 연설

  (1933년 3월 4일) 204~209쪽

- 네 가지 자유: 의회 연설(1941년 1월 6일) 212~218쪽

존 F. 케네디

- 나라를 위해 무엇을 할 것인가: 대통령 취임 연설

  (1961년 1월 20일) 224~230쪽

- 우리 모두는 베를린 시민이다. 베를린 언실

  (1963년 6월 26일) 230~234쪽

버락 오바마

시작하며

1.

권위주의자의 실패는 힘을 잘못 사용한 것에서 비롯된다. 강압에 대한 두려움으로 작동하는 것이 권위주의다. 두려움이 효과를 낳지 못하면 사람들은 용기를 내고 체제는 몰락한다. 두려움의 후광을 잃은 '벌거벗은 폭군'은 초라한 존재가 된다.

민주주의자의 실패는 말을 잘못 사용하는 것에서 비롯된다. 민주주의에서도 힘은 중요하다. 완전한 민주주의라도 '강제의 부재'는 있을 수 없다. 어느 곳에서든 국가나 정부는 구속력 있는 공적 강제를 부과하는 '합법적 폭력'이다. 이를 누가 부정할 수 있겠는가.

그렇다 해도 민주주의는 말의 힘과 설득의 방법이 우선인 체제다. 시민의 적극적 동의를 구하지 못하면 합법적 폭력도 국가의 강제력도 물거품이다. 정치 실패 이전에 말의 실패가 선행하는 게 민주주의다. 말이 나쁜 정치인이나 정치 세력이 설 자리를 잃어야 민주주의가 제대로 된다.

말이 나쁜 사람과는 인생을 함께할 수 없다. 함께 일을 도모할 수도 없다. 고약한 말은 미움을 낳는다. 신뢰할 수 없는 말은 협동의 가능성을 없앤다. 정치는 더욱 그렇다. 함부로 내뱉은 정치가의 말은 민주주의도 함부로 운영하겠다는 신호다. 정치가가 그러면 시민도 서로에게 함부로 하기 시작한다. 혐오가 정치의 편을 나누면 시민도 편을 나눠 적의를 불태우게 된다.

좋은 정치가 좋은 시민을 낳고 나쁜 정치가 나쁜 시민을 낳는다. 사랑보다 미움이 더 강렬한 정념이듯, 정치에서도 선호보다 증오나 혐오가 더 강렬한 열정으로 작용한다. 달라서도 같이할 수 있고, 다르기 때문에 같이하는 것이 정치다. 이견과 다름을 인정하지 않는 체제, 다시 말해 정치의 기능이 발휘되지 않는 체제를 우리는 민주주의라고 부르지 않는다. 이견이 이적이 되고 다름이 혐오가 되는 정치가 되면 민주주의도 견딜 수 없게 된다.

나쁜 말이 나쁜 정치의 악순환을 만들지만, 결국 그런 악순환을 끊는 것도 말이다. 민주주의에서 변화는 정치가의 좋은 말에서 시작된다. 새로운 상황을 받아들일 심리적 준비를 가능하게 하는 것도 말이고, 새로운 공동 행동을 조직하게 하는 것도 말이다. 정치 양극화, 진영 양극화의 악순환을 끊고 우리 민주주의를 달라지게 만드는 말, 그 말을 시작하는 정치가만이 우리 사회의 민주적 열망을 다시 발현시킬 수 있다.

정치가는 말하는 사람이고, 정치가의 좋은 말은 강력한 민주적 위력을 발휘한다. 지금의 민주주의가 제대로 작동하지 않게 된 이유 가운데 하나는, 좋은 정치 언어를 가진 정치가를 배출하지 못한 데 있다. 우리 정치가 좋아지는 변화, 시민 삶이 이견의 풍부함 속에서 평화로워지는 변화 또한 말이 좋은 정치가의 출현에서 시작될 것이다.

좋은 말이 정치가에게 기회를 주는 민주주의를 희망한다.

2.

본문은 크게 두 부분으로 구성된다. 1부에서는 정치에서 말이 왜 중요한가를 고전 수사학의 논의를 통해 살펴보며, 2부와 3부에서는 대표적인 정치 연설을 살펴본다.

1부는 정치학과 수사학의 고전에서 논의되었던 말의 문제를 현대적 언어로 설명한다. 플라톤, 아리스토텔레스, 키케로의 논의가 그 중심축을 이룬다. 국내 번역본을 기준으로 말하자면, 플라톤의 논의는 『고르기아스/프로타고라스 : 소피스트들과 나눈 대화』와 『국가』, 아리스토텔레스의 논의는 『정치학』과 『수사학/시학』 그리고 『니코마코스 윤리학』, 키케로의 논의는 『수사학』을 바탕으로 한다. 각각의 서지 사항은 참고문헌에서 볼 수 있다.

필자는 이 고전들을 오랫동안 탐독했는데, 그 합리적 핵심을 필자가 이해하는 방식대로 자유롭게 말해 볼 생각이다. 이 세 사람 이외에, 이소크라테스나 쿠인틸리아누스 등 다른 수사학자들에 대한 논의는 필요한 곳에서만 간략하게 언급한다.

정치 연설을 번역하는 데 있어 가장 신경을 쓴 일은 '국민'이라는 용어의 사용을 절제하는 것이었다. 그간 우리 사회의 지배적 관행은 'people', 'nation', 'citizen'을 구분 없이 '국민'으로 옮기는 것이었다. 이를 개선하기 위해 우선 'citizen'은 '시민'으로 'nation'은 '국민'으로 옮겼다. '민족'으로 옮겨야 할 때가 있겠지만, 이 책의 본문에서는 그에 해당하는 사례가 없었다.

문제는 'people'이었는데, 이를 모두 국민으로 옮기는 것이 언제나 최선일 수는 없다. 경우에 따라 '민중'이나 '인민'이 더 적합한 때도 많다. 따라서 본문에서는 문맥에 맞게 국민과 인민, 민중 등으로 옮겼다. 이렇게 옮기는 이유에 대해서는 2부 서두에서 자세히 살펴보겠다.

3.

이 책은 짧은 국회 생활의 산물이다. 2019년 4월 이후 필자는 국회미래연구원의 초빙연구위원으로 있으면서 보좌진 연구 모임과 의원 연구 모임에서 다양한 주제로 강의를 했다. 그 가운데 하나가 '정치에서의 말'의 문제를 다루는 수사학 강의였다. 이때 좋은 정치 연설문을 소개하고 함께 읽을 기회를 여러 차례 가졌다.

강의에서 다룬 내용의 일부는 「국회의원은 어떤 말의 규범을 준수해야 할까」라는 제목의 2020년 연구 보고서로 제출했다. 이후 강의 때마다 기존 내용을 보완하고, 새로운 내용을 추가해 이한 권의 책을 완성하게 되었다. 강의에 참여해 원고를 읽어 준 '의회정치의 미래' 연구 모임 회원들과, 도종환 의원이 이사장으로 있는 '민주주의4.0'의 의원 여러분, 그리고 정의당 의원 공부 모임에서 원고의 일부를 함께 읽은 이은주, 장혜영, 류호정 의원에게 감사한다. 좋은 정치의 꿈을 공유해 온 정치발전소 친구들에게도 감사한다. 정치발전소는 정치적 말의 중요성을 이야기하기 시작한 곳이다.

끝으로, 매일매일을 반갑게 맞아 준 국회 경내의 작은 풀, 꽃, 나무에게도 고맙다는 인사를 하고 싶다. 겨울이 오기 전에 책을 마무리할 수 있어서 다행이다.

2022년 11월

1부

수사학과
정치 연설

1장

왜
정치가의 말에 대해
말하는가

왜 '말'인가? 정치의 문제를 왜 말의 문제로 다루려 하는가?
지나친 단순화 같지만, 정치는 곧 말이다. 정치는 말로 일하는 인간 활동이다.
정치가란 '말밖에 가진 게 없지만, 말로 변화를 일궈 가는 사람'을 가리킨다.

1. 왜 정치가인가

정치에서 실천 이성이 갖는 특별함

정치라는 인간 활동에는 그에 맞는 특별한 지혜나 현명함이 있다. 옛 선현들은 이를 '정치 이성'political reason 혹은 '정치적 실천 이성'political reason for action이라고 불렀다. 정치는 말로 이루어지는 인간 활동이기에, '정치적 이성을 갖춘 말'이 상황을 타개하는 데 있어 얼마나 대단한 힘을 발휘하는가 하는 것은 정치학은 물론 문학이나 역사 서술에서도 언제나 중요하게 고찰되었다.

정치가들이 '정치라고 하는 매우 특별한 인간 활동'을 좀 더 의미 있게 감당해 낼 수 있기 위해서는 '정치적 말의 힘'을 이해하고 또 익히는 노력이 필요하다. 정치 이성이란 아리스토텔레스가 사용한 표현인 프로네시스Phronesis나 마키아벨리의 푸르덴차Pruden-za에 가깝다. 그들은 정치적 행동에 적합한 지혜, 현명함, 덕성이 따로 있다는 생각을 강조한 사상가들이다. 하지만 아리스토텔레스와 마키아벨리의 정치 이성론은 매우 다르다.

아리스토텔레스는 신중함과 절제, 균형을 정치 이성의 핵심으로 여겼다. 반대로 마키아벨리는 맹렬함과 적극성, 더 나아가서는 사자를 제압할 간교함과 여우를 혼내 줄 잔인함까지 정치 이성으로 용인했다. 막스 베버처럼 '대의에 대한 열정', '결과에 대한 책임감', '당위와 현실 사이의 균형 감각'을 정치 이성으로 꼽은 사람도 있다. 강조점은 달랐지만, 그들의 논의는 정치적 실천 이성에 대한 이해를 풍부하게 해주었다.

아리스토텔레스와 마키아벨리, 막스 베버는 정치의 자율성을 옹호했던 대표적인 사상가들이다. 그들에게 정치는 정치일 뿐 다른 것이 될 수 없다. 경제 원리나 이데올로기, 기술 발전으로도 대체할 수 없는 것이 정치다. 아리스토텔레스에게 정치는 사회 모든 분야를 아우르는 '최상의 인간 활동'이다. 정치의 독립된 역할 없이는 '균형 잡힌 사회'well-ordered society를 만들 수도, 유지할 수도 없다고 보았기 때문이다. 균형 잡힌 공동체를 위한 신중한 정치 행동을 아리스토텔레스는 정치가에게 권고했다.

마키아벨리는 정치의 본질을 '상황의 가변성'과 그에 대응하는 지도자의 '적극적 행동' 사이의 상호작용에서 찾았다. 정치 상황의 가변성은 '포르투나'Fortuna라는 여신의 이름으로 비유했고, 정치가의 지도적 행동은 비르투Virtù로 표현했다. 요컨대 마키아벨리에게 정치 이성이란 변화하는 상황에 맞게 그에 적합한 행동을 선택하는 정치가의 안목을 의미했다.

하지만 변화하는 상황의 요구에 잘 맞추기에는 인간이 가진 능력에서 한계가 있다. 게다가 '변덕스러운 정치의 여신'을 뜻하는 포르투나는 확신 없는 정치가, 즉 비르투 없는 지도자를 파멸시키는 데 주저함이 없는 존재다. 따라서 어떤 경우든 정치가는 비르투, 즉 '적극적 실천 의지'를 잃지 않아야 하며, 그 기초 위에서 역경과 위기조차 영리하게 활용하는 현명함을 갖춰야 한다고 마키아벨리는 강조했다. 성경에 나오는 '뱀 같은 지혜'라는 표현에 가깝다고 봐도 크게 틀리지 않다. 영악할 정도로 지혜롭게 상황을 타개해 가야 한다는 권력의지를 중시했다고 봐도 좋겠다.

막스 베버도 정치가를 중심으로 정치의 문제를 다뤘다. 그에게 정치란 복잡한 뭔가가 아니라 '정치가가 맡아야 할 과업' 그 자체다. 정치가가 정치가다워야 정치의 가치나 의미는 살아난다. 따라서 베버는 정치가가 견지해야 할 직업 정신과 소명 의식, 책임성의 문제로 정치 윤리를 이론화했다.

학자나 철학자가 정치를 할 수 있을까

이들 모두는 '철학자의 통치'를 권고했던 플라톤과는 생각을 달리했다. 정치는 정치가가 하는 직업적 활동이어야 하며, 정치 밖의 철학자나 지식인, 전문가를 불러와 정치를 하게 할 수 없다고 보았다. 정치학을 많이 안다고 해서 정치학자가 정치를 잘하는 것도 아니다. 학문의 길과 실천의 길은 다르다. 정치는 철학자도 정치학자도 아닌, 정치가가 한다. 적어도 이 점에서만큼은 아리스토텔레스, 마키아벨리, 베버의 생각이 굳건할 정도로 같았다.

그 가운데 막스 베버는 정치야말로 정치 나름의 고유한 실천 이성이 있고, 다른 사회 윤리가 대신할 수 없는 정치만의 특별한 도덕, 윤리, 규범이 있다는 것을 이론화하는 데 크게 기여했다. 정치는 전업 정치가가 해야 하며, 전업 정치가의 좋은 역할 없이는 정치도 민주주의도 제대로 될 수 없다는 것이다. 정치를 경제 엘리트나 법률 전문가, 행정 관료에게 맡기는 것을 베버만큼 비판적으로 본 사람도 없다.

민주주의에 대한 베버의 정의는 인상적이다. 그는 정치가가 정치를 통해 소득을 얻는 체제를 민주주의라고 정의했다. 정치 밖에서 경력을 쌓은 사람들이 잠깐 정치 안으로 들어와 정치를 부업이나 임시 봉사직으로 삼는 것이 아니라 정치를 본업이자 생업으로 삼는 선출직 공직자들이 '직업 정신'을 갖고 국가나 정부를 운영해야 민주주의라는 것이다.

민주주의에서 정치가는 시민의 다른 얼굴 혹은 다른 이름이다. 민주주의에서라면 정치가는 시민적 사업을 책임지는 사람이다. 한마디로 말해 정치를 (군인도 관료도 전문가도 운동가도 아닌) 시민이 선출한 정치가가 해야 시민 주권도 살고 민주주의도 산다.

정치의 역할에 대한 경제사상가 칼 폴라니의 설명도 도움이 된다. 그에 따르면 경제나 법, 행정은 사회의 '부분 체제'partial re-gime이며, 그에 맞는 하위 원리를 갖는다. 다시 말해 그 분야에서만 적용 가능한 원리로 움직인다는 뜻이다. 정치는 다르다. 정치는 체제 전체의 관리를 목적으로 하는 인간 활동이다. 부분의 원리로 전체를 운영할 수 없듯이, 경제의 원리로 정치를 운영할 수 없다. 마찬가지로 법률가의 정신으로 정치를 해서도 안 된다. 상업 엘리트나 행정 관료가 정치를 하는 민주주의도 있을 수 없다.

정치만이 체제 전체의 운영을 감당할 수 있는 인간 활동이다. 그런 정치를 다른 부분 체제의 운영 원리로 대체할 수는 없다. 정치의 자율성은 정치의 본질이다. 그런 정치를 직업이자 소명으로 삼는 좋은 정치인의 역할 없이 제대로 운영될 수 있는 인간 사회는 없다.

2. 왜 정치가의 말인가

정치는 곧 말이다

1원 1표의 원리를 갖는 경제체제나, 위계적 규율로 작동하는 관료행정 체제, 나아가 범법 행위에 대한 제재나 처벌이 중심이 되는 사법 체제만으로 공동체 전체의 균형과 협력을 이끌어 갈 수는 없다. 정치란 그런 부분 체제들이 잘 작동할 수 있게 하면서도, 전체 체제의 통합성을 높이는 역할을 한다. 국가 간 전쟁과 평화의 문제는 물론이고 입법과 조세, 재정을 통해 법과 행정, 경제체제를 균형 있게 운용하는 것은 정치만이 할 수 있는 역할이다.

그런데 왜 '말'인가? 정치의 문제를 왜 말의 문제로 다루려 하는가? 지나친 단순화 같지만, 정치는 곧 말이다. 정치는 말로 일하는 인간 활동이다. 정치가란 '말밖에 가진 게 없지만, 말로 변화를 일궈 가는 사람'을 가리킨다. 경제적으로 성공한 사람이나 법률가 내지 행정 관료의 전문성으로 일하는 것이 아니라, 서로 다른 시민 집단들의 이해와 요구를 표출, 대표, 소통, 집약하는 방식으로 일하는 것을 정치라 한다.

대표적으로 의회를 보자. 영국이나 네덜란드처럼 국왕이 있어도 민주주의를 할 수 있고, 대통령이 없는 나라들도 얼마든지 민주주의를 할 수 있지만, 의회가 없는 민주주의국가는 없다. 복수複數의 정당들이 의회에서 공공 정책을 둘러싸고 말로 다투고 정치적으로 경쟁해야 민주주의다. 그런 민주정치를 이끄는 의회란, 정견을 달리하는 시민 집단들이 안전하고 평화롭게 말로 숙의하는 장소나 공간을 뜻한다. 프랑스나 미국의 의회를 뜻하는 'Assembly'와 'Congress'는 함께 모이는 장소를 뜻하고 영국의 의회를 가리키는 'Parliament'에는 말하는 사람들의 모임이라는 어원이 있다.

법정이 '과거에 행해진 일'을 다루는 데 반해 의회는 '미래에 일어날 일'을 다룬다. 법정에서 이루어지는 진실 공방의 언어와 의회에서의 심의나 조정의 언어는 다르다. 이를 처음 주목한 사람은 아리스토텔레스였다. 시민이나 시민 대표가 모여서 말하는 가운데 모두를 경청하게 하는 특별한 존재를 우리는 정치가라고 한다. 고대 그리스나 로마 사람들은 그런 정치가를 가리켜 '레토르'Rhetor 혹은 '오레이터'Orator라고 불렀다. 두 말 모두 '공적 언어 사용에 솜씨를 가진 사람'이라는 뜻이다. 로마나 그리스만이 아니었다. 어느 문명에서든 지도자로서 정치가란 한결같이 말이 좋은 사람을 의미했다.[1] 결국 정치가란 말로 공적 행위를 이끄는 시민 대표라고 정의할 수 있는데, 그런 정치가의 말이 나쁘다면 세상이 어찌 되겠는가.

현대 의회정치의 특징을 설명하면서 막스 베버는, 소명 있는 정치가는 '정당 지도자'일 수밖에 없다는 점을 강조했다. 현대 의회는 과거의 민회처럼 민중 집회의 형식으로 운영되지 않는다. 그보다는 본회의와 위원회 같은 제도화된 회의체로 움직인다. 이를 누가 주도하는가? 교섭단체로 불리는 복수의 정당이다. 이제 의회는 정당들이 공동 운영하는 회의체가 된 것이다.

우리 국회도 마찬가지다. 국회는 의원들의 교섭단체인 복수의 정당이 움직인다. 의장도, 부의장도, 위원회 위원장도 모두 교섭단체, 즉 원내 정당이 결정한다. 위원회 구성도, 국회 지원 기관의 장을 임명하는 것도 마찬가지다. 노사가 교섭하듯, 국회는 정당을 대표하는 의원들 간의 교섭을 통해 조세와 재정, 입법과 감사, 갈등 조정과 사회 통합의 역할을 감당한다. 오래전 막스 베버가 강조했듯이, 이를 통해 "선동가이기만 한" 사람, 즉 공동체가 아니라 자신과 자신의 파당만을 위해 활동하는 "권력정치가"를 배제하는 곳이 국회다. 그런 의미에서 막스 베버는 의회를 가리켜 "정치 리더십의 훈련장"이라고 정의했다.

의회를 이끄는 정당 지도자라면 응당 공적 발언, 즉 연설의 힘을 발휘해야 하며, "말과 함께 글도 좋아야 한다"는 점을 강조한 사람 역시 베버였다. 정당의 정치인이나 정당 지도자 역시 언어 행위를 통해 일하는 사람들이라는 뜻이다.

집권당과 반대당으로 나뉘어 심의와 토론, 조정과 합의를 통해 적법한 결정을 이끄는 국회에서 언어 행위는 중요하다. 말을 가치 있게 만드는 사람은 정치가라 하고, 말로 주변을 어둡게 하고 세상을 분열시키는 사람은 정치의 파괴자라 불러 마땅하다.

정치학의 핵심으로서 수사학

아리스토텔레스는 말, 즉 언어의 중요성을 사실상 최초로 이론화한 정치학자다. 그는 "인간은 언어 능력을 가진 유일한 동물"이라며 "지성과 덕성을 위해 쓰도록 언어라는 무기를 갖고 태어났지만, 이런 무기들은 너무나 쉽게 정반대의 목적을 위해서도 쓰일 수 있"음을 경고했다. 말이 덕성을 갖추지 못하면 인간의 정치 언어는 공동체를 파괴하는 역할을 하게 된다는 것이다.

그의 스승인 플라톤은 서양 철학을 만든 사람이다. 그는 철학의 힘으로 정치를 해야 한다고 생각했을 뿐, 정치학의 자율성을 인정하지 않았다. 당연히 수사학에 대해서도 비판적이었다. 수사적 설득이란 참된 진리를 알게 하는 게 아니라 원하는 것을 믿게 만드는 일이자 결국 허위의 정치를 가져온다고 생각했다.

플라톤의 관점에서 보면 좋은 정치란 최선의 지식을 가진 자가 통치하는 것을 뜻한다. 그가 이상적으로 생각한 '지식의 왕국'은 한마디로 말해 '식자층의 지배 체제'epistocracy가 아닐 수 없다. 그곳에서는 소수일 수밖에 없는 철학자와 전문 지식인 엘리트의 역할이 무엇보다 중요하다. 그런 의미에서 플라톤은 민주주의자가 아니라 민주주의에 대한 비판자였다.

아리스토텔레스는 스승인 플라톤에 비해 민주주의에 대해 훨씬 더 긍정적으로 생각했다. 다수의 지혜 또한 가치가 있다고 여겼다. 훌륭한 정치가라면 다수의 시민을 말로 설득할 수 있어야 한다고 보았다. 공적 언어를 유익하게 사용하는 수사학이야말로 정치의 핵심이라 여겼고, 이를 철학 못지않게 중시한 전통은 플라톤이 아니라 아리스토텔레스에서 시작되었다. 수사학에 대한 강의와 책을 통해 공적인 언어를 말하는 사람이 발휘해야 할 실력과 솜씨가 왜 중요한지를 논한 사람은 아리스토텔레스였다.

정의로운 이상 국가에 대한 헌신이 플라톤에게서 비롯된 철학의 전통이었다면, 현존하는 것들 속에서의 실천적 최선을 추구하는 전통은 확실히 아리스토텔레스에 그 기원을 두고 있다. 플라톤의 정치사상이 현상의 외피를 뚫고 본질을 탐색해 가는 접근이었다면, 아리스토텔레스의 정치사상은 있는 현실의 다양함을 중시하며 좀 더 나은 방향으로의 점진적 개선을 지향했다. 스승과 제자 사이였지만, 서양 정치사상의 경쟁적 계보를 만든 양대 기둥이 아닐 수 없다.

전통적으로 수사학자들은 정치 언어가 다음 세 가지 요소를 갖춰야 함을 강조했다.

첫째는 '말의 내용에 대한 책임감'이다. 무책임한 말이 정치적으로 얼마나 유해한가에 대해서는 더 말할 필요가 없다. '이야기꾼'에서 '이야기'를 빼면 '꾼'밖에 남지 않듯이, 말이 나쁜 정치가는 정치꾼 이상이 아닐 것이다. 정치가의 말이 '내로남불'로 야유받는 것 역시, 말의 내용에 대한 책임감이 없어졌다는 것을 뜻한다.

둘째는 '듣는 이에 대한 존중'이다. 듣는 이 없이 말을 할 수는 없을 텐데, 듣는 이에 대한 존중의 핵심은 공유할 만한 공통의 경험을 찾고 나누는 노력에 있다. 공감은 그 결과다. 공감의 범위를 넓히는 게 정치다. 그게 아니라 자기편만의 배타적인 공감만을 추구하는 것은, 정치가 아니라 '아첨' 내지 '선동'이라 부른다. 의원들의 말과 행태가 상대 당 의원이나 정견을 달리하는 시민들에게 과연 얼마나 공감될 수 있는지를 돌아보는 일은 그래서 중요하다.

셋째는 '말하는 사람이 가진 인격성'이다. 인격의 힘으로부터 신뢰와 권위, 존경이 발생한다. 정치를 이끄는 정치인들의 말이, 듣는 사람들로부터 인정받을 정도로 인격성을 갖는지에 비례해 민주주의는 성장하고 발전한다. 의원의 말이 인격성을 상실하면, 민주주의가 필요로 하는 공론장은 그 빛을 잃어버리고 만다.

3. 말의 규범과 윤리성

시민적 정중함

민주정치의 중심 영역인 국회는 의원의 말로 작동하며, 이를 위해 준수해야 할 규범과 전통이 발전된 곳이다. 의원은 입법자leg-islator로서 평등하고 독립된 결정을 할 수 있는 헌법기관이다. 의원 개인 자체가 독립된 제도다. '제도로서의 의원'은 소속 정당의 크기나 선수, 경력, 나이와 상관없이 동등성collegiality의 원리 혹은 평등한 존경의 원리로 일한다. 초선이든 5선이든 개별 입법자가 위임받은 주권의 크기는 동등하다. 행정부나 내각에는 '수석 장관'prime minister이 있다지만, 의회에서는 '수석 입법자'prime legislator가 없다. 그러므로 국회에서는 특히나 더 의원의 말이 중요하다.

의원 하나하나가 독립적인 제도라면, 의원은 의안의 발의에서 심의, 결정에 이르기까지 합리적 의사 진행을 방해하는 말과 행위를 절제할 줄 알아야 한다. 그 정도의 품위를 갖춰야 한다. 이를 '시민적 정중함'civility이라고 부른다. '시민다움'이라는 뜻의 이 단어는 동료 시민에 대한 예의라는 의미를 가진, 공화정의 정치 전통에서 유래한 용어다. 시민 대표들로 이루어진 의회에서 한 의원이 동료 의원으로부터 품위 있게 대우받지 않는다는 것은, 그가 대표하는 시민이 모욕을 당한다는 뜻이 된다.

미국 의회는 2019년 1월 4일부터 2020년 10월 31일까지 2년 가까운 기간 동안 의회 선진화 특위를 운영한 바 있다. 양극화된 정치와 품위 상실^{incivility}로 비판받는 의회의 현실을 개선하고자 민주-공화 양당이 동수로 구성한 특별위원회였다. 열여섯 번의 공청회와 여섯 번의 온라인 토론회를 개최했고, 여야 합의로 10개의 보고서를 발간하고 결의안을 공동으로 제출하는 성과를 냈다.[2]

그 내용 가운데는 초선 의원들의 정치적 품위와 정중함을 진작하기 위한 '의회 리더십 아카데미 신설'을 제안한 권고안도 담겨 있다. 어느 나라나 초선 의원들이 의회의 규범과 전통을 익히고 배우려 하지 않고 SNS(소셜 미디어)나 케이블텔레비전, 유튜브, 종편(종합편성채널) 등의 매체를 통해 갈등을 격화시키는 문제를 안고 있다. 따라서 여야 초선 의원을 대상으로 한 리더십 교육을 통해 의회정치의 규범을 익히고 정치인으로서 예의를 갖춘 정치 생활을 권장하려 한 것이다. 시민적 정중함을 구현하려는 의회의 노력은 늘 가치가 있다.

데코룸
— 정치에서의 윤리 규범 —

고대 아테네 민회의 한 원리였던 '평등한 발언' 규칙도 중요하다. 아테네인들은 이를 법 앞의 평등을 뜻하는 이소노미아$^{isono-}$^{mia}와 구분해 이세고리아^{isegoria}라고 불렀다. 법 앞에서 강자도 예외 없이 동등하게 처분되어야 하듯, 타자의 발언권을 침해하는 말의 독점 행위도 민주주의를 파괴하는 범죄가 아닐 수 없기 때문이다.

많은 민주주의국가들의 의회는 '의원 윤리 규칙'을 발전시켜 왔다. 의회 활동에 맞는 적절한 공동 윤리, 즉 데코룸^{decorum}을 준수해야 한다는 것이다. 이 데코룸 역시 정치 행위에 적합한 미덕이나 윤리를 뜻하는 스토아학파의 개념에서 유래한 말이다.

그리스어의 프레폰^{prepon}에 해당하는 라틴어 데코룸은 '적절하다'라는 뜻에서 유래한 것으로, 심메트리아^{symmetria}에 대비되는 개념이다. 심메트리아가 전체적인 조화와 통일성을 강조한다면 데코룸은 개별적인 것과 상대적인 것의 가치를 중시한다.[3] 다름 속에서도 함께 일할 수 있음을 강조한다는 점에서 데코룸은 현대 다원주의 규범과도 잘 양립한다.

데코룸은 현대 의회에서도 일상적으로 제정되고 발표된다. 실제로 대부분 의회는 의원 윤리 규칙$^{Rules of Decorum}$이 있다. 미국 하원의 윤리 규칙에 따르면 의원들은 논의의 의제에 집중해야 하며 이를 저해하는 행위는 비난받는다. 예를 들어 동료 의원이나 대통령의 주장과 정책에 대해 비판하고 공격할 수는 있으나, '거짓말쟁이'^{liar}, '위선자'^{hypocrite}와 같이 개인을 정형화해서 표현하거나, 모욕을 목적으로 '비겁하게'^{cowardly}, '적에 부역하는'$^{giving aid and}$$^{comfort to the enemy}$과 같은 표현을 사용할 수는 없다.[4]

이런 의원 윤리 규칙 때문에, 2009년 오바마 대통령이 상하원 합동 의회에서 의료보험 개혁을 설명하는 도중 "거짓말이야!" You Lie!라고 소리친 공화당 윌슨 의원은 제재를 받았다. 공화당 지도부는 윌슨에게 백악관에 전화를 걸어 즉각 사과하게 했다. 하원은 "의회 규칙에 어긋나는 행동으로 동료 의원들에게 불명예를 안긴 윌슨 의원의 행동을 비난한다."는 내용의 결의안(H. RES, 744)을 채택했다. 미국의 의원들도 문제 있는 말과 행동으로 사람들을 실망시키곤 하지만, 그래도 최소한 의회 자체적으로 제재는 한다.

2020년 미 하원에서 트럼프 전 대통령 탄핵이 논의될 때 규칙위원회 위원장은 '토론 시 준수해야 할 윤리 규칙'Rules of Decorum & Debate in the House을 발표했다. 그 내용에서 인상적인 요청 몇 가지를 보면 이렇다. "의원들은 위원장을 향해서만 발언하여야 한다", "동료 의원, 방청객, 방송 카메라를 보고 발언해서는 안 된다", "동료 의원을 언급할 때도 그의 의도나 동기 자체를 문제시해서는 안 된다", "동료 의원의 개성적 요소를 특징화해 표현해서도 안 된다."

요컨대 주어진 의제에 대한 논의의 진전, 바로 그것을 위한 발언만 허용될 뿐 상대의 의도나 동기를 나쁘게 가정하거나 상대를 정형화해 비난해서는 안 된다는 것이다. 우리 국회에서는 이런 규범이 발달하지 못했다. 의원들이 서로를 향해 사나운 말을 쏟아내는 것은 물론 카메라를 의식해 연기하듯 발언하는 것이 일상화되어 있는데, 생각해 볼 문제가 아닌가 한다.

우리 국회는 의원의 발언과 관련된 규칙이나 규범이 매우 빈

약하다. 그나마 있는 규범조차 준수되지 않는다. 시민들이 국회나 정치인을 불신하는 이유 가운데 상당 부분은 의원들이 정제된 표현을 사용하지 않고 함부로 발언하는 것에서 비롯된다. 거친 말이 당파적 지지자들에게 환호받을지는 몰라도, 그로 인해 정치는 신뢰와 권위를 상실하게 된다. 우리 국회에서 의원들의 말은 속된 말로 '말이 아닌' 경우가 많다.

정치에서의 동료 의식

국회의 일원으로서 서로가 가져야 하는 '동료 의식'philia도 중요하나 이런 의식 역시 박약하다. 친애나 우애로 번역되어 온 필리아는 '이익이나 유용성을 위해서가 아니라 서로의 선과 덕을 북돋는 데 필요한 우정의 원칙'을 뜻하는 아리스토텔레스 정치학의 중심 개념이다. 앞서 언급한 미국 의회 선진화 특위는 의원들 사이는 물론 보좌관들 사이에서 '사실에 근거한 정책 형성' 노력과 '초당적 동료 의식 및 신뢰 확대'를 위한 여러 권고안을 발표한 바 있다. 이 역시 의회정치에서 동료 의식이 갖는 중요성을 강조한 것이라 할 수 있다.

의회는 소속 정당, 이념, 이해관계 등에서의 차이가 만들어 내는 '다원주의의 효과'로 움직인다. 그런데 의원들이 준수하는 공유 규범이 없다면, 서로의 차이는 걷잡을 수 없는 갈등으로 이어진다.

이 점을 이해하고 또 그 속에서 협동을 이끌 수 있는 사람이 의원이 되어야 할 텐데, 오히려 의회를 싸움판으로 만드는 사람이 늘어나고 있는 것은 안타까운 일이다.

좋은 말이 좋은 정치를 낳고 사나운 말이 사나운 정치를 낳는다. 국회의원의 말이 사나워지면 지지자들의 말은 더 사나워진다. 정치인과 지지자들의 말이 혐오스러워지면 사회 또한 적대와 증오로 분열되기 마련이다. 자신을 돌아보는 '반성적 성찰' 대신 상대를 정형화해서 비난하는 언어가 지배하면 제1의 주권 기관인 국회도 끔찍한 곳이 될 수 있다. 우리 국회가 상호간에 이해, 공감, 동의가 불가능한 말의 흉기들로 넘쳐 나고 있는 것은 아닐까 생각해 보게 된다.

(뒤에서 자세히 살펴보겠지만) 그리스의 수사학, 즉 공적 언어 사용법을 다루는 학문은 로마공화정에서 키케로에 의해 전승되었다. 그가 저술한 책들 역시 수사학의 고전이 되었다. 이 책들을 통해 키케로는 혀의 훈련을 통해 얻게 되는 기교나 뻔뻔함이 아니라 진실한 주제를 단어에 담아내는 정치 언어의 수사적 힘을 강조했다. 키케로는 정치적 말에 대한 진지함과 헌신성을 상징하는 공화주의 정치가이자 철학자였다.

그의 이름을 딴 '시세로니언'Ciceronian이라는 영어 형용사가 있다. 키케로Cicero처럼 '공익에 대한 헌신을 아름답게 표현하는 정치가의 말'을 가리킬 때 사용된다.[5] 정치가의 말을 '시세로니언 하다'고 평가하는 것은 최고의 칭찬이다. 내용 없이 사납기만 한 말 대신 균형적인 판단과 책임 있는 결론, 정제된 표현을 중시한다면 마땅히 키케로를 따라야 하기 때문이다.

　말이 아름다운 의원에게만 정치라는 명예로운 호칭이 부여되었으면 한다.

2장

수사학이란
말로 하는 정치

인간의 정치에는 도덕적 열정을 갖게 하는 힘이 있다. 정치철학자들은 그것을
공익에 대한 헌신이라고 정의한다. 그런 신념이나 대의가 없다면 정치는
정치가 아니다. 정치가도 존경을 받으려면 그에 합당한 소명 의식이 있어야 한다.
그런 소명 의식에 맞게 적합하고 적절한 말의 수난을 발견하려고 노력하는 것,
수사학의 진정한 윤리성은 거기에 있다.

1. 수사학의 기원과 전통

수사학이란 무엇인가

수사학은 주어진 상황과 다뤄야 할 주제가 잘 결합하도록 공적 언어를 효과적으로 운용, 조절하는 능력을 다루는 학문이다. 무엇을 말할 것인지와 어떻게 말할 것인지를, 상황의 요구와 듣는 청중의 기대에 맞게 결합하는 능력, 그것이 핵심이다. 이를 위해 정치가는 발언의 주제와 관련된 지식을 쌓는 데 노력을 게을리해서는 안 된다.

수사학은 철학적 깊이와 윤리적 결단을 말로 실천하는 것을 지향한다. 단순한 '말 잘하기'에 대한 것이 아니라는 뜻이다. 그렇지만 수사학이 철학인 것은 아니다. 철학은 아닌데 철학보다 더 고결할 수도 있고 철학으로부터의 반격에 직면할 수도 있는 것이 수사학이다. 이 사실을 어떻게 옹호할 수 있는지 생각해 보자.

기본적으로 수사학은 거부할 수 없는 낱말의 매력을 구현하는 기술이며, 그 자체로 인간을 타락시킬 수도 있는 위험한 능력이다. 그런 이유로 수사학에 대한 의심은 오랜 역사를 갖고 있으며, 수사학의 특별함을 옹호하는 논변 역시 따져 볼 만한 가치를 갖는다.

수사학은 설득의 능력을 키우는 기술이다. 체계적인 지식을 통해 '진리의 문제'를 다루는 철학과 달리 '의견의 문제'를 다룬다. 의견은 기본적으로 '개연성'에 기초를 둔다. 과학적 분석과 객관적 입증보다는 일반적 개연성이 수사학에서는 더 중요하게 다뤄진다는 뜻이다.

이 점에서 논리학과도 구분된다. 논리학이 '엄격한 인과적 논증'을 다룬다면, 수사학은 낱말들을 가지고 청중을 믿도록 설득하는 것이기 때문이다. 그렇기에 진실보다는 '진실 같은 것', 과학적이고 절대적인 판단보다는 '주관적 공감'과 '동의의 감정'을 불러일으키는 것이 수사학에서는 더 중요하다. 근본적으로 수사학은 듣는 상대가 있고, 그 상대와 과학적 논증의 절차를 따지는 일이 아니라 주관적 믿음의 관계를 만들어 내는 것을 목표로 삼기 때문이다.

인간은 완벽한 논리적 전제가 확보되어야 행동하는 존재가 아니다. 확실한 과학적 증명을 거쳐야만 행동할 수 있다면 인간 사회는 한 발짝도 움직일 수 없을 것이다. 세상은 불확실하지만, 그래도 인간은 행동한다. 희망의 여지만 있어도 행동에 나서는 게 인간이다. 인간은 확고한 결과가 보장되지 않을 때라도 작은 믿음만 있으면 움직인다. 그런 점에서 철학보다 수사학이 훨씬 더 인간적이고 정치적인 것은 틀림없다.

수사학의 윤리적 기초

참된 진리가 아닌 진리 같은 것, 확실한 것이 아니라 개연적인 것이 수사학의 본질이다 보니, 수사학을 일종의 기만으로 보는 플라톤의 반격이 가능했다. 수사학은 실패할 수 있고 악용될 수 있다. 하지만 바로 그렇기 때문에 수사학은 어떤 학문 분야보다도 상호적이고 또 도덕적이지 않으면 안 되는 모순과 역설을 다룬다.

진실인 것과 진실인 것처럼 보이는 것 사이에는 불일치가 있을 수 있다. 따라서 말하는 사람 스스로 연설의 목적에 대한 헌신성을 갖고 있지 않다면 듣는 청중이 그에게 신뢰와 권위를 느낄 수 없게 된다. 공동체의 상황을 개선하고 동료 시민과 함께하는 정치적 과업에 대한 자각이 없는 정치가와는 수사학의 가치에 대해 이야기할 수가 없다.

수사학은 선동과 기만을 위한 학문이 아니다. 인간의 정치를 좋은 방향으로 이끈다는 전제 위에서만 수사학은 가치를 갖는다. 프로타고라스가 '인간은 만물의 척도'라고 정의한 것은 이 점을 잘 보여 준다. 인간의 감각은 주관적으로 다르고 진리는 상대적이기에, 말과 연설로써 공적인 결정을 이끌려 한다면 그만큼 헌신적으로 노력하지 않으면 안 된다는 것을 프로타고라스는 강조했다.

수사학이 주관적인 감정의 이입을 다루고 있기에 문학의 발전에 기여한 점도 생각해 볼 만하다. 물론 문학도 수사학의 발전에 긍정적인 영향을 미쳤다. 고르기아스의 사례가 좋은 예이다.

그의 웅변술 내지 수사학은 문학적 즐거움을 구현한 것으로 유명하다. 시적 환상을 자유롭게 구사한 것으로도 평가받는다. 그렇기에 그는 사형 선고조차 막을 수 있는 '감정의 수사학자'이자, 이를 통해 마술적인 매력을 불러일으키는 '웅변술의 대가'로도 불리곤 했다.

그런데 바로 그 때문에 플라톤은 소크라테스의 입을 빌려 고르기아스는 물론 수사학 자체에 대해 매우 혹독한 비판을 가했다. 플라톤이 수사학만 비난한 것이 아니라 시와 문학을 비난한 것도 같은 이유에서다. 하지만 인간은 철학보다 시나 문학을 더 많이 읽는다. 참된 진리를 찾는 노력보다 공감을 갖게 하는 글을 즐겨 찾는 게 인간이다. 폭군의 출현 가능성에도 불구하고 대중 정치를 통해 공적 질서를 세우려 했고, 히틀러 같은 선동가가 승리할 수 있다는 것을 알면서도 선거와 대중 연설을 통해 민주주의를 실천해 왔다. 플라톤이 대중 정치와 민주주의를 비판하면서 철학자에 의한 통치를 권고했지만, 실제 인간은 그와는 다른 선택을 했다.

물론 플라톤의 입장에서는 수사학이 진실을 저버리고 대중에 아첨하는 행위 내지 청중을 유혹하는 속임수 같았을 것이다. 그래서 플라톤은 진정한 기예는 사고의 계발을 통해 이루어질 뿐 낱말을 이용해서 이루어지지 않으며, 낱말의 수사학적 조합은 권력의 남용만 가져온다고 주장했다. 나아가 선을 실현하고 불의와 악을 거부하는 것은 수사학이 아니라 철학이라고 보았기에, 호메로스의 신화에서 보듯 동물적 본능이나 충동과 같은 원시적 인간성을 자극하는 문학적 기교를 철저하게 비판하면서, 철학자가 통치하는 '지식의 왕국'을 세워야 한다고 역설했다.

흥미롭게도 플라톤이 지향했던 '지식의 왕국', '철학의 전제정'에 대한 수사학의 반격은 이소크라테스에 의해 이루어졌다. 그는 소피스트에 대해 비판적이었고 플라톤의 철학적 '지식'을 존중한 사람이었다. 하지만 이소크라테스는 플라톤이 지식보다 열등한 것으로 비판했던 '의견'은 물론, 의견에 기초한 수사학의 가치를 옹호했다.

수사학을 속임수라고 본 플라톤과는 달리, 그는 수사학이야말로 인간의 덕성을 중시하고 인격 형성에서 철학 못지않게 중요한 역할을 한다고 보았다. 수사학에 교육적인 측면은 물론 미학적 기반을 제공하려는 노력을 꾸준히 했으며, 그것은 곧 대중에 대한 아첨이나 아부가 아니라 '정치적 아름다움'을 가져다준다고 여겼다. 노벨 문학상을 수상한 토니 모리슨은 "정치적이되 아름다워야 한다."고 말한 적이 있다. 이것이야말로 이소크라테스 수사학의 정수를 잘 표현한 것이 아닌가 한다.

정치적이되 아름다워야 하는 수사학

정치도 미학적 요소를 가져야 한다. 정치가 비록 해결할 수 없는 윤리적 딜레마 속에서 일하는 숙명을 안고 있다 해도, 그렇기에 더더욱 아름다울 수 있다는 사실을 자각하는 사람이 정치를 해야 한다. 인간 삶의 비극적 운명을 이해하면서도 공익적 열정을 잃지 않는 것, 정치가는 그런 특별함을 보일 때 빛이 난다. 수사학만큼 그런 정치의 의미를 깊이 이해하게 해주는 것도 없다.

우리는 모두 늙고 병들고 죽는다. 삶이 늘 좋은 것만으로 채워질 수도 없다. 마음은 지옥 같고, 기쁨보다는 슬픔이, 희열보다는 고통을 감내해야 할 때도 많다. '그래서' 사는 게 의미 없다고 할 수도 있겠지만, '그럼에도 불구하고' 삶의 수많은 역설과 딜레마 속에서 놀라운 인간 정신이 발휘될 수 있고 그 때문에 특별한 인식을 얻게 될 수도 있으며 남다른 성취를 이룰 수도 있다. 이런 인간관에 기초할 때만 정치의 의미가 살아나고 수사학도 가치를 갖는다. 그러지 않고 완전한 삶을 꿈꾸게 되면 정치나 수사학은 당연히 열등해 보이기 마련이다. 아리스토텔레스가 중요하게 평가되는 것은 바로 이 지점에서다.

수사학의 역사에서 아리스토텔레스가 차지하는 중요성은 절대적이다. 그에 앞선 그리스 수사학자들의 논의는 제대로 남아 있는 것이 없다. 다른 사람들의 저작을 통해 단편적인 조각만을 볼 수 있을 뿐이다. 그에 비해 아리스토텔레스는 완성된 체계의 수사학을 강의 노트의 형식으로 남겼다.

그의 스승인 플라톤과 달리 아리스토텔레스는 수사학을 무시하지 않았을뿐더러, 오히려 당당한 학문의 반열에 올려놓는 작업을 했다. 의견을 '진리의 왜곡된 그림자'로 본 플라톤과는 달리, 의견이야말로 '진리의 진정한 형상'이라고 정의한 것도 아리스토텔레스였다. 나아가 연설을 의미의 차원과 형태적 차원으로 나누고, 후자의 형태적 차원에 가치를 적극적으로 부여하기도 했다.

법정에서 '범법 여부를 다투는 데 필요한'forensic 수사학과, 의회에서 '심의와 숙의를 하는 데 필요한'deliberative 수사학, 그리고 취임식이나 장례식, 개막식 같은 '의식이나 행사의 목적에 맞는' epideictic 수사학의 특징을 유형화한 이도 아리스토텔레스다. 요컨대 아리스토텔레스에게 수사학이란 경우에 맞게 설득에 필요한 것이 무엇인가를 고찰하는 지식으로서 독자성을 갖는다.

그의 책 『수사학』은 이렇게 시작된다. "수사학은 변증론과 서로 균형을 이루며 반대 방향으로 움직인다." 변증론은 철학의 방법을 뜻한다. 그런 변증론의 맞은편에서 수사학 또한 진리에 다가가는 독립된 학문이다. 철학만으로 충분치 않다, 수사학도 학문이다, 철학을 없앨 수 없듯이 수사학도 없앨 수 없으며 다른 학문으로 대체할 수도 없다. 아리스토텔레스가 말하고자 하는 핵심은 여기에 있다.

수사학의 악용을 어떻게 피할 것인가

수사학이 윤리적인 문제와 무관한, 기술 그 자체인 것은 아니다. 아리스토텔레스는 어휘와 낱말 선택의 순간에 윤리적 전제들과 함께 정치적 가치들을 고려해야 한다는 점을 강조한다. 나아가 그런 기초 위에서 쉽게 읽히고 정확히 발음될 수 있도록, 이른바 표현 형태에도 깊은 관심을 가져야 한다고 보았다. 은유와 운율, 목소리와 몸짓, 암기술暗記術을 수사학 요소의 하나로 중시했다.

그럼에도 수사학의 악용은 쉽게 회피할 수 없는 '영원한 주제'다. 표현 기법과 꾸며낸 목소리, 연기 같은 수사학의 요소들이 나쁜 목적을 위해 사용될 수 있다는 것은 분명하다. 하지만 그것은 세상의 모든 가치 있는 것들이 동반하는 위험성이다. 철학도, 예술도, 기술도 악용될 수 있다. 심지어 선의도 우정도 사랑도 악용될 수 있다. 그것은 철학, 수사학, 사랑의 잘못이 아니라 인간이 가진 한계에서 비롯되는 일이다.

하지만 인간이 천사가 아니라고 해서 악마인 것은 아니다. 악한 사람도 악하기만 하지는 않다. 정치가 문제가 있다고 해서 정치를 버릴 수는 없다. 마찬가지로 정치적 수사들 가운데 헛된 주장이 많다고 해서 수사학을 버리자고 할 수는 없다. 그보다는 어떻게든 정치 언어를 좋게 만들고 수사학을 선용할 방법을 찾는 것이 중요하다.

설득의 윤리성은 간단한 문제가 아니다. 듣는 이를 설득할 수 있다는 것만으로 수사학의 가치를 정당화할 수는 없을 것이다. 수사학을 곧 '설득의 기술'과 동일시하는 것만으로는 수사학의 윤리성을 세울 수 없다는 뜻이다.

광고나 선전도 설득의 방법으로 이루어진다. 하다못해 고문이나 취조도 특정 의견을 인정하게 하는 설득의 방법을 병행한다. 신의 뜻을 전하는 목회자의 설교나, 과학적 방법론을 앞세우는 학자들의 논문 또한 설득의 방법을 배제하고는 좋은 영향을 미칠 수 없다.

진실과 진리만을 말하면 될 뿐 남이 어떻게 생각하든 상관할 필요가 없다고 한다면 이는 무책임하다. 누군가 목적의 순수함을 추구하면서 그에 적절한 수단의 문제를 고민하지 않는다면, 그는 '자신이 옳기 위해서만' 행위를 할 뿐 독자나 청중에 대한 고려가 없는 사람일 것이다.

냉정하게 말해 수사학의 도움이 없다면 읽을 만한 책을 쓰기도, 경청하고 주목받을 만한 말을 하기도 어렵다. 수사학은 말과 글로 일하는 모든 이들의 본향本鄉이다.

아리스토텔레스가 수사학의 가치를, 설득하는 솜씨 그 자체에서 찾은 것은 아니다. 목적의 윤리성을 전제하지 않는 수사학을 옹호할 수는 없다. 다만 좋은 목적을 위해서라도 특정 상황에 맞게 설득의 수단을 찾아내는 능력을 길러야 한다. 그런 능력을 키우려고 노력하는 데 수사학의 가치가 있다. 말로 상황을 모면하거나 말로 편익을 추구하고 상대를 기만하는 것까지 수사학의 가치에 포함할 이유는 없다.

인간의 정치에는 도덕적 열정을 갖게 하는 힘이 있다. 정치철학자들은 그것을 공익에 대한 헌신이라고 성의한다. 그런 신념이나 대의가 없다면 정치는 정치가 아니다. 정치가도 존경을 받으려면 그에 합당한 소명 의식이 있어야 한다. 그런 소명 의식에 맞게 적합하고 적절한 말의 수단을 발견하려고 노력하는 것, 수사학의 진정한 윤리성은 거기에 있다.

수사학이 가치를 가지려면 먼저 정치가는 정치가다워야 한다. '정치가다움'이 없다면 정치가의 말이 가치를 가질 수 없다. 대의나 소명감, 책임성을 갖지 않는 정치가라면 그에게는 수사학만이 아니라 정치 자체가 의미 없는 일이 된다. 중요한 것은 정치가다운 정치가가 그 과업을 좀 더 제대로 수행하는 데 필요한 수사학을 어떻게 익힐 것인가에 있다.

로마공화정의 수사학

로마공화정을 이끌었던 철학자이자 정치가 키케로는 그리스 수사학을 로마로 옮긴 사람이다. 키케로 역시 학문과 웅변, 지식과 언어는 수사학이 가져야 할 불가분의 두 측면이라 여겼다. 그러면서 레스^{res}(사실/내용)와 베르바^{verba}(말/표현)는 분리될 수 없다고 보았다. '말의 저울'$^{pondus\ verbi}$이라는 멋진 표현을 자주 사용했고, 언어를 직업의 수단으로 삼는 정치가와 변론가는 다양한 분야의 지식과 기술을 익혀야 한다고 말했다.

키케로 역시 플라톤의 철학을 따르고 존중했지만, 가치 있는 내용과 효과적인 표현을 결합하는 것에서 수사학의 의의를 찾았다. 논리학자의 예리한 분석력, 철학자의 심오한 사고력, 시인의 언어 구사력, 법률가의 암기력, 연극배우의 우렁찬 목소리, 뛰어난 배우의 표현력은 그가 늘 강조한 덕목이었다. 키케로는 이런 다양한 분야의 탁월함을 모방하고 종합하기 위해 노력해야 한다는 사실을 강조했다.

로마의 수사학을 교육 프로그램으로 만든 사람인 쿠인틸리아누스도 중요하다. 그는 수사학 학교의 교장으로 역임하면서 수사학자로서 명성을 얻은 사람이다. 쿠인틸리아누스는 로마가 공화정에서 제정帝政으로 넘어가면서 수사학이 쇠퇴한 것을 아쉬워했다. 그래서 체계적인 수사학 교재를 만들기 위해 교육 일선에서 은퇴했다.

그의 수사학 교육론이 남긴 가장 큰 기여는 도덕적 기초를 강조한 데 있다. 그는 화려하거나 희극적 요소를 과장되게 사용하는 것을 경계했다. 그보다는 말하는 사람의 윤리성과 관련해 소박함이나 수수함을 중시했다. 그렇다고 감정을 활용하는 방법론을 가볍게 본 것은 아니다. 다만 말하는 사람이 가진 도덕적 신념 위에서 수사학적 기법이나 표현 기술이 발휘될 수 있다는 것을 강조하고자 했다. 주제를 다룸에 있어서 도덕적 헌신성과 청중을 움직이는 심리적 능력을 병행 발전시켜야 한다는 것이다.

'좋은 사람이 훌륭하게 말한다'라는 테제와 '말을 잘하는 것은 익혀야 할 기술이다'라는, 일견 모순적으로 보이는 테제를 결합하고자 한 것이야말로 쿠인틸리아누스 수사학의 정수였다. 지식과 정보를 제공하고 감동을 주고 즐거움을 줘야 한다는 기존 수사학의 가르침을 수사학의 윤리적 목적 위에 굳게 정초시키려 한 것이다.

그리스와 로마 이후의 수사학

아테네 민주주의와 로마공화정의 쇠퇴는 곧 정치 수사학의 쇠퇴를 가져왔다. '시민 대중' 내지 '자유 시민'이라고 하는 청중의 요소가 사라졌기 때문이다. 제정의 수립이 가져온 가장 큰 변화는 정치 수사학의 폐지에 있었다. 우리 역사에서도 권위주의 독재 시절에는 "말 잘하면 빨갱이다."라는 말이 유행한 적이 있었다. 그만큼 권위주의 체제의 가장 큰 특징은 말을 두려워한다는 데 있다. 민주정이나 공화정이 아닌 정치체제에서는 수사학의 발전을 기대하기 어렵다.

로마 제정 시기 수사학 교육은 정치적 요소가 빠지고 낭송법의 기교 정도로 협소화되었다. 수사학 연구가 없었던 것은 아니지만, 정치적 내용이 거세된 추상적 이론 정도로 축소되었다. 정치적 삶이 허용되지 않는 상황에서 수사학이 어떤 운명을 갖게 되는지를 잘 보여 주는 사례다. 그 뒤 1000년이 지나 이탈리아에서 르네상스가 시작되고 공화정이 복원되면서 수사학은 다시 살아나게 되었다. 그러면서 키케로와 쿠인틸리아누스를 찾는 사람이 많아졌다.

정치 수사학의 전통은 문학과 연극으로도 흡수되었는데, 셰익스피어가 대표적이다. 그는 정치라는 소재를 대중화하는 데 크게 기여했다. 로마공화정의 몰락과 제정의 등장을 전후한 시기 벌어졌던 정치 갈등을 연설을 통해 재조명하는 작품을 많이 썼기 때문이다. 파벌 싸움으로 희생된 사랑의 문제를 극적으로 다루는 데서도 셰익스피어는 특별한 재능을 보였다.

역사를 소재로 문학이나 연극에서 구현된 정치 수사학이 아니라, 실제의 정치 논쟁에서 수사학이 필요해지고 또 중요해진 것은 의회와 선거가 정치의 중심이 된 이후였다. 왕권을 고수하려는 궁정파와 갈등하게 된 의회는 새로운 정치사상의 진원지가 되었다. 선거는 대중민주주의의 발전을 가져왔다. 여성과 노동자를 포함해 대규모 청중이 정치의 세계에 들어오면서 현대 정치사상은 대중 집회장에서 표현되고 구현되었다. 유인물과 팸플릿도 근대 정치 수사학의 핵심 매체였다.

시민혁명이 시작된 17세기 중엽부터 의회 내 정치 논쟁이 격렬하게 전개되던 18, 19세기 내내, 그리고 뒤이은 대중민주주의가 본격화된 20세기 초로 이어지는 긴 기간 동안 위대한 정치가는 한결같이 대단한 연설가였다. 비록 과거처럼 전문 수사학자나 수사학 학교가 있었던 것은 아니었지만, 시민혁명과 의회주권의 성장 그리고 대중민주주의의 발전은 위대한 정치 연설의 전통을 되살리는 데 크게 기여했다.

흥미롭게도 현대 수사학의 발전은 대학이나 지식인에 의해 이루어지지 않았다. 그보다는 대중 정치가이면서 동시에 공적 사안을 두고 끊임없는 말의 경쟁을 이끌어 온 뛰어난 입법자들에 의해 이어졌다. 수사학의 발달은 정치의 역할이 어떠냐에 따라 달라진다. 그런 의미에서 '수사학은 정치의 함수'라 할 수 있다. 민주정과 공화정에서처럼 정치의 역할이 커지면 수사학도 발전한다. 시민 대중의 참여가 확대되고 그들의 열정을 대변해야 할 정치가의 역할이 중요해질 때마다 어김없이 정치 연설과 수사학은 역사의 전면에 나서게 된다.

2. 정치 연설의 전통과 구성 요소

정치 연설이란 무엇인가

정치 연설은 고대 수사학의 영향이 이어진 대표적인 장르다. 오늘날에도 정치가의 말은 대개 연설의 형태를 띤다. 연설이란 모두 발언, 질의와 응답, 발의와 심의, 변론과 반론, 입장 발표, 시정 발언, 기자회견, 개회사, 축사, 추도사, 주례사 등을 모두 포괄하는 공적 언어 행위의 대표적인 장르다. 청중이 있는 곳에는 그에 맞는 연설이 있다고 할 정도로, 말하는 자와 듣는 자를 연결하는 연설의 힘은 중요해질 수밖에 없다.

한 공동체 안에서 집단적 결정을 이끄는 지도적 인간 활동을 상징하는 대표적인 정치 행위가 연설이다. 좋은 연설을 하는 능력이야말로 정치가에게 필요한 으뜸의 덕목이다. 개인 간의 사적 세계에서도 좋은 말로 대화하는 능력을 갖추는 것은 훌륭한 인간이 되는 데 꼭 필요한 자질이겠지만, 그렇다고 그것을 의무로 강제할 수는 없다.

반면에 공적 행위자로서 말하고 대화하고 연설하는 실력을 갖추는 일은 정치가의 의무다. 어떤 인간 공동체에서든 공적 언어의 좋은 효과가 없다면 집단적 결정이 평화롭고 가치 있게 이루어지기 어렵기 때문이다. 그렇기에 정치에서 지도적 역할을 할 기회는 말이 좋은 사람에게 맡겨져야 하며, 말이 나쁜 정치가는 공동체를 파괴하는 사람으로 비난받아야 한다. 이들을 정치에서 퇴출시키지 못하면, 정치만 망가지는 게 아니라 사회가 망가진다. 그들이 정치에서 위세를 떨칠수록 그들을 지지하는 시민들이 사회에서 폭군의 역할을 이어 가기 때문이다.

고대 아테네 민주주의에서는 일반 시민 역시 정치에 참여할 다양한 기회를 가졌다. 중요한 것은 참여의 기회를 활용할 수 있다는 것이 아니라, 평등한 참여와 평등한 기회를 향유한다는 데 있었다. 당시 사람들은 평등한 기회를 활용해 평등한 발언권을 행사하는 것을 자유의 핵심이라 여겼다. 오늘날에는 공적 의무감으로부터 벗어나 독립적인 사적 권리를 향유하는 것을 자유로 여기는데, 그런 '근대적 자유'와는 대조적으로 고대 아테네에서는 공적 삶에 함께 평등하게 참여하는 것을 자유로 여겼다는 사실이 흥미롭다.[*]

시민 참여를 민주주의와 동일시하는 것은 옳지 않다. "나는 시민이다. 주권자다. 내가 참여하겠다는데, 내가 말하겠다는데 누가 막아서는가." 이런 식의 과도한 자의식이 시민 참여를 지배하면 민주주의는 위험에 처할 수 있다. 함께하기 위한 참여, 협동을 위한 참여를 자유라 하고, 목소리 큰 개인들이 소리를 지르고 이견을 가진 동료 시민을 윽박지르는 것을 자유의 파괴라 한다. 평등한 참여, 책임 있는 참여가 많아져야 민주주의가 산다.

고대 그리스에서 소피스트라고 불리는 지식인 집단의 출현은 민주주의의 산물이 아닐 수 없었다. 그들은 시민들에게 민회에서 발언하고 법정에서 변론하는 방법, 즉 민주주의에 참여하는 방법을 가르치는 일로 생계를 유지했다. 일반 시민도 공적으로 발언할 기회가 많았기 때문이다. 하지만 그때에도 시민 대중을 이끄는 정

---

[*] 고대 아테네에서의 자유 개념과 근대의 자유 개념의 차이에 대한 고전적 논의는 뱅자맹 콩스탕Benjamin Constant(1767~1830)에게서 찾을 수 있다. 그는 이렇게 말했다. "고대인들은 한 국가 내의 모든 시민에게 권력이 분배되는 것을 목적으로 하였으며 이것을 그들은 자유라고 생각했다. …… 집단적인 권력에 적극적으로 참여하는 가운데 형성 가능하였던 고대인들의 자유를 오늘날의 우리들이 누린다는 것은 더는 가능하지 않다. 그 반대로 우리들의 자유는 사적 독립을 평화롭게 추구하는 가운데 놓여 있지 않으면 안 된다." 보비오, 노르베르토, 『자유주의와 민주주의』, 황주홍 옮김, 문학과지성사, 1999, 12, 13쪽에서 재인용.

치가의 역할은 중요했다.

당시 정치가는 대중 앞에서 말로 연설하는 사람rhetor/orator으로 불렸다. 정치의 목적을 발견하기 위해서는 철학이 필요했지만, 그런 목적을 구현하기 위해서는 수사학이라는 '정치 실천론'이 필요했다. 'Rhetoric', 즉 (사사로운 대화나 사적 언어가 아닌) '공적인 언어rhe'를, '공적으로 말하는 사람tor'이, '청중 앞에서 발휘해야 할 실력과 솜씨ike'를 함양하는 일은 예나 지금이나 정치가로서는 가장 중요한 과업이 아닐 수 없다.

아리스토텔레스가 말하는 연설의 3요소

아리스토텔레스는 연설을 이끄는 수사학적 요소를 로고스logos, 파토스pathos, 에토스ethos로 구분했다. 로고스란 연설 '내용'contents 이 갖춰야 할 논리적 합리성을 가리킨다. 감성이나 감정과 대비되는 분별 내지 이성理性을 뜻하는 로고스는, 고대 그리스어로 '말하다'를 뜻하는 동사 'legein'의 명사형이다. 그런 의미에서 로고스란 '말로 된 것'에 대한 연설자의 책임감을 뜻한다.

실제 아리스토텔레스도 로고스의 핵심은 내용에 대해 연설자가 가져야 할 헌신에 있다고 보았다. 오늘날로 말하면 로고스란 연설의 주제, 즉 토픽topic에 가깝다고 할 수 있다. 토픽은 토포스topos에서 온 말로 토포스는 장소나 상황을 뜻한다. 따라서 로고스는 좋은 말, 자기가 하고 싶은 말을 넘어 상황이 요구하는 말, 자신에게 요청되고 있는 의제를 제대로 말하는 것을 가리킨다. 상황과 조건에 맞는 말, 그에 대한 헌신이 없다면 그 어떤 공적 연설도 존재 이유를 가질 수 없다는 점에서, 로고스는 말의 근본적 가치를 뜻한다고 할 수 있다.

파토스는 듣는 사람에 대한 고려를 뜻한다. 그 핵심은 당연히 청중과 공유할 수 있는 감정, 그런 감정을 만들어 낸 공통의 삶의 경험을 나누는 것을 뜻한다. 파토스란 그리스어로, '고통' 혹은 '고통이나 슬픔에 대한 공통의 경험'에 그 어원을 두고 있다. 삶의 고통에 대한 자각이 없다면 말하는 사람과 듣는 사람 사이에 공유된 감각을 가질 수 없다. 공유된 감각 없이 집합적 열정이 형성될 수도 없다.

파토스는 영어 발음으로 '페이소스'라 불리기도 한다. 은유와 비유는 물론, 자신의 경험에 대한 진솔한 이야기 등의 방법으로, 듣는 이에게 전달되는 총체적인 감정과 열정을 가리키기에, 이지적인 것을 뜻하는 로고스와 대비되는 짝을 이룬다. 주제만 효과적으로 전달하려면 보고서를 잘 쓰고 프레젠테이션을 잘하면 되겠지만, 연설은 다르다. 연설자와 운명을 같이하고 싶다는 청중의 감정을 이끌어 내지 못하면 연설의 효과는 반감된다. 연설자는 지식과 정보의 전달자가 아니라 공적 영향력을 추구하는 사람이기 때문이다.

에토스는 말하는 사람이 갖춰야 할 덕성을 뜻한다. 핵심은 인격character, 권위authority, 신뢰trust에 있다. 에토스란 '성격'이나 '관습' 혹은 '윤리'를 의미하는 고대 그리스어로, 아리스토텔레스에 의해 말하는 사람 고유의 성품을 뜻하는 수사학적 용어로 발전했다. 체형과 자세, 옷차림, 목소리, 단어 선택, 시선 등에서 느껴지는 신뢰, 성실함, 카리스마 등도 에토스에 속한다. 오늘날에는 민족이나 부족의 관습 내지 고유한 특징을 지칭하는 에스닉ethnic, 에스니시티ethnicity 등의 의미로도 발전했다. 그런 의미에서 개성적 특별함이라고 이해해도 좋겠다.

에토스가 중요한 요소가 아니라면, 연설자는 다른 사람의 연설을 그대로 따라 하면 될 것이다. 하지만 사람들은 '유사품'에 감동하지 않는다. 누가 말하느냐가 중요하다. 말하는 사람의 인격성과 그가 내뿜는 자신감이 느껴지지 않으면 '파워'는 기대할 수 없다. 아리스토텔레스는 에토스를 가장 중시했다. 말하는 사람이 그만의 캐릭터를 갖고, 그 캐릭터에 대한 자신감이 없이는 다른 사람을 설득할 수 없기 때문이다.

키케로가 말하는 연설의 5요소

키케로는 자신의 책 『수사학』의 서두에서, 이상적인 연설가란 연설의 내용을 정확히 표현할 수 있는 사람이라고 정의한다. 그리고 이를 위해 연설가는 다음의 다섯 가지를 준비해야 한다고 말한다. 이를 다소 현대적인 관점에서 재해석하면 다음과 같다.

첫째는 발견^{inventio}이다. 연설의 주제나 내용에서 새로움이 없다면 연설의 기법도 아무런 의미가 없을 것이다. 따라서 먼저 다른 누구도 아닌 자신만이 말할 수 있는 '내용의 특별함'을 생각해내야 할 것이다.

둘째는 배치^{dispositio}다. 내용과 주제 면에서 자신만이 발견한 것을 순서에 맞게 나열하는 것은 물론, 중요성에 따라 정확하게 배치하지 못하면 산만한 내용 전달을 피할 수 없다.

셋째는 표현^{elocutio}이다. 아리스토텔레스의 『수사학』 가운데 제3권은 이 주제를 다루고 있고, 그로부터 현대 수사학에 이르기까지 표현법에 대해서는 많은 발전이 이루어졌다. 직유, 은유, 환유는 물론, 인용과 질문, 대조와 도치, 반복과 점증 고조, 반어법과 완곡어법, 수사적 찬탄과 카타르시스 등이 주로 언급되는, 표현의 구성 요소들이다. 이 밖에도 연설에서 사용되는 표현의 기법은 많다.

넷째는 기억^{memoria}이다. 오늘날에는 프롬프터나 인쇄물을 보고 읽기에 바쁜 정치가들이 많다. 하지만 어느 정도 기억에 넣어두지 않는 한 잘 읽기도 힘들다. 단순 암기만으로 기억을 강제할 수는 없다. 중요한 것은 내용을 장악하는 힘에 있다. 주제를 지배하는 정치가의 실력이야말로 기억과 암기를 이끄는 가장 중요한 요소다.

다섯째는 연기^{actio}다. 현실의 정치는 시민 '관객'과 정치인 '배우'가 연출하는 '극장'과 유사한 측면이 크다. 따라서 연설의 모든 요소를 준비했다 하더라도 마지막은 무대로 올라 그것을 구현하는 데 있다. 이를 위해 좋은 목소리와 인상적인 표정을 갖도록 노력해야 하고, 언제 어디서든 자신의 인격성을 진실하게 나타낼 수 있도록 내면의 힘도 키워야 할 것이다. 대중적 존경을 불러일으키는 위엄은 물론 인간적 매력까지 겸비한 정치가는 타고나기도 하지만 연기를 통해 성장하고 만들어지는 면이 적지 않다.

로마공화정에서도 정치가들은 연설하는 법, 즉 공적인 언어를 구사하는 방법을 익히고 배워야 했다. 그래야 나쁜 수사학을 제어할 수 있다고 생각했다. 키케로의 스승이자 살아 있는 동안 '최고의 학덕'으로 불렸던 크라수스는 당시의 수사 학교를 두 부류로 나눴다. 하나는 혀의 훈련만 제공하고 뻔뻔함을 키우는 수사 학교이다. 다른 편에는 사람을 만드는 교육 혹은 인간이 되게 하는 데 가치 있는 학식을 가르치는 수사 학교가 있다. 이 후자의 수사학 전통을 꽃피운 사람이 키케로다.

키케로가 저술한 연설가 관련 저서들은 당시 대표적인 교재였다. 이 책들을 통해 키케로는 설득의 효과를 높이는 기법만이 아니라 철학적 주제를 통합할 수 있는 실력 또한 갖춰야 '완벽한 연설'을 할 수 있다고 가르쳤다. 실제로 그는 후세에 길이 남을 연설을 한 정치가였다. 수사학자들도 그를 가리켜 "키케로란, 특정 사람의 이름이 아니라 아름다운 웅변 그 자체"라고 했을 정도다.[6]

그의 죽음마저도 '비극적 장엄함'을 보여 주었는데, 이는 당시

황제가 되고자 하는 야심을 드러낸 안토니우스를 비판하는 연설을 14차례나 한 일에서 비롯되었다. 당시 나이 64세에 그는 연설문을 작성했던 두 손과 함께 목이 잘려 광장에 전시되었다. 『플루타르코스 영웅전』에 따르면, 언젠가 아우구스투스는 키케로 책을 몰래 읽던 손자가 얼른 책을 숨기려고 하자 괜찮다고 제지하며 이렇게 말했다. "연설을 잘하는 분이었어. 그분은 참 연설을 잘하는 분이었지. 그리고 조국을 사랑하는 분이었지."[7]

키케로가 수사학과 철학의 결합을 중시했다면, 로마 제정 초기에 활동했던 쿠인틸리아누스는 수사학과 도덕의 결합을 중시했다.[8] 수사학 학교의 교장을 지냈던 그는 로마 공화국에서 번성했던 수사학을 복원하려 노력하면서, "어떻게 이전 시대에는 재능이 있고 명성이 자자한 탁월한 연설가들이 그리도 많았던 반면, 우리 시대는 웅변의 영광이 이리도 허망하고 피폐하여 연설가라는 이름조차 거의 남지 않았는가."라고 개탄했다.[9] 그러면서 늘 말하는 사람의 도덕적 기초를 강조했고, 진리나 진실과 무관하게 뭐든 믿게 만드는 무규범적 테크닉을 경계했다. 나아가 수사학에 대한 철학자들의 우월감에 대항해 수사학의 도덕적 기초를 세우려 했다. 그는 교육목표로서, "우리는 완벽한 연설가를 만들려고 한다. 완벽한 연설가란 무엇보다 먼저 훌륭한 사람vir bonus이어야 한다"는 것을 내세웠다.[10]

수사학을 화려한 표현이나 미사여구eloquence 혹은 실체적 진실을 가리기 위한 화술sophism 정도로 이해하는 것은, 인간 삶에서 정치 행위가 갖는 진정한 의미를 폄훼하는 것이나 다름없다. 수사학의 본질을 중시하면서 말하는 기술이나 실력을 키우는 것은 늘 병행되어야 할 가치다.

3. 수사학의 현대적 의미

고전 수사학이 여전히 중요한 이유

혹자는 지금처럼 인터넷의 영향이 커진 상황에서 에토스의 비중이 줄어들었다고 주장할지 모르겠다. 인터넷을 매개로 한 정치 언어에는 '인격성의 부식'이랄까, 말하는 사람에게서 발원하는 신뢰나 믿음의 느낌이 약해진 것은 틀림없는 사실이다. 메시지는 많아졌는데, 말하는 사람의 인격성이 느껴지지 않으니 조롱이나 경멸을 불러일으킬 때도 많다.

에토스의 측면만 나빠진 것은 아니다. 파토스, 즉 고통과 상처에 대한 공감도 절대적으로 결핍되어 있다. 오히려 더 아프게 하고 더 고통스럽게 하려는 잠재의식을 드러내는 메시지도 많다. 플라톤의 수사학 비판은 물론 아리스토텔레스가 세운 수사학의 근본 가치를 다시 생각해 봐야 할 때가 아닌가 한다.

정치는 나빠질 수 있다. 심지어 타락할 수도 있다. 정치가들과 시민들의 말이 자신들의 쾌락에 봉사하는 것으로 전락할 수 있다. 민주주의도 나빠질 수 있다. 민주주의의 이름으로 동료 시민에게 깊은 상처를 줄 수도 있다. 정치의 본질, 말의 진정한 가치에 대한 비판적 인식이 필요한 것은 그 때문이다.

소크라테스가 수사학을, 참된 진리를 알게 하는 게 아니라 원하는 것을 '믿게 만드는 일'이자 '쾌락에 봉사하는 일'에 불과하다고 비판한 것은 잘 알려져 있다. 심지어 소크라테스는 수사학이야말로 행해진 불의 가운데 가장 큰 불의라고 단언하기도 한다. 당시 아테네 민주정은 심각하게 나빠져 있었다. '철학자를 살해하는 죄'를 저지를 만큼 타락했다고 할 수 있다. 따라서 소크라테스나 플라톤의 수사학 비판은 어쩌면 타락한 민주정치에서의 타락한 수사학에 대한 비판이었는지 모른다.

분명 소크라테스나 플라톤의 수사학 비판은 현실 속에서 정치의 타락을 제어하는 성찰적 힘을 갖는다. 따라서 그들의 우려처럼 수사학이 기만적 설득 기술이 되지 않도록, 정치가라면 자신의 내면을 돌아보는 일을 게을리할 수 없을 것이다. 동시에 진리, 참됨, 바른 삶만이 아니라 그것을 표현할 수 있는 매체로서 말의 문제를 더 절실하게 생각해야 한다. 정치가 말로 하는 인간 활동이라면 고전 수사학의 가치를 존중하지 않고 좋은 정치를 구현하기는 어렵다.

말없이 행동만 하는 정치가는 현실에서 상상도 할 수 없다.

말과 수사가 거짓됨을 감출 수도 있고, 숨은 계획이나 전략적 의도를 내포하는 것이라 해도, 우리가 신이나 천사가 아닌 이상 좋은 정치는 그런 인간적 한계와 위험 속에서 실천된다. 우리는 이 사실을 받아들이지 않으면 안 된다. 언제든 문제는 수사학이 아니라 수사학을 잘못 사용하는 데 있고, 우리가 추구해야 할 것은 좋은 수사학, 좋은 정치 언어다.

수사학의 기술 익히기

표현 기법을 많이 배우면 좋은 연설을 할 수 있지 않을까? 물론 배우면 나쁠 것은 없다. 표현법은 그간 많은 수사학 관련 책에서 큰 비중으로 설명되었다. 하지만 예시나 사례를 보지 않고 표현 기법에 대한 설명만 공부하면 지루하기만 할 뿐이다. 예를 들어 3쌍의 어구를 반복하는 '삼중 콜론'tricolon을 익힌다고 해보자.

삼중 콜론이 다른 표현법과 어떻게 같고 다른지 설명하기보다는 "왔노라; 보았노라; 이겼노라" 같은 고대 로마의 사례나, "민중의; 민중을 위한; 민중에 의한 정부" 같은 현대적 사례를 보는 게 낫다. 노무현 대통령 시절에 연설 비서관을 지낸 윤태영 씨가 작성한 것으로 알려진 대통령 취임사 가운데 "기회는 평등하고; 과정은 공정하며; 결과는 정의로울 것입니다."와 같은 사례도 훌륭하다.

'대구법'parallelism이나 '대조법'antithesis도 마찬가지다. 서로 대비되거나 반대되는 표현을 병렬시킴으로써 말하고자 하는 바를 강조하는 이 표현 기법을 설명하고 이해하는 일도 쉽지만은 않다. 그보다는 제2차 세계대전 당시 윈스턴 처칠의 의회 연설을 읽는 것이 낫다. 예컨대 "영국이 미래의 역사를 갖게 된다면[독일에 의해 영국이 패망하지 않는다면], 지금의 이 최악의 시간은 거꾸로 최고의 시절이 될 것이다."라거나, "과거와 현재가 싸우도록 내버려 두면 우리는 미래를 잃고 말 것이다."라거나 "두려움을 두려워하지 말라."Don't fear the fear 같은 표현이 대표적이다.

케네디의 취임 연설 첫 문장도 좋은 예다. 그는 이렇게 시작했다. "오늘 우리는 정당의 승리가 아닌, 자유의 축제를 보고 있다; 그것은 어떤 것의 끝이면서도 또 다른 것의 시작임을 나타낸다; 전과 다른 변화이면서 새로운 부활임을 나타낸다."

이런 예는 끝도 없이 많다. 그러므로 표현법을 따로 배울 일이 아니라, 그런 표현법이 잘 나타나 있는 좋은 연설문을 열심히 읽고 따라 해보고 응용하는 것이 훨씬 낫다. "바다 같은 침묵"을 직유법이라 설명하고, "내 마음은 호수요"를 은유법이라 하고, "찬란한 슬픔"을 형용모순 기법이라 설명하지 않더라도 표현법의 많은 부분은 이미 중고교 시절의 문학이나 작문 시간에 접했던 것들이기도 하다.

매체 환경이 달라져도 고전은 중요하다

수사학의 내용과 방법은 매체 환경의 변화나 기술 발전에 따라 근본적으로 달라지지 않았느냐는 질문을 받을 때가 있다. 물론 '신수사학', '현대 수사학'도 있다. 근대 합리주의나 과학적 방법론의 영향도 수사학의 발전에 기여하지 않은 것은 아니다.

오늘날 매체 환경은 그야말로 혁명적으로 변했다. 상업 광고의 발전과 함께 심리학의 과학적 방법론은 물론 마케팅 기법의 발전도 있었다. 논증의 수단도 정보처리 능력이 고도화되면서 당연히 첨단화되었다. 기술과 기법, 방법과 수단은 더 정교해지고 더 세분되고 더 과학적이 되었다. 이는 틀림없는 사실이다. 하지만 그 때문에 수사학의 기본 구조가 크게 변했다고 볼 수는 없다.

페리클레스의 장례 연설에서 보듯 고전 시대는 물론 근대 초까지 연설은 '구전'口傳, 즉 말 그 자체가 매체였다. 근대 인쇄술의 발전과 특히 신문의 등장은 말보다 글을 중요하게 만들었다. 링컨의 게티즈버그연설은 신문의 영향력이 지배하던 시기를 배경으로 한다. 처칠과 드골, 프랭클린 루스벨트 시대에는 라디오가 정치 연설을 전달하는 중심 매체였다. 그 뒤 존 F. 케네디와 린든 존슨 시대는 텔레비전의 시대였고, 오바마 이후는 인터넷과 소셜 미디어의 시대다.

이런 매체 환경의 변화에도 불구하고 정치 연설의 주제나 형식, 표현 방법은 크게 달라지지 않았다. 오바마의 연설은 새로운 매체에 맞는 새로운 스타일 때문이 아니라 거꾸로 고대 키케로를 닮은 것 때문에 주목과 찬사를 받았다. 정치 연설은 기술 변화나 매체 환경의 발전'에도 불구하고' 고전적 형태를 가장 많이 유지하고 있는 수사학의 대표적인 분야다. 이런 특징은 앞으로도 변함없을 것이다.

정치는 기술 종속적인 것이 아니라 기술로 대체될 수 없는 인간 활동이다. 지금 정치인들이 로마공화정의 정치인들보다 더 교양 있고 더 실력 있다고 말할 수는 없다. 평균 수명이 30년도 안 되었던 2500여 년 전 아테네 시민보다 지금의 시민이 더 수준 높다고 말할 수 있는 것도 아니다.

정치는 인간이 사회를 이루어 사는 그 순간부터 '누군가 반드시 하지 않으면 안 되는, 공적 권력 행위의 불가피성'이 만들어 낸 산물이다. 마키아벨리는 이를 가리켜 '네체시타'necessità, 즉 '자유를 향한 필연성'이라고 불렀다. 정치가 가진 이런 본질적인 특징은 앞으로도 달라지지 않을 것이다. 따라서 매체와 관련한 기술을 익히고 활용하는 것으로는 충분치 않다. 어떻게 하면 정치를 잘할 수 있을까에 깊은 관심을 갖지 않으면 좋은 정치적 수사도 메시지도 만들어질 수 없다. "좋은 정치가가 좋은 연설을 한다."는 쿠인틸리아누스의 테제는 예나 지금은 물론 앞으로도 영원할 것이다.

좋은 연설을 모방하라

정치는 기술로 대체될 수 없는 인간 활동이다. 정치는 인간이 존재하는 한 고전적 주제와 형태를 가장 많이 간직한 채 지속될 것이다. 매체의 발전에도 불구하고 정치 수사학의 기본 골격도 변함없이 유지될 것이다. 그렇다면 정치 수사학의 전통 위에서 훌륭한 연설을 하고자 한다면 어떤 훈련이 필요할까?

오늘날의 웅변 학원 비슷하게, 그리스 민주정이나 로마공화정 당시에는 매우 구체적인 훈련장이나 훈련 프로그램이 있었다. 이를 복원할 수는 없을 것이다. 지금 시대는 말하고 글 쓰고 연설하는 능력을 개인의 책임으로 삼는 시대다. 수사학 훈련 과정을 예비 정치인의 의무로 부과할 수도 없다. 아무리 규율이 강한 정당이라 하더라도, 공직 후보자가 되려면 수사학 훈련을 이수해야 한다는 자격 조건을 요구할 수 없을 것이다. 지금은 스스로 익힐 수밖에 없는 시대다.

가장 효과적인 방법은 좋은 정치 연설을 찾아 읽는 것이다. 역사 속에서 큰 역할을 했던 인물들의 정치 연설을 읽고 따라 해보는 것이다. 아리스토텔레스 이래 수사학의 훈련 방법은 늘 모방, 즉 좋은 선례를 따르는 것에 있었다. 마키아벨리 또한 '비르투를 보여 준 군주'를 닮으려고 부단히 노력해야 한다고 권고했다.

마키아벨리는 신의 변덕이나 운명의 가변성에 희생되는 정치가 아니라, 인간의 적극적 의지와 실천으로 정치를 이끌어야 한다고 설파했던 사람이다. 그는 자신의 책『군주론』14장에서, 좋은 정치가로 성장하려면 위대한 인물의 풍모, 즉 그들의 말과 행동을 따르고 모방하려는 노력을 게을리하지 않아야 한다고 말한 바 있다.

훈련을 통해 체력을 단련함으로써 역경 속에서도 의지가 꺾이지 않아야 함은 물론, 앞선 정치가들이 다양한 상황에서 어떻게 말하고 행동했는가를 이해할 수 있도록 꾸준히 '역사 공부'를 해야 한다고도 말했다. 거칠게 다뤄질 것을 감수해야 하는 것이 정치이기에 체력도 담력은 중요하다. 그 기초 위에서 따라 할 앞선 모범을 연구해야 한다.

역사 공부를 위해서도 전범典範이 될 만한 정치 연설을 읽는 것이 좋다. 좋은 연설은 당시의 역사적 상황과 갈등 구조와 무관하게 만들어지지 않는다. 정치적 가치를 지니는 연설이 우연히 누군가의 즉흥적인 생각에서 거저 나오는 법은 없다. "역사를 공부하라. 그 안에 통치학이 있다."는 주장을 입에 달고 다녔던 윈스턴 처칠은, 크롬웰부터 에드먼드 버크, 디즈레일리, 글래드스턴의 연설을 연구하고 암기한 것으로 잘 알려져 있다.[11]

좋은 연설은 정치의 본질을 더 깊이 생각하게 해준다. 정치의 품격을 높이는 데도 큰 도움을 준다. 정치나 민주주의에 대한 제대로 된 이해 없이 좋은 연설을 하기는 어렵다. 좋은 정치 연설을 찾아 읽고 자신이 처한 상황에 맞게 적절히 응용하는 것은 매우 큰 교육적 효과를 낳는다. 좋은 정치 연설에는 반드시 앞선 모델이 있다. 변형된 후속 모델도 있다. 따라서 정치가로서 발전과 성장을 위해서는 꾸준히 정치 연설을 읽고 응용해야 한다.

2부

정치 연설의
고전

번역 용어의 선택

— '국가'와 '국민'의 과용을 줄여야 하는 이유 —

정치 연설은 주권자를 호명하는 것으로부터 시작한다. 주권자를 시민으로 부를지, 국민으로 부를지, 아니면 민중이나 인민으로 호명할지에 따라 정치 연설의 느낌은 많이 달라진다. 그에 따라 정당한 주권체의 명칭 역시 국가인지, 나라인지, 조국인지, 정부인지도 달라진다.

그간 우리 사회 정치 연설의 지배적 관행은 '국민 여러분'을 호명하며, 혁신-성장-선도 국가를 목표로 삼거나 국가 대개조를 앞세우는 것으로 나타났다. 이런 관행은 번역 용어의 선택에서도 그대로 나타났는데, 'people', 'nation', 'citizen'을 구분 없이 국민으로 옮기고, 'state', 'country', 'nation' 역시 국가나 조국으로 옮기는 사례가 압도적으로 많았다.

이를 개선하기 위해 본문에서 'citizen'은 예외 없이 모두 '시민'으로 옮긴다. 'country'는 국가나 조국 대신 '나라'로 옮긴다. 이렇게 하면 존 F. 케네디의 유명한 문장, "국가가 국민을 위해 무엇을 해줄 것인가를 묻지 말고, 국민이 국가를 위해 무엇을 할 수 있는가를 물으시라."라는 번역 용례는 다음과 같이 달라진다.

나의 동료 미국인 여러분!my fellow Americans! 당신의 나라your country

가 여러분에게 무엇을 해줄 것인가를 묻지 말고, 여러분이 나라를 위해 무엇을 할 수 있는가를 물으시라. 나의 동료 세계 시민 여러분My fellow citizens of the world, 미국이 여러분에게 무엇을 해줄 것인가를 묻지 말고, 인간의 자유를 위해 우리가 무엇을 함께할 수 있는가를 물으시라. 마지막으로, 여러분이 미국의 시민citizens of America이든 세계의 시민citizens of the world이든, 우리가 이 자리에서 여러분에게 요구했던 똑같은 수준의 높은 힘과 희생을 우리에게 요구하시라.

'nation'은 '국가'나 '국민'으로 옮긴다. 문제는 'people'이었다. 'people'을 모두 국민으로 옮기는 것은 지나치게 무리한 일이다. 경우에 따라서는 '민중'이나 '인민'이 더 적합한 때가 있고, 보통의 일반인을 가리킬 때는 '사람들'이 좋을 때도 많다. 린든 존슨의 그 유명한 민권법 연설에 나오는 "아이들은 사람들people이 왜 자신을 싫어하는지 그 이유를 알지 못했다."가 대표적이다. 이 연설의 다른 부분에서 'nation'과 'people'은 다음과 같이 옮기는 것이 훨씬 낫다.

억압받는 민중oppressed people의 고통에 찬 외침과, 찬송가와 항의를 듣고, 지구상에서 가장 위대한 국가이자 가장 위대한 정부를 구성하는 모든 의원이 한자리에 모였다. …… 권리에 있어서 평등하지 못하다면, 우리는 같은 인민people으로서나 같은 국민nation으로서 실패한 것과 다름없다.

우리의 오랜 관행으로 보면 위 'people'을 인민이나 민중으로 옮기는 것이 어색해 보일지 모른다. 그만큼 주권자 개념으로서 'people'은 우리 안에서 '국민'으로 고착되어 버렸다. 그런 변화는 해방 이후 냉전의 심화와 더불어 헌법이 제정되는 과정에서 시작되었다. 그 이전까지 'people'의 우리말은 인민이었는데, 그러다가 체제와 이념을 달리하는 진영 간 대립이 격화되면서 인민은 사회주의 진영 혹은 북한식 용어가 되었고, 그 대신 국민이 자유주의 진영의 용어인 듯 강요되었다. 제헌헌법 제정 시기의 논란은 이를 잘 보여 주는데, 1948년 6월 30일 헌법 초안에 대한 조봉암 의원의 반대 토론이 대표적인 예이다.

특징적으로 주목을 끄는 것은 …… 인민을 일률적으로 「국민」이라는 어구로 표시된 점입니다. …… 「주권은 국민에 있고 모든 권력은 국민으로부터 발한다.」하여 세계 공통의 「인민」이라는 말을 기피했읍니다. 지금 세계의 많은 나라 헌법에서는 모두 인민이라 합니다. 미국에서도 「피-플」이라 표시했고 「냇슌」이라고 아니하며, 불국에서도 「피-피」라 하며 쏘련에서도 「나르드」라 해서 모두 인민으로 되어 있읍니다. 최근에 공산당 측에서 인민이란 문구를 잘 쓴다고 해서 일부러 인민이란 정당히 써야 될 문구를 쓰기를 기피하는 것은 대단히 섭섭한 일입니다.(원문 그대로)[12]

이때 제헌헌법을 기초한 전문위원 가운데 유진오는 나중에 회고록을 통해, '국민' 일색의 헌법이 된 것을 아쉬워하며 "'국민'은 ……

국가 우월의 냄새를 풍기어, 국가라 할지라도 함부로 침범할 수 없는 자유와 권리의 주체로서의 사람을 표현하기에는 반드시 적절하지 못하다."라고 지적하기도 했다.[13]

국민이라는 용어를 둘러싼 논란은 우리보다 앞서 1946년 일본에서 신헌법이 만들어질 때 제기된 바 있다. 당시 일본에 주둔했던 연합국 총사령부GHQ는 일본 국회가 제출한 헌법 초안을 검토하면서 "'the people'을 '국민'으로 번역하는 것은 주권재민의 민주주의의 근본을 흔드는 것이 된다. 국민에 대응하는 영어는 nation인데 nation과 people의 의미는 다르다."라고 지적했다.

하지만 일본 국회는 천황의 존재와 인민주권의 원리가 대립할 여지를 없애고자 국민 개념을 고수했다. 그 때문에 연합국 총사령부의 민정국 소속 토머스 비슨은 "주권의 소재가 불행한 타협으로 끝나 버렸다."고 개탄하기도 했다.[14]

과거 'people'이 국민으로 고정되는 과정에 문제가 있다고 해서 이제 와 국민을 인민으로 되돌리는 것 또한 좋은 선택은 아닐 것이다. 인민이라는 용어가 사용된 기간보다 훨씬 더 긴 지난 70여 년 동안 우리 사회는 국민이라는 표현에 익숙해지기도 했다. 헌법만이 아니라 법률의 언어도 압도적으로 국민이다. 옳든 그르든 이 사실을 무시하기는 어렵다. 따라서 그간 사용된 국민이라는 표현을 존중하되, 문맥에 따라 민중이나 인민, 시민 등 다양한 주권자의 이름이 더 적합할 때는 그에 맞게 사용하는 것이 현실적으로 최선이라고 본다.

민중이라는 용어가 'people'의 느낌을 온전히 다 살리는 것은 아닐 것이다. 다만 오늘의 한국 사회는 1980년대 민주화 운동의 연장선 위에 있고, 당시에는 배제된 이념어로서 인민 대신 민중이라는 표현을 광범하게 사용했다. '민중민주주의', '민중 정부', '민중 헌법' 등이 대표적이다. 기왕에 민주화 과정에서 새롭게 주목된 말이라면 이를 좀 더 적극적으로 사용하는 것이 'people'의 의미를 풍부하게 하는 길이라 생각한다.

그런 차원에서, 링컨의 유명한 게티즈버그연설에서 각각 5회와 3회 사용된 'nation'과 'people'의 의미를 구분해, 국가는 국민과 짝을 이루는 표현으로, 정부는 민중과 짝을 이루는 표현으로 아래와 같이 옮겼다. '국민 정부'보다는 '국민국가'가 잘 상응하듯, '민중 국가'보다는 '민중 정부'라는 표현이 더 잘 상응하기 때문이다.

> ······ 자유 속에서 잉태되었고, 만인은 모두 평등하게 창조되었다는 명제에 헌신하고자 세워진 새로운 국가new nation ······ 신의 가호 아래 태어난 이 국가에 새로운 자유의 탄생이 있게 할 것이며, 민중의, 민중에 의한, 민중을 위한 정부government of the people, by the people, for the people가 이 지상에서 결코 사라지는 일이 없게 ······

인민이라는 용어에도 관대할 필요가 있다. 인민에는 국민이나 민중, 시민이 대신할 수 없는 의미가 있다. 분단되기 이전까지는 남북한 모두에서 보편적으로 사용된 용어이기도 하다. 남북한의 체제 경쟁에서 남한의 국력이 압도적이 된 지금 상황에서 인민을 북한식 용어라며 배제하는 것도 속 좁은 일이다. 그러니 필요하다면 인민 역시 적극적으로 채택해 사용할 필요가 있다고 본다.

예컨대 오바마 연설에서 자주 인용되는 미국 헌법의 첫 문장인 "We the people"은 "우리 인민은"으로 옮겼다. 연방헌법 제정을 통해 연방 정부가 만들어지기 이전 13개 주의 연합 체제에서 주권sovereignty은 각 주states에 있었다. 연합규약의 원문 제목에는 이를 "주들 사이의 between States 연합"으로 분명히 표현한 바 있다. 따라서 연합규약에서 연방헌법으로의 전환은 곧 '우리 각 주는'에서 '우리 인민은'으로 주권자가 바뀐다는 것을 의미했다. 그 이전까지 '미국의 국민'이란 없었고, 단지 각 주에 흩어져 살던 인민이 있었으며, 이제 이들이 연방헌법을 통해 하나의 국민이 되려는 결정을 한다는 뜻을 담기 때문이다. 하나의 통일된 국가가 되기 전, 즉 국민 형성nation building 이전 상태에서라면 국민이 아니라, 인민이라는 좀 더 넓은 개념이 필요할 때가 있음을 잘 보여 주는 사례라 할 수 있다.

주권자를 다양하게 호명하는 일에는 유익함이 있다. 모든 것이 국민적 차원의 의제로만 다뤄질 수 없기 때문이다. 그에 못지않게 계층 불평등이나 빈곤 문제와 같은, 민중적 차원의 의제에도 주목해야 한다. 공권력과 균형을 이룰 시민적 차원의 권리 요구나 시민 불복종의 의제도 있다. 남북한 전체의 인민, 나아가 인간적 차원의 의제에 대해서도 생각할 것이 많다.

이 모든 것을 국민이라는 하나의 개념으로 좁히는 대신, 다양한 주권자 개념의 공존을 도모하는 것이 지금 시대에 맞는 일이다.

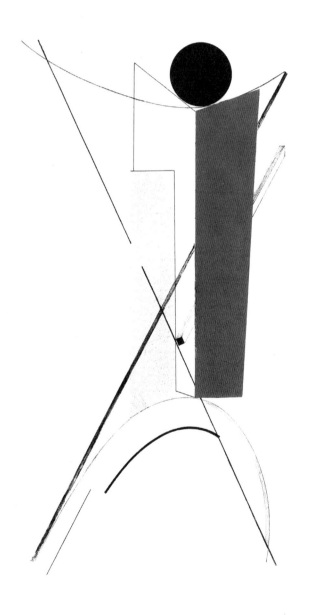

3장

정치 연설의 교과서
: 페리클레스의
"우리는 민주주의자다"

나는 우리의 도시국가를 헬라스[그리스]의 학교라고 감히 단언한다. 더욱이 우리 시민 한 사람 한 사람은 다양한 분야에서 삶을 향유하면서 자신만의 능력을 영예롭게 키워 나가고 있다. …… 여러 도시국가 가운데 시련을 통해 명성 이상의 힘을 보여 준 것은 오늘날 오직 우리뿐이다. …… 이토록 위대한 아테네를 위해 여기 이 사람들은, 이 도시국가를 잃어버려서는 안 된다는 과감한 결단으로 고귀하게 싸우며 최후를 맞이했다. 그런 까닭에 이 도시국가를 위해 모든 것을 다 바쳐 고난을 헤쳐 나가야 하는 것은 여기 남은 우리에게도 의무가 아닐 수 없다.

아테네 민주주의를 대표하는 연설

동양의 정치 전통은 말보다는 글에 더 친화적이다. 글은 교육받은 지배층 내부의 소통 매체였다. 그 때문인지 군주와 지식인의 대화는 있어도 연설이나 정치 수사학의 유산은 찾기 어렵다. 그런 점에서 연설이라는 말의 형식은 서구적인 면이 있다.

연설은 청중을 대상으로 하는 정치 행위다. 청중이란 피지배층의 참여 없이 만들어지지 않는다. 아테네 민주정이나 로마공화정처럼 일반 시민의 지지나 동의에 호소하는 정치체제에서만, 글을 읽을 수 없는 대규모 청중이 등장할 수 있었다. 연설과 수사학은 민주정이나 공화정 같은 대중적 정치체제의 산물이다.

플라톤과 아리스토텔레스의 철학과 정치학도 마찬가지다. 아테네 민주정에 대해 플라톤이 얼마나 비판적이었고 아리스토텔레스가 얼마나 온정적이었는지와 상관없이, 그들이 서양 정치철학의 원조가 될 수 있었던 것은 당시 체제가 민주정이었기 때문이다. 키케로의 인문학이나 수사학 역시 로마공화정이 아니었다면 나타날 수 없었다.

아테네 민주정과 로마공화정은 정치 언어의 역사에서 가장 풍부한 보물 창고를 우리에게 남겼다. 동양 정치철학이 군주를 중심으로 혹은 군주에게 조언하는 형식으로 글의 전통을 풍요롭게 했다면, 서양 정치철학은 피치자인 청중을 설득하기 위한 연설의 전통을 발전시키는 데 기여했다.

아테네 민주주의를 대표하는 정치 연설을 꼽으라면 단연 페리클레스^{Pericles}(B.C.495?~B.C.429)의 연설일 것이다.* 기원전 431년 혹은 이듬해 겨울에 있었던 것으로 추정되는 그의 장례 연설은 투키디데스의 『펠로폰네소스 전쟁사』의 기록 덕분에 잊히지 않고 살아남았다. 스파르타(정식 명칭은 라케다이몬)와의 전쟁에서 희생된 전몰자를 추념하는 이 장례식은, 마지막 순서로 '아테네를 대표하는 시민'의 연설을 듣는 관례를 따랐다.

먼저 전장에서 추려 온 전몰자들의 뼈는 각자가 속했던 지역으로 나뉘어 잘 장식된 관 안에 놓인다. 시민들은 알고 지냈던 전몰자의 관 앞에 자신이 가진 소중한 것의 일부를 헌정한다. 그러고는 자리를 잡고 연설을 경청한다. 연설이 끝나면 모두 각자의 집으로 돌아간다. 그런 자리였는데, 전쟁에서는 시민 총사령관이었고, 정치에서는 '제1시민'$^{the\ first\ citizen\ of\ Athens}$, 즉 민주정 지도자였던 페리클레스가 마지막 순서의 연사로 나섰다.

상당히 긴 연설이었다. 그러나 상투적인 표현도, 듣기 좋은 말이나 아첨도 없었다. 전몰자들의 희생을 두고 누구 때문이라며

---

* 번역에 참고한 영문 번역본과 국문 번역본은 다음과 같다. Thucydides, *History of the Peloponnesian War*, Thomas Hobbes Trans., The Univ. of Chicago Press, [1628]1989; Thucydides, *History of the Peloponnesian War*, Rex Warner Trans., Penguin Books, 2000; 투퀴디데스, 『펠로폰네소스 전쟁사』, 천병희 옮김, 도서출판 숲, 2011; 페리클레스·뤼시아스·이소크라테스·데모스테네스, 『그리스의 위대한 연설』, 김헌·장시은·김기훈 옮김, 민음사, 2015.

탓하고 비난하는 내용도 없었다. 그보다는 죽음을 감수하면서도 지킬 만한 소중한 것이 있고, 남은 자들 역시 그런 순간이 오면 같은 선택을 해야 할 '이유'를 설명하려 했다. 그 이유야말로 이 전쟁에서 아테네인들이 보여 준 위대함이다. 그 위대함이 '군사적인 강함'에서 비롯된 것이 아니라 법 앞의 평등과 시민적 자유를 가능하게 하는 민주주의, 즉 '정치적 강함'에서 발원한 것임을 그보다 더 설득력 있고 감동적으로 말하기는 어렵다.

'전몰자들이 이미 행동으로 보여 준 용기와 위대함을 어느 한 개인의 연설에 맡겨 평가하는 무모한 일을 내가 왜 해야 하는지 모르겠다.'라는 식의 격조 있는 유머로 시작해 "자, 이제 각자 연고가 있는 전몰자들에 대한 애통함은 충분히 풀었으니, 모두 이곳을 떠나시라."로 끝날 때까지, 그가 말한 연설의 내용은 슬프고도 당당했다. 무엇이 페리클레스에게 판에 박힌 위로나 듣기 좋은 연설이 아닌, 언제 읽어도 감동적이며 역사에 남을 위대한 연설을 하게 만들었을까?

『플루타르코스 영웅전』에 따르면, 페리클레스는 지나치게 긴 자신의 얼굴을 감추고자 늘 투구를 쓰고 다녔을 만큼 내면이 나약한 사람이었다. 살아 있는 동안 자식들을 먼저 보내야 했던, 인생의 아픔도 간직한 사람이었다. 그러나 동시에 그는 진정으로 자신의 도시국가를 사랑하고 시민들을 신뢰한 정치가였다. 비극과 불행을 어떻게 해서든 피해 보려는 겁쟁이가 아니었다. 존엄하게 죽을 수 있는 삶의 자세를 용기 있게 견지한 인간이었다. 이 연설을 마친 이듬해 페리클레스도 죽음의 운명을 맞이했다. 그러나 그의 연설은 민주주의를 지지하고 그 가치를 중시하는 사람들에게 '정치 연설의 고전'으로 남았다. 정치 연설의 교과서가 있다면 단연 이 연설일 것이다.

연설의 구성

연설은 이렇게 시작된다.

앞서 이 연단에 섰던 대다수의 사람들은, 장례 행사의 마지막을 추도 연설로 마무리하도록 관습을 만든 입법자에게 경의를 표하곤 했다. 연설을 통해 전몰자들을 명예롭게 해야 한다거나, 그렇게 하는 것을 가치 있는 일로 여겼던 모양이다. 나는 생각이 다르다.

첫 단락부터 연설자 페리클레스는 자신의 개성적 힘을 드러낸다. 아마도 말의 권위를 스스로 자신할 수 없는 사람이라면 이렇게 연설을 시작하지는 못할 것이다. 그만큼 말하는 사람의 자신감을 느낄 수 있는 서두다. 그의 개성과 인격성을 가감 없이 드러내는 이 부분이야말로 에토스의 전형적인 특징을 볼 수 있는 곳이다.

물론 좋은 연설이라 해서 꼭 에토스적인 요소를 앞세우고 부각해야 하는 것은 아니다. '페리클레스의 추도 연설을 272자로 줄인 연설'이라는 별칭을 가진 링컨의 게티즈버그 추도 연설은 일인칭 '나'I, me, my를 사용하지 않음으로써 에토스적인 측면을 의도적으로 축소했지만 또 하나의 위대한 연설이 되었기 때문이다.

페리클레스 연설은 대비되는 짝의 개념으로 이루어져 있다. 이를 '그리스적 대조법'이라 부른다. 앞서 연설했던 사람들과 지금 연설하는 자신을 대조하는 것도 그렇지만, '행동'과 '말'을 대조하는 다음 문장도 그렇다.

…… 행동으로 칭송하는 것이 중요하지, 그 이상 말로 표현할 것까지 있나 하는 것이 내 생각이다.

이 이후에도 선조와 후대, 과거와 현재, 모방과 본보기, 군사 훈련과 자유로운 삶 등 대조법적인 표현이 계속된다. 이어지는 문장을 보자.

완벽하게 균형 잡힌 연설을 한다는 것은 어려운 일이다. 진실을 말하고 있다는 믿음을 주지 못하는 한 그럴 수밖에 없다. 죽은 사람과 친했던 사람들로서는, 말해 주었으면 하고 바라는 것이나 죽은 사람에 관해 자신들이 알고 있는 것에 비해 연설이 뭔가 부족하다는 인상을 받기 마련이다. 죽은 사람을 잘 알지 못하는 사람들은 부러움을 느끼고는 연설이 과장되었다고 의심할 것이다. 남들에 대한 찬사란, 자신도 할 수 있다고 자부하는 선까지만 용납되고, 그 이상은 시기와 불신을 낳기 때문이다.

똑같은 주장도 유형론을 사용해 설명할 때 설득력이 커진다. 즉, "죽은 사람과 친했던 사람" 그리고 "죽은 사람을 잘 알지 못하는 사람"의 전형적인 심리 상황을 나눠 본 뒤, 그 가운데 어느 쪽을 보더라도 자신의 연설이 환영받지 못할 수밖에 없는 논리적 이유를 밝히는 것이 그것이다. 인간들이란 본래 그런 존재론적 한계를 가졌다는 진술도 자신의 판단을 강화한다.

하지만 서둘러 이 주제를 마무리한다. "그렇기는 해도 옛사람들이 이를 좋은 관습으로 인정한 이상, 그에 따라 여러분의 생각과 희망을 표현하도록 노력하는 일이 나의 의무일 것이다."라고 하면서 말이다. 이는 본격적인 주제로 들어가기 위한 것이자, 일종의 '화제를 전환하는 솜씨'라고도 할 수 있다. '효과'나 '사실성'보다 법에 따라야 하는 자신의 '책임성'을 더 중요한 윤리적 요청으로 받아들인다는 것이야말로 누구도 반론하기 어려운 '정치적 논변'이다.

이어지는 주제는 아테네, 즉 "이 도시국가를 세운 우리 선조의 이야기"다. 건국자founder에 대한 경의는 정치 연설의 가장 보편적인 주제다. 이는 말하는 사람과 듣는 사람 사이를 '운명과 기억의 공동체'로 묶어 준다. 그래서 많은 정치 연설이 과거사에 대한 해석이나 재해석을 담고 있는 경우가 많다.

물론 선조들에 대한 옛이야기가 목적은 아니다. 그보다는 그런 "선조들로부터 이어받은 것," 그래서 자신을 포함해 후대 사람들이 "자신들의 피와 수고blood and toil"를 덧붙여 계승해야 했던 것들에 대한 약속과 헌신을 강조하려는 것이다. 이 부분은 제2차 세계대전이 절정에 달했던 1940년 5월 13일 윈스턴 처칠 총리의 의회 연설에 등장하면서 유명해졌다. 처칠 연설의 제목도 "피와 수고, 눈물 그리고 땀"으로 이름 붙여졌다. 1998년 김대중 대통령도 취임사에서 "우리 모두는 지금, 땀과 눈물과 고통을 요구받고 있습니다."라며 같은 표현을 사용한 바 있다.

건국자 이야기가 과도하면 '관제官制 역사관'을 권위주의적으로 강요하는 부정적 효과를 낳을 수 있다. 그래서 선조에 대한 이야기는 곧 그들이 지키고자 했던 소중한 가치에 대한 주제로 넘어간다. 그것은 선조들이 지켜 냈고 자신들 또한 지켜 내야 하는, 자신들의 정치체제에 대한 칭송이다. 페리클레스는 "우리를 위대하게 만든 우리의 정체政體, Politeia, form of government와 삶의 양식way of life이 무엇이었는지"에 대해 논의하겠다고 하면서, 민주정이라는 정치체제의 장점과 그것이 만들어 내는 문화적 양상에 대해 아름답게 표현한다. 그 시작은 이렇다.

우리의 정체는 이웃 나라들의 제도를 흉내 낸 것이 아니다. 이 사실부터 말하고 싶다. 우리는 남을 모방하기보다 남들의 본

보기가 되고 있다. 우리의 정체는 민주주의라고 불린다. 권력이 소수의 손에 있는 것이 아니라 다수 시민의 손에 있기 때문이다. 사적인 분쟁을 수습해야 하는 문제가 있을 때는 모두가 법 앞에 평등하다. 누군가를 공적 책임을 갖는 자리에 앉히고자 할 때 우리가 고려하는 것은, 그가 속한 계급이나 그가 가진 특권이 아니라 그가 보여 준 실질적 능력이다. 이 나라에 기여하는 한, 그 누구도 가난하다고 해서 정치적으로 무시당하는 일은 없다.

이어지는 부분도 민주정과 그것이 기초하고 있는 '법의 지배' rule of law에 대한 예찬이다.

우리의 정치 생활이 자유롭고 개방적인 것만큼 일상생활 역시 그러하다. 이웃이 자신의 방식대로 삶을 즐긴다면 그것에 간섭하지 않는다. 실제로 해를 끼치지 않는 것은 물론, 험악한 얼굴로 감정을 상하게 하지 않는다. 사생활에서는 우리 서로 자유롭고 관용을 베푼다. 하지만 공적 업무에서는 법을 준수한다. 법은 깊이 존중되어야 하기 때문이다. 우리 스스로 권위 있는 자리에 앉힌 자라면, 우리는 그에게 복종한다. 법 그 자체, 특히 억압받는 자를 보호하기 위한 법을 준수한다. 위반하면 수치로 여기는 불문율에도 순순히 복종한다.

이처럼 스스로 만든 법에 스스로 복종하는 자치의 원리, 자의적 지배가 아닌 법의 지배에 대한 가장 고전적 진술은 물론이고, 세습이나 가문의 우월성보다 시민이라면 누구나 평등하게 공동체의 발전에 기여할 수 있어야 한다는 민주주의의 기초 원리도 강조한다. "우리 스스로 권위 있는 자리에 앉힌 자"에게 복종하고, "그 누구도 가난하다고 해서" 정치적으로 평등한 시민권이 침해 내지 무시당하지 않는다는 표현도 인상적이다.

보통은 자신들의 나라를 지켜야 한다는 자민족 중심의 역사관을 강조하는 정치 연설이 많다. 그에 비해 국가에 대한 의무보다 시민 스스로가 만든 자유롭고 평등한 정치체제의 소중함을 강조한 것이 특별해 보일 수밖에 없다. 오히려 폐쇄적 국가관보다 세계 시민으로서 개방적이고 자유로운 삶의 가치가 인간을 더 용기 있게 만든다는 것이 이어지는 주제다. 그러면서 이렇게 선언하듯 말한다.

우리 도시국가는 온 세계에 개방적이다.

여기에서는 폐쇄적인 자민족 중심주의 같은 것은 볼 수 없다. 설령 침략 의도를 가진 국가가 있다 하더라도 아테네인들은 군사적 책략이나 장비의 힘보다 정치적 용기를 믿고 싸운다고 덧붙인다. 이 부분은 중요하다. 그것은 군사적 접근보다 정치적 접근이 더 강한 국가를 만든다는 판단에 기초하고 있기 때문이다.

군사 안보적 국가관은 두려움 혹은 두려움을 회피하고자 하는 소극적 심리와 쉽게 연결된다. 반면, 스스로 만든 정치체제를 지키는 일의 가치를 강조하는 것은 훨씬 더 적극적인 시민의 역할로 이어진다. 법 앞의 평등이나 민주주의와 같은 자유로운 삶의 양식은 군사적 방법만으로 지켜질 수 없다.

이처럼 페리클레스가 소중하게 생각했던 '자유롭고 민주적인 삶'을 옹호하는 자세는, 미국독립전쟁 직전 영국으로부터 비롯된 군사적 두려움에 굴하지 않고 "자유가 아니면 죽음을 달라!"고 했던 독립운동가 패트릭 헨리의 1775년 의회 연설에 깊은 영향을 주었다.

정체政體를 언급하면서 그 의미를 헌정 체제가 아니라 삶의 양식으로 표현한 것도 흥미롭다. 민주정이 지향하는 삶의 양식을 언급한 부분을 보자. 페리클레스는 이렇게 말했다.

우리는 아름다움을 추구하면서도 사치에 빠지지 않는다. 지혜를 사랑하면서도 유약하지 않다. 부자는 부를 자랑하지 않고 단지 그것을 활동의 적절한 바탕으로 삼는다. 가난한 사람은 가난한 것을 부끄러워하지 않는다. 단지 부끄러워해야 할 것은 그것을 이겨내는 노력을 게을리하는 것이라는 게 우리의 생각이다. 각 개인은 자신의 일만이 아니라 도시국가의 일에도 관심을 갖는다. 자신의 일에 전념하는 사람도 정치 일반에 대해 아주 잘 알고 있다. 이것이 우리의 특징이다. 우리는 정치에 무관심한 사람을 그저 자기 일에만 신경 쓰는 사람이라고 하지 않고, 이곳 아테네에서 하는 일이 전혀 없는 사람이라고 말한다. 우리만이 정책에 대한 결정을 우리 스스로 내리거나 적절한 토의에 부친다. 우리의 말과 행동 사이에 모순이 존재한다고 생각하지 않기 때문이다. 가장 나쁜 것은 결과에 대해 충분히 논의하지 않고 행동에 뛰어드는 것이다.

이 부분에서 가난과 부에 대한 페리클레스의 진술은 인상적이다. 부를 자랑하지 않고 "활동의 적절한 바탕"으로 이해하는 것 말이다. 경제적 격차가 계급의 문제로 되지 않아야 한다는 것 또한 페리클레스가 강조한, 민주정에서의 대표적인 삶의 양식이었다.

부는 좋은 활동을 위해 사용되어야 하며 과시하거나 사치할 일이 아니라거나, 가난에 대한 두려움보다는 그로부터 벗어나려는 노력을 하지 못하는 것을 두려워해야 한다는 것이 그것이다. 1930년대 대공황 시기 프랭클린 루스벨트 미국 대통령의 연설 가운데 "우리가 두려워할 유일한 것은 두려움 그 자체다."The only thing we have to fear is fear itself.라는 논지야말로 이 연설로부터 깊은 영향을 받았다고 할 수 있다.

혹자는 페리클레스 연설은 장례 연설인데, 전몰자에 대한 추모나 유족에 대한 위로는 어디 있느냐고 의문을 가질지도 모르겠다. 그것이 이제 이어지는 주제다. 민주적 삶의 양식에 대한 진술을 바탕으로 전몰자에 대한 칭송이 이어진다. 그런데 그 근거는 안타까운 죽음에 대한 것이 아니다. 그보다는 공동체를 지키고 자유에 헌신하고 이를 위해 용기를 발휘하는 '인간 행위의 위대함과 고귀한 명예'에 대한 것이다.

나는 우리의 도시국가를 헬라스[그리스]의 학교the school of Hellas라고 감히 단언한다. 더욱이 우리 시민 한 사람 한 사람은 다양한 분야에서 삶을 향유하면서 자신만의 능력을 영예롭게 키워 나가고 있다. 이 나라의 장례 행사 자리라고 해서 이렇게 호언을 하는 것이 아니다. 이것이 실체적 진실이라는 것은, 앞서 언급했던 우리의 자질로 인해 우리가 얻게 된 이 나라의 국력이 실증해 주고 있다. 여러 도시국가 가운데 시련을 통해 명성 이상의 힘을 보여 준 것은 오늘날 오직 우리뿐이다. …… 이토록 위대한 아테네를 위해 여기 이 사람들은, 이 도시국가를 잃어버려서는 안 된다는 과감한 결단으로 고귀하게 싸우며 최후를 맞이했다. 그런 까닭에 이 도시국가를 위해 모든 것을 다 바쳐 고난을 헤쳐 나가야 하는 것은 여기 남은 우리에게도 의무가 아닐 수 없다.

아테네 민주정에 대한 자부심은 "다양한 분야에서 삶을 향유하면서 자신만의 능력을 영예롭게 키워" 나간다거나, "시련을 통해 명성 이상의 힘"을 보여 준 바 있다는 표현에서 잘 드러난다. 그러니 그런 민주정을 지키는 것이 왜 시민의 의무가 아니겠는가.

오늘날에는 이런 연설의 주제를 애국주의나 공화주의, 공동체주의로 이야기한다.

물론 의무감을 강요하는 것 때문에 애국주의나 공화주의, 공동체주의를 불편해하는 사람도 있을 것이다. 하지만 '공동체에 대한 사랑'이나 '동료 사회 구성원에 대한 헌신'과 같은 시민적 덕목 없이 민주주의가 튼튼한 사회 문화적 기반 위에 서있기는 어려울 것이다. 그런 점에서 페리클레스가 배타적이고 권위적인 애국심과는 다른 종류의 민주적 애국심의 중요성을 억지스럽지 않고 설득력 있게 말한 것 또한 특별하다.

남겨진 가족들에 대한 위로도 인상적이다. 미안함보다는 당당한 느낌이다. 민주적 정치관에 기초하고 있기에 전몰자에 대한 추모나 칭송, 나아가 유족들에 대한 위로도 그런 내용을 가졌다. "누군가의 공적과 그에 대한 예찬이 이곳에 묻힌 사람들처럼 서로 완전히 일치하는 예는 헬라스[그리스] 어디에서도 거의 찾아볼 수 없을 것이다."에서 시작해 살아남은 자의 의무를 이렇게 말한다.

이리하여 그들은 이 도시국가에 어울리는 합당한 자들이 되었다. 살아남은 우리가 더는 위험한 상황이 계속되지 않기를 희망하는 것은 당연하나, 우리 역시 전장에 나서면 이들 못지않게 담대함을 보일 각오를 해야만 한다. 누군가는 용감하게 도시국가를 지키는 것의 가치와 이미 우리가 알고 있는 바를 되풀이해서 강조할지 모른다. 그러나 그 말을 경청하는 것에 만족할 것이 아니라, 우리 도시국가의 위대함을 생각하며 진심으로 이 나라를 사랑할 수 있어야 한다.

이 부분을 보면서 존 F. 케네디의 유명한 연설 문구, "나라가 여러분에게 무엇을 해줄 것인가를 묻지 말고, 여러분이 나라를 위해 무엇을 할 수 있는가를 물으시라."가 생각날 것이다. 도시국가의 자유를 지키기 위한 용기와 헌신의 위대함을 말하는 이 부분이야말로 민주주의가 필요로 하는 시민적 덕성의 핵심을 잘 표현하고 있기 때문이다.

이제 이어지는 내용은 '인간 삶의 비극적 운명'을 어떻게 받아들일지에 대한 것이다. 전체 연설문 가운데 인간 감정을 가장 깊게 다루는 부분으로, 아리스토텔레스의 수사학적 관점에서는 파토스적 요소가 짙게 깔려 있다. 슬프지만 아름다운 내용이 아닐 수 없다. 익숙한 것과의 갑작스러운 이별이나 상실만큼 인간을 고통스럽게 하는 것은 없다. 그러나 슬픔을 자각하지 않는 삶에 행복이 깃들 수도 없다.

누구든 죽는다. 그렇지만 삶이 비극으로 끝나는 것만은 아니다. 마음의 평안을 얻기 위한 노력, 명예를 사랑하는 마음, 죽음으로부터 비겁하게 도망치려 하기보다 용기 있게 맞서는 일에 경의를 표하는 방식 등으로부터, 우리의 삶을 더더욱 깊고 풍요롭게 만들 인식의 새 지평을 얻을 수도 있다.

버락 오바마는 2011년 애리조나주에서 일어난 총격 사건 회생자에 대한 추모사에서 "갑작스러운 이별은 우리를 뒤돌아보게 한다."라고 말한 바 있다. 자신의 배우자에게 사랑한다는 말을 얼마나 자주 했는지, 우리를 위해 희생한 부모님께는 자주 감사함을 표현했는지, 나로 인해 상처 입은 사람들에게 미안하다는 말은 했는지를 돌아보게 한다는 것이다. 페리클레스의 연설이 없었더라면 오바마의 그런 연설이 가능하지 않았을 것이다. 이어지는 내용은 우리 스스로를 되돌아보게 만드는 힘이 있다. 페리클레스 연설의 마지막을 보자.

여러분이, 전몰자가 된 자식으로부터 예전에 누렸던 기쁨을 오늘 이후로는 남들의 손에서 찾아야 할 때, 여러분은 수없이 슬픔을 느낄 것이다. 행복을 모르는 사람은 불행도 쓰라리지 않다. 고통은 오랫동안 익숙했던 행복을 상실하는 것으로부터 오기 때문이다. …… 여러분 가운데 나이가 있는 분들은 이 고통을, 행복했던 인생이 요구하는 대가로 여기는 동시에, 슬퍼해야 할 날이 얼마 남지 않았음을 위안 삼아 죽은 사람들의 명예에서 마음의 안식처를 찾기 바란다. 명예를 사랑하는 마음만이 늙지 않는다. 누군가도 말했듯이 은퇴할 나이가 된 사람은 사리사욕을 따르지 않고 존경받는 데서 기쁨을 느낀다. …… 오늘 이후 미망인이 되는 분들에 대해 한마디 언급할 게 있다면, 그것은 다음과 같은 짧은 권고에 다 담겨 있다. 여러분이 타고난 본성에 따라 꿋꿋하게 살아가는 것은 큰 명성이 될 것이다. 그래도 가장 큰 명성은 좋게든 나쁘게든 남자들의 입에 오르내리지 않는 데 있다. 관습법에 따른 내 연설에서 내가 해야 할 말은 다했다. 여기에 안치된 사람들의 영예를 위해 거행되어야 할 의식도 이미 마쳤다. 그들의 자녀가 성인이 될 때까지 양육에 필요한 것은 도시국가가 책임진다. 이는 전몰자들과 그 유족들이 겪을 시련에 대해 나라가 해야 할 당연한 보상이다. 용기에 가장 큰 상을 주는 나라야말로 가장 훌륭하고 가장 용감한 시민들이 다스리는 곳이다. 자, 이제 각자 연고가 있는 전몰자들에 대한 애통함은 충분히 풀었으니, 모두 이곳을 떠나시라.

위 내용 가운데 남자들의 입에 오르내리는 여성이 되지 말 것을 부탁하는 대목은 지금 기준이라면 비난받았을 것이다. 2500년 전의 시대적 한계를 고려해야겠지만, 어쨌든 이 부분만큼은 좋게 볼 수 없다고 생각하는 사람이 있을 것이다. 노인들에게 삶의 고통이 얼마 남지 않았음을 위안 삼으라 한 것도 논란이 될 수 있다. 다른 부분도 보기에 따라서는 다소 냉정해 보일 수 있다. 반대로 '가혹한 위로'를 할 수 있다는 것을 높이 평가할 수도 있다.

사람마다 평가의 기준은 조금씩 다르겠지만 실존하는 인간 존재에 대한 '두려움 없는 진술'이라는 사실에는 경탄하지 않을 수 없다. "예전에 누렸던 기쁨을 오늘 이후로는 남들의 손에서 찾아야 할 때" 우리가 마주하게 될 슬픔을 언급한 대목도 그렇고, "고통은 오랫동안 익숙했던 행복을 상실하는 것으로부터” 온다며 “행복을 모르는 사람은 불행도 쓰라리지 않다.”고 표현한 부분도 인상적이다. “이 고통을 행복했던 인생이 요구하는 대가로 여기는 동시에, 슬퍼해야 할 날이 얼마 남지 않았음을 위안 삼아 죽은 사람들의 명예에서 마음의 안식처”를 찾기를 권고한 부분도 마찬가지다.

시민 개개인이 할 수 있는 것은 다 했고, 이제 그 나머지는 “국가가 책임진다”는 내용도 ‘복지국가에 대한 고전적 관점’을 보여주기에 충분하다. 그리고 마지막 부분, 애통함과 회한을 모두 풀었으니, 이제 이 자리를 떠나자! 우리가 살아가야 할 삶의 현장으로 용기를 갖고 돌아가자! 이런 선언이야말로 책임 있는 통치자만이 할 수 있는 것이 아닌가 한다.

정치사상가 셸던 월린은 마키아벨리에 대한 해석을 통해 정치란 ‘도덕적 비애감’moral pathos을 뚫고 비상하는 인간 활동이라고 말한 적이 있다.[15] 페리클레스의 이 연설이야말로 이를 실증하는 고전 가운데 고전이 아닐까 한다. 삶이 슬프게 여겨질 때마다 페리클레스의 연설을 떠올린다. 뭐든 얼마 남지 않았다는 것을 자각할 때, 남은 삶이 가치 있어 보이는 법이다. 진정한 용기는 그런 자각에서 비롯되는 게 아닐까.

이제 페리클레스 연설 전문을 설명에 의존하지 않고 있는 그대로 감상해 보자.

우리는 민주주의자다

— 전몰자 추도 연설(기원전 431년 혹은 기원전 430년 겨울 추정) —

앞서 이 연단에 섰던 대다수의 사람들은, 장례 행사의 마지막을 추도 연설로 마무리하도록 관습을 만든 입법자에게 경의를 표하곤 했다. 연설을 통해 전몰자들을 명예롭게 해야 한다거나, 그렇게 하는 것을 가치 있는 일로 여겼던 모양이다. 나는 생각이 다르다.

전몰자들은 자신들이 칭송받을 만한 이유를 이미 행동을 통해 충분히 보여 주었다. 그렇기에 그들의 명예는 지금 여러분이 보고 있듯, 우리 도시국가가 마련한 장례 행사처럼 행동으로 칭송하는 것이 중요하지, 그 이상 말로 표현할 것까지 있나 하는 것이 내 생각이다.

죽은 자들 가운데 많은 이들이 행동으로 보여 준 용기를, 우리가 얼마나 큰 믿음을 갖고 보고 있는가 하는 문제가, 어느 한 개인의 연설에 맡겨져 그 사람의 서툴거나 뛰어난 연설로 평가받게 한다는 것은 무모한 일이다.

완벽하게 균형 잡힌 연설을 한다는 것은 어려운 일이다. 진실을 말하고 있다는 믿음을 주지 못하는 한 그럴 수밖에 없다. 죽은 사람과 친했던 사람들로서는, 말해 주었으면 하고 바라는 것이나 죽은 사람에 관해 자신들이 알고 있는 것에 비해 연설이 뭔가 부족하다는 인상을 받기 마련이다. 죽은 사람을 잘 알지 못하는 사람들은 부러움을 느끼고는 연설이 과장되었다고 의심할 것이다. 남들에 대한 찬사란, 자신도 할 수 있다고 자부하는 선까지만 용납되고, 그 이상은 시기와 불신을 낳기 때문이다.

그렇기는 해도 옛사람들이 이를 좋은 관습으로 인정한 이상, 그에 따라 여러분의 생각과 희망을 표현하도록 노력하는 일이 나의 의무일 것이다.

나는 이 도시국가를 세운 우리 선조의 이야기로 연설을 시작하고 싶다. 이런 기회에 그들을 생각하며 경의를 표하는 것이 올바르고 또 적합하다고 보기 때문이다. 처음 이 땅을 차지해 살게 된 이후 그들은 용기를 발휘해 나라를 잃지 않고 지켜 냈다. 그리고 그 결과 자유로운 도시국가를 후대에 물려줄 수 있었다.

우리의 옛 선조들이 이런 칭송을 받을 만했다면 우리의 부모 세대들은 더더욱 칭송받아 마땅하다. 왜냐면 그들은 선조들로부터 이어받은 것에 자신들의 피와 수고^{blood and toil}를 덧붙여, 오늘날 우리가 누리고 있는 이 대단한 통치 체제를 물려주었기 때문이다. 그 뒤 오늘 여기 모인 우리의 나이 든 시민들은 우리의 통치 체제를 가꾸고 유지하고 발전시키기 위해 용기를 보여 주었고, 전시에건 평시에건 우리의 도시국가를 더욱 풍요롭게 만드는 데 기여했다.

나는 여러분이 익히 잘 알고 있는 이야기로 이 연설을 지루하게 만들고 싶지는 않다. 그래서 나는 우리 선조들이 전쟁에서 어떻게 싸웠고, 이민족 내지 다른 헬라스[그리스] 도시국가들의 침공에 맞서 어떻게 싸웠는지 되풀이해 말하지 않겠다. 다만 우리가 직면한 역경을 어떠한 정신으로 헤쳐 왔는지, 그리고 우리를 위대하게 만든 우리의 정체政體와 삶의 양식이 무엇이었는지에 대해 논의하고 싶다. 그런 뒤에 전몰자들을 기리는 말을 하도록 하겠다. 이 연단에서 우리의 정체와 삶의 양식이 어떤 것인지를 언급하는 일은 이 장례식에 제격일 뿐만 아니라, 아테네 시민이든 외국인이든 여기 모인 모든 청중에게 유익하리라 믿기 때문이다.

우리의 정체는 이웃 나라들의 제도를 흉내 낸 것이 아니다. 이 사실부터 말하고 싶다. 우리는 남을 모방하기보다 남들의 본보기가 되고 있다. 우리의 정체는 민주주의라고 불린다. 권력이 소수의 손에 있는 것이 아니라 다수 시민의 손에 있기 때문이다. 사적인 분쟁을 수습해야 하는 문제가 있을 때는 모두가 법 앞에 평등하다. 누군가를 공적 책임을 갖는 자리에 앉히고자 할 때 우리가 고려하는 것은, 그가 속한 계급이나 그가 가진 특권이 아니라 그가 보여 준 실질적 능력이다. 이 나라에 기여하는 한, 그 누구도 가난하다고 해서 정치적으로 무시당하는 일은 없다.

우리의 정치 생활이 자유롭고 개방적인 것만큼 일상생활 역시 그러하다. 이웃이 자신의 방식대로 삶을 즐긴다면 그것에 간섭하지 않는다. 실제로 해를 끼치지 않는 것은 물론, 험악한 얼굴로 감정을 상하게 하지 않는다. 사생활에서는 우리 서로 자유롭고 관용을 베푼다. 하지만 공적 업무에서는 법을 준수한다. 법은 깊이 존중되어야 하기 때문이다. 우리 스스로 권위 있는 자리에 앉힌 자라면, 우리는 그에게 복종한다. 법 그 자체, 특히 억압받는 자를 보호하기 위한 법을 준수한다. 위반하면 수치로 여기는 불문율에도 순순히 복종한다.

중요한 사실이 또 있다. 하루 일을 마쳤을 때 우리는 우리 자신의 마음과 정신 건강을 위해 모든 종류의 여가를 향유한다. 사계절 내내 다양한 종류의 경기와 대회를 개최한다. 아름답고 유쾌한 개개인의 가정은 나날의 노고를 잊게 한다. 이 도시의 위대함 때문에 전 세계의 만물이 이 도시에 집결하고, 이를 우리 아테네인은 자유롭게 누린다.

우리의 군사정책도 적과는 다르다. 먼저 우리 도시국가는 온 세계에 개방적이다. 외국인을 추방함으로써 이방인의 견문이 들어오지 못하게 하는 일은 하지 않는다. 설사 이 개방성 때문에 적이 우리에게서 뭔가를 알아내 이익을 도모할지라도 장비나 책략보다 우리의 용기를 믿는다. 군사 교육에서도 적들은 아주 어릴 때부터 엄격한 훈련으로 용기를 함양시키려 하지만, 우리는 자유롭게 살게 하면서도 그들에 맞서 조금도 밀리지 않고 있다. 예를 들어 라케다이몬인[스파르타인]은 단독으로 출병하지 않으며 모든 동맹군과 상의한 뒤에 우리의 영토로 출병한다. 이에 반해 우리는 우리 힘만으로 적에 맞서며, 다른 나라에서 싸울 때도 적을 어렵지 않게 제압한다.

어떤 적이든 한 번도 우리의 전군과 맞서 본 적이 없다. 우리는 해군을 강화하는 동시에 우리 자신의 육군을 각지에 파병하고 있기 때문이다. 그들은 우리 군의 일부와 교전해 승리를 얻으면 그 부분적인 승리를 가지고 우리 전군을 격파했다는 소문을 퍼뜨리고, 격파당하면 우리의 전 세력에 정복되었다고 말한다.

우리는 [스파르타처럼] 고된 훈련이나 엄격한 군법에 의해서가 아니라, 침착함과 함께 우리에게 익숙한 용기를 갖고 위험과 대면한다. 다가올 곤경 때문에 전전긍긍하지도 않는다. 전투 대열에 서면 평소 휴식 없이 훈련에 시달렸던 자들[스파르타 병사들]보다 훨씬 용감하게 행동한다. 지금까지 이야기한 것만으로도 우리의 도시가 전시나 평시에 다름없이 가히 경탄하기에 충분하다는 점을 보여 주지만, 이것이 다가 아니다.

우리는 아름다움을 추구하면서도 사치에 빠지지 않는다. 지혜를 사랑하면서도 유약하지 않다. 부자는 부를 자랑하지 않고 단지 그것을 활동의 적절한 바탕으로 삼는다. 가난한 사람은 가난한 것을 부끄러워하지 않는다. 단지 부끄러워해야 할 것은 그것을 이겨내는 노력을 게을리하는 것이라는 게 우리의 생각이다.

각 개인은 자신의 일만이 아니라 도시국가의 일에도 관심을 갖는다. 자신의 일에 전념하는 사람도 정치 일반에 대해 아주 잘 알고 있다. 이것이 우리의 특징이다. 우리는 정치에 무관심한 사람을 그저 자기 일에만 신경 쓰는 사람이라고 하지 않고, 이곳 아테네에서 하는 일이 전혀 없는 사람이라고 말한다. 우리만이 정책에 대한 결정을 우리 스스로 내리거나 적절한 토의에 부친다. 우리의 말과 행동 사이에 모순이 존재한다고 생각하지 않기 때문이다. 가장 나쁜 것은 결과에 대해 충분히 논의하지 않고 행동에 뛰어드는 것이다.

우리의 남다른 점은 또 있다. 우리 각자 한 사람 한 사람은 목적을 신중히 검토하는 자세와 그것을 과감하게 단행하는 능력을 아울러 지니고 있다. 이에 반해 다른 나라 사람들을 보면 무지가 만용을 불러일으키고, 신중하게 생각한답시고 망설이는 태도로 일관한다. 삶의 공포도 환희도 잘 알고, 게다가 위험에 겁을 먹지 않는 자라야 진정으로 강한 자라고 할 수 있을 것이다.

다른 나라에 대한 선행의 개념에서도 우리는 다르다. 우리는 남들과는 달리 선한 일을 통해 우방을 만들지, 혜택을 바라고 우방을 만들지 않는다. 선행을 베푸는 측은 상대가 느끼는 고마움이 사라지지 않도록 지속적인 선의를 보여 줌으로써 계속해서 더 큰 신뢰를 얻는다. 반면 의리상 은혜를 갚으려는 측은 자발적으로 선행을 베푸는 것이 아니라 빚을 갚고자 하는 의도로 그리하기 때문에 진심을 잃게 된다. 우방을 돕는 방법도 특별한데, 우리는 손익을 따져 돕는 것이 아니라 자유의 가치를 믿고 두려움 없이 돕는다.

이상과 같은 점들을 고려할 때, 나는 우리의 도시국가를 헬라스[그리스]의 학교라고 감히 단언한다. 더욱이 우리 시민 한 사람 한 사람은 다양한 분야에서 삶을 향유하면서 자신만의 능력을 영예롭게 키워 나가고 있다. 이 나라의 장례 행사 자리라고 해서 이렇게 호언을 하는 것이 아니다. 이것이 실체적 진실이라는 것은, 앞서 언급했던 우리의 자질로 인해 우리가 얻게 된 이 나라의 국력이 실증해 주고 있다. 여러 도시국가 가운데 시련을 통해 명성 이상의 힘을 보여 준 것은 오늘날 오직 우리뿐이다. 우리에게 패한 적도 우리에게만은 수치심을 느끼거나 한을 품지 않으며, 우리를 따르는 속국도 우리 이외에 자신들이 의무를 다할 적합한 맹주는 없다고 믿고 있다.

분명한 증거를 가지고 그 힘을 보여 준 우리는, 오늘날의 사람들에게도 미래의 사람들에게도 경탄의 대상이 될 것이다. 있는 사실을 그대로 말하는 것으로 충분할 뿐, 우리에겐 호메로스의 찬가도, 잠시 귀를 즐겁게 하는 멋진 표현도 필요하지 않다. 우리의 용기 앞에 굴복한 온 바다와 육지는 길을 열어 우리를 받아들였다. 우리는 우방에게 베푼 선행으로, 그리고 적에게 가한 고통의 기억으로 세상 구석구석에 이르기까지 우리의 기념비를 남겼다.

이토록 위대한 아테네를 위해 여기 이 사람들은, 이 도시국가를 잃어버려서는 안 된다는 과감한 결단으로 고귀하게 싸우며 최후를 맞이했다. 그런 까닭에 이 도시를 위해 모든 것을 다 바쳐 고난을 헤쳐 나가야 하는 것은 여기 남은 우리에게도 의무가 아닐 수 없다.

우리의 도시국가에 관해 이토록 길게 이야기한 이유는, 우리와 전혀 비교될 수 없는 자들과의 싸움에 있어서 우리가 지키고자 한 것이 훨씬 더 가치 있음을 보여 줌으로써, 이제 이야기할 전몰자들에 대한 칭송에 확실한 근거를 부여하기 위해서였다. 우리의 도시국가를 찬양함으로써 전몰자들을 칭송하는 주된 근거는 거의 모두 말했지만, 우리의 도시국가를 빛낸 것은 오로지 여기에 잠든 사람들의 용기와 용맹함 덕분이라는 점을 다시 한번 강조하고자 한다. 누군가의 공적과 그에 대한 예찬이, 이곳에 묻힌 사람들처럼 서로 완전히 일치하는 예는 헬라스[그리스] 어디에서도 거의 찾아볼 수 없을 것이다.

지금 여기에서 안식하게 될 사람들이 맞이해야 했던 최후는, 그것이 처음 참여한 전투였든 마지막이 된 전투였든, 인간으로서의 가치와 탁월함을 보여 주었다고 나는 생각한다. 그들 가운데 인간적인 실수를 한 사람도 있을 것이다. 하지만 조국을 위해 싸운 무용이야말로 그 사람의 단점을 상쇄한다는 주장은 옳다. 선행은 악행을 덮어 주고, 개인으로서의 단점보다 공동체의 시민으로서 그가 보인 용기가 더 가치 있기 때문이다.

이들 가운데 누구도, 누리지 못한 부의 쾌락을 아쉬워하며

기가 꺾이거나, 언젠가 부의 기쁨을 누릴지도 모른다는 기대 때문에 죽음을 망설이지 않았다. 그들은 적과 맞서 싸워야 했고, 이것이야말로 생명을 내던질 만한 비길 데 없는 영광이라고 믿었다. 그들은 기꺼이 위험을 감수하며 적을 섬멸하기로 결심을 굳히고, 다른 모든 것을 초월해 이 결의가 성취되길 기원했던 것이다. 전운戰運이 확실치 않음에도 희망을 걸고, 스스로에 대한 확신으로 임무를 대담하게 수행해 내는 것이 마땅한 일이라고 보았으며, 그리하여 뒤로 물러나 생명을 보존하기보다는 맞서 싸우다 죽기를 택했다. 불명예스러운 기회주의적 태도 대신 온몸을 바쳐 전열을 고수한 그들은, 자신의 운명이 도달한 절정의 그 순간, 두려워하기보다는 영광스럽게 죽음과 마주했다.

이리하여 그들은 이 도시국가에 어울리는 합당한 자들이 되었다. 살아남은 우리가 더는 위험한 상황이 계속되지 않기를 희망하는 것은 당연하나, 우리 역시 전장에 나서면 이들 못지않게 담대함을 보일 각오를 해야만 한다. 누군가는 용감하게 도시국가를 지키는 것의 가치와 이미 우리가 알고 있는 바를 되풀이해서 강조할지 모른다. 그러나 그 말을 경청하는 것에 만족할 것이 아니라, 우리 도시국가의 위대함을 생각하며 진심으로 이 나라를 사랑할 수 있어야 한다. 그리고 우리 도시국가의 위대함을 느낄 때마다 돌아봐야 할 것이 있다. 그러한 위대함은 전장에서 수치스러운 일이 무엇인지 알고 자신의 의무를 자각하며 비겁하지 않아야겠다고 결심한 사람들에 의해 획득된 것임을 말이다. 그들은 설령 시도하다가 실패하더라도 이 나라를 위해 최선을 다하고자 하면서 가장 고귀한 헌신을 하겠다고 마음먹은 사람들이었다.

그들은 각자의 한 몸을 나라에 바쳐 더는 늙고 소멸할 수 없는 찬사와 영광을 최고의 무덤과 함께 얻었다. 지하에 묻히는 것으로 끝이 아니다. 그들의 영예로운 이름은 영원히 기억되고, 일이 있을 때마다 사람들의 말 속에서 기념될 것이다. 온 땅은 이 대단한 사람들의 묘지가 되어, 모국에서 묘석의 비문에 드러날 뿐만 아니라 아무 관련이 없는 땅에서도 무형, 무언의 기념비로서 사람들의 마음에 깃들 것이다.

여러분은 그들을 모범으로 삼아, 자유가 없는 곳에 행복이 없고, 용기가 없는 곳에 자유가 있을 수 없다는 것을 자각하고 전쟁의 위험 앞에서 조금도 망설여서는 안 될 것이다. 더 나은 삶에 대한 희망을 견지하지 못하는 비참한 자라면 자기 생명을 버리면서까지 싸울 필요가 없을지 모른다. 행운도 지나치면 악운을 초래할 수 있음을 감수하려는 사람들만이 생명을 걸고 행복을 지키려 한다. 긍지 있는 인간은, 조국을 위해 온 힘을 다하고 홀연히 죽어 가는 것보다 겁을 내고 살면서 수치를 당하는 것에서 더 고통을 느낀다.

그러므로 여기 모인 전몰자의 부모가 되는 여러분께 안타까운 애도의 말씀은 드리지 않으려 한다. 그보다 나는 마음의 평안을 얻을 수 있는 위로의 말씀을 드리겠다. 우리가 태어나고 자란 세상은 수많은 삶의 변천이 있는 곳임을 여러분도 잘 알고 있다. 따라서 여기 잠든 전몰자들처럼 영광으로 가득 찬 최후를 맞이한 것, 그 파란만장했던 생애의 마지막에서 최선을 다함으로써 여러분이 바치는 것과 같은 애도를 받는 것이야말로 행복한 최후였다고 말할 수 있을지 모른다. 이렇게 말한다고 해서 여러분이 설득될 수 없다는 것을 잘 안다.

여러분이, 전몰자가 된 자식으로부터 예전에 누렸던 기쁨을 오늘 이후로는 남들의 손에서 찾아야 할 때, 여러분은 수없이 슬픔을 느낄 것이다. 행복을 모르는 사람은 불행도 쓰라리지 않다. 고통은 오랫동안 익숙했던 행복을 상실하는 것으로부터 오기 때문이다. 아직 자식을 낳을 수 있는 사람들은 태어날 자식에 대한 희망으로 견뎌야 한다. 새로 태어날 자식들은 가정에서는 죽은 자를 잊게 하는 데 도움을 주며, 도시국가로서는 인구와 방위의 양 측면에서 필요한 존재들이기 때문이다. 내 자식의 생명을 나라에 바치지 않는 사람들에게서 공동체가 공평하고 정의롭게 운영되기를 기대할 수는 없다.

여러분 가운데 나이가 있는 분들은 이 고통을, 행복했던 인생이 요구하는 대가로 여기는 동시에, 슬퍼해야 할 날이 얼마 남지 않았음을 위안 삼아 죽은 사람들의 명예에서 마음의 안식처를 찾기 바란다. 명예를 사랑하는 마음만이 늙지 않는다. 누군가도 말했듯이 은퇴할 나이가 된 사람은 사리사욕을 따르지 않고 존경받는 데서 기쁨을 느낀다.

여기에 모여 있는 전몰자의 형제나 유자녀 여러분, 여러분의 앞날에 힘든 싸움이 기다리고 있음을 안다. 사람이 죽었을 때 그를 칭송하는 것은 세상의 관습이다. 비록 여러분이 명예로운 행동을 했을지라도 죽은 사람만큼의 명성을 얻기는 어려울 것이다. 그 어떤 것도 죽은 자들의 공적에 미치지 못한다고 간주될 것이기 때문이다. 살아 있을 동안에는 모두 경쟁심 때문에 서로를 질투하지만, 세상을 떠나 버린 사람에게는 순순히 경의를 표하는 게 인간이다.

오늘 이후 미망인이 되는 분들에 대해 한마디 언급할 게 있다면, 그것은 다음과 같은 짧은 권고에 다 담겨 있다. 여러분이 타고난 본성에 따라 꿋꿋하게 살아가는 것은 큰 명성이 될 것이다. 그래도 가장 큰 명성은 좋게든 나쁘게든 남자들의 입에 오르내리지 않는 데 있다.

관습법에 따른 내 연설에서 내가 해야 할 말은 다했다. 여기에 안치된 사람들의 영예를 위해 거행되어야 할 의식도 이미 마쳤다. 그들의 자녀가 성인이 될 때까지 양육에 필요한 것은 도시국가가 책임진다. 이는 전몰자들과 그 유족들이 겪을 시련에 대해 나라가 해야 할 당연한 보상이다. 용기에 가장 큰 상을 주는 나라야말로 가장 훌륭하고 가장 용감한 시민들이 다스리는 곳이다. 자, 이제 각자 연고가 있는 전몰자들에 대한 애통함은 충분히 풀었으니, 모두 이곳을 떠나시라.

4장

짧지만 강한 연설
: 에이브러햄 링컨의
은밀한 정치 기획

우리는 바로 이곳에서 다음과 같이 굳게 굳게 다짐한다. 명예롭게 죽어 간 이들로부터 더 큰 헌신의 힘을 얻어, 그들이 마지막 신명을 다 바쳐 지키고자 한 대의에 우리 자신을 바치고, 그들의 죽음을 헛되지 않게 하겠다는 것과 함께, 신의 가호 아래 태어난 이 국기에 새로운 사유의 탄생이 있게 할 것이며, 민중의, 민중에 의한, 민중을 위한 정부가 이 지상에서 결코 사라지는 일이 없게 할 것임을 말이다.

게티즈버그에서 무슨 일이 있었던 것일까

미국의 16대 대통령 에이브러햄 링컨^{Abraham Lincoln}(1809~65)의 게티즈버그연설을 모르는 사람은 없다. "민중의, 민중에 의한, 민중을 위한 정부는 지상에서 결코 사라지지 않을 것이다."라는 문장 정도는 누구나 떠올릴 수 있다. 하지만 이 연설을 둘러싼 이야기는 생각보다 더 흥미롭고 풍부하다.[•]

우선 왜 게티즈버그에서 연설을 한 것일까? 남북전쟁 당시 게티즈버그는 주민이 2400여 명에 불과한, 펜실베이니아주의 작은 마을이었다. 그곳에서 남북전쟁 전체를 통틀어 가장 비극적인 전투가 벌어졌다. 1863년 7월 1일부터 7월 3일까지, 3일 동안의 전

• 게티즈버그연설을 전후한 상황은 게리 윌스의 책(『링컨의 연설』, 권혁 옮김, 돈을새김, 2012)에서 자세히 다루고 있다. 애초 이 책은 『게티즈버그연설, 272단어의 비밀』이라는 제목으로 2004년에 번역본이 나온 바 있다. 2012년 번역본은 관련 참고 자료를 대폭 추가하고 제목을 바꿔 새로 낸 것이다. 게티즈버그연설 관련한 당시 정황을 이 책만큼 자세히 보여 주는 것도 없는데, 언론 보도를 포함해 여러 인용문은 이 책과 에릭 포너의 책(Foner, Eric, *The Fiery Trial: Abraham Lincoln and American Slavery*, W. W. Norton, 2010)에 출처를 둔다. 미국을 대표하는 역사학자 에릭 포너의 책은 링컨에 관한 한 가장 권위 있는 역사서다. 에릭 포너는 노예해방을 위한 링컨의 노력이 본래의 신념에 따른 것이라기보다는 당시 상황에서 정치가로서 책임 있는 대응의 결과였다는 사실을 잘 보여 준다. 특히 이 책의 8장은 게티즈버그연설 당시의 격렬한 논란을 잘 소개하고 있다. 그 밖에 링컨의 생애를 잘 다룬 전기는 2권으로 출간된 『링컨 1, 2』(도날드, 데이비드 허버트, 남선우 옮김, 살림, 2003)를, 링컨의 정치 리더십에 대해서는 『혼돈의 시대 리더의 탄생』(굿윈, 도리스 컨스, 강주헌 옮김, 커넥팅, 2020)을 참조했다.

투에서 북부군은 승리를 거두며 전세를 역전시켰다. 하지만 양쪽 모두 피해가 너무 컸다. 사상자는 전사와 부상, 실종 및 포로 등을 합해 5만 1000여 명에 달했다. 그 가운데 사망자만 8000여 명에 이르렀다.

전투가 끝났을 때 군대는 떠났지만 8000여 구의 시신과 5000여 필의 말 사체가 여기저기 흩어진 채 그대로 있었다. 매장하거나 소각해야 할 시신과 사체가 뜨거운 여름 날씨에 방치되어 주민들은 심한 악취로 극심한 고통을 겪어야 했다. 말의 사체는 곧 소각했지만 사람의 시신은 그렇게 처리할 수 없었다. 급한 대로 가매장을 했지만 최종적으로 어떻게 할지는 결정되지 않았다. 신원 확인을 포함해 거쳐야 할 절차들이 한두 가지가 아니었기 때문이다. 남부군 사망자와 신원 미상의 시신은 어떻게 할지, 유품 처리와 매장지 조성, 매장 방법, 엄청난 재원 마련은 또 어떻게 할지 등등 간단한 문제가 하나도 없었다.

7월 말, 펜실베이니아 주지사에게 도착한 보고서는 전투가 끝난 지 3주일이 지난 시점의 참혹한 상황을 이렇게 표현했다. "팔과 다리 그리고 때로는 머리도 땅 위로 불쑥불쑥 튀어나온다. 무엇보다도 돼지들이 땅속의 시체를 파내 게걸스럽게 먹어 치우고 있는 통에 신경을 곤두세우지 않을 수 없다." 더 늦출 만한 상황이 아니었다. 결국 데이비드 윌스라고 하는, 판사 출신의 존경받는 민간 지도자를 책임자로 임명해 기금 위원회를 만들어 매장과 장례를 준비하는 방안이 채택되었다. 이후 절차는 신속하게 이루어졌다.

필요한 전체 기금은 주별로 할당되었다. 국방부가 매장을 위한 관을 제공하기로 했다. 펜실베이니아주는 7헥타르의 매장지를 기증했다. 매장 사업자 선정을 위한 공개 입찰이 이루어졌고, 한 구당 1.59달러로 낙찰되었다. 그렇게 시작해 하루에 100구 정도의 시신을 처리한다면 그해 말쯤 땅이 얼기 전에 매장을 끝낼 수 있을 것으로 예상했다. 하지만 계획대로 진행되지 않았다. 특히 시신의 신원 확인 등의 문제로 속도가 나지 않아, 예상과는 달리 그 이듬해 봄까지 매장이 계속되었다.

예정된 '국립묘지 헌정식'도 제때 열리지 못했다. 애초 헌정식은 10월 23일에 치를 계획이었다. 기도, 음악, 추모사, 헌사, 장송곡, 축도의 순서로 이어지는 헌정식 가운데 가장 중요한 것은 누구에게 추모사를 맡길지를 결정하는 일이었다. 내정된 사람에게 섭외를 위해 연락이 이루어진 날은 9월 23일이었는데, 과연 누구였을까?

페리클레스 장례 연설에서 보았듯이, 전쟁과 죽음의 의미를 '시민적 애국주의'로 담아내는 추도사의 권위는 장례식에서 가장 중요한 요소다. 그 주인공은 당시 가장 이름난 연설가 에드워드 에버렛이었다. 매사추세츠 주지사와 상원 의원을 지낸 정치가이자 주영국 대사를 지낸 외교관, 하버드 대학 교수, 그리스 고전을 전공한 대학자로 유명한 사람이었다. 하지만 그는 추모사를 준비하려면 전투에 대한 고증을 꼼꼼히 해야 하므로 시간이 더 필요하다고 답했다. 그 때문에 헌정식은 애초 예정일보다 한 달 정도 늦춰진 1863년 11월 19일에 치러졌다.

전투가 끝난 지 4개월도 더 지난 시점이었다. 그때까지도 매장은 전체 시신의 3분의 1 정도밖에 이루어지지 못했다. 3일간의 전투가 남긴 비극적 상처가 수습될 시간도 없이, 그렇다고 마냥 늦출 수도 없는 상황에서 헌정식이 치러진 것이다.

논란이 된 링컨의 연설

그렇다면 링컨이 이 헌정식에 가게 된 경위는 어떤 것인가? 추도사는 에드워드 에버렛이 맡기로 했다고 했는데, 링컨의 역할은 무엇이었을까?

링컨이 헌정식에 초청을 받은 날은 10월 30일이었다. 연설자 에버렛에 비해 한 달도 더 지나 섭외가 이루어졌다. 헌정식이 20일도 남지 않은 시점이었다. 이는 링컨이 헌정식 행사의 주인공이 아니었음을 의미한다. 다만 미합중국의 "행정부 수장으로서 이 행사의 의의를 명확히 하는 몇 마디 헌사를 남겨 주기를" 바라는 정중한 부탁을 받았다.

헌정식에 참여하기 위해 정부 관료를 포함해 1만 5000명에 달하는 사람들이 각지에서 몰려들었다. 행사는 혼잡을 피할 수 없었다. 많은 이들이 예정된 시간에 도착하지 못했다. 전날 도착한 사람들 가운데도 적지 않은 수가 숙박 시설이 부족해 앉은 채 밤을 보냈다. 링컨도 전날 출발했는데 기차 환승을 포함해 6시간이 걸렸다.

사연 많은 이 행사를 위해 추도사를 맡은 에버렛은 매우 충실하고도 긴 연설문을 준비했다. 그의 연설은 2시간에 걸쳐 이루어졌다. 그 많은 청중의 관심을 긴 시간 동안 집중시킬 만큼 명연설이었다. 언론과 지식인들의 호평이 뒤따랐다. 링컨도 높이 평가했다. 반면 그의 뒤를 이어 연단에 오른 링컨의 연설은 3분도 걸리지 않았다. 글자 수에 대해서는 약간의 논란이 있는데, 행사 이전에 비서에게 맡긴 사본과 행사 이후 링컨이 필사해 남긴 필사본, 현장에서 신문들이 속기사를 통해 받아 적어 지면에 실은 연설문이 글자 수가 각기 달랐다.

그렇다면 지금 남아 있는 링컨의 연설문은 어떻게 공식 문서로 기록되었을까? 나중에 링컨은 여러 단체의 요청으로 자신의 연설문을 필사해서 넘기게 되었다. 이 과정에서 링컨은 자신이 준비한 연설문과 여러 신문에 실렸던 녹취 본들을 꼼꼼히 살펴볼 기회를 가졌다. 그리고 최종적으로 자신의 서명과 서명 날짜가 달린 필사본을 남겼다. 이 최종본에서 아홉 번 중복된 'here'(여기)라는 단어 하나를 지움으로써 연설문은 공식적으로 272자가 되었다. 게티즈버그연설에서 실제 말한 단어 수와 같은지는 모를 일이지만, 대명사 한두 개가 바뀌고 'here'가 더 들어가고 덜 들어가는 정도였을 것이기에 여기에 대해서는 누구도 이의를 제기하지 않는다.

흥미로운 것은 링컨이 연설하는 장면을 담은, 제대로 된 사진 한 장이 없다는 사실이다. 왜 그랬을까? 사진사들이 카메라를 준비하는 동안 연설이 끝나 버렸기 때문이다. 당시 카메라 기술 수준의 문제이기도 했지만, 어쨌든 그만큼 짧은 연설이었다. 사진 기사들은 당황했고 신문은 링컨의 사진 없이 연설 내용만 기사에 실어야 했다. 연설에 대한 평가는 어땠을까? 이게 중요하다.

링컨과 공화당을 지지하던 신문들은 "향후 모든 정치 연설의 본보기가 될 정도로 명료한 생각을 표현했다."며 높이 평가했다. 실제로 100년 후 마틴 루서 킹 주니어 목사는 「나에게는 꿈이 있다」I Have a Dream라는 연설에서 "지금으로부터 100년 전, 한 위대한 미국인이자 우리가 서있는 자리에 그림자를 남긴 한 사람이 노예 해방을 선언했다."라고 서두를 시작함으로써 "향후 모든 정치 연설의 본보기"가 될 것이라는 예측은 현실이 되었다. 더 흥미로운 것은 킹 목사의 이 연설이 지금의 '링컨 기념관' 앞에서 이루어졌다는 사실이다.

오바마도 2009년 대통령 취임사 제목을 "자유의 새로운 탄생"A new birth of freedom으로 붙였다. 링컨의 게티즈버그연설에 나오는 표현을 그대로 사용한 것이다. 그 밖에도 자신의 연설에서 링컨의 연설을 인용한 사람은 수도 없이 많다.

후대의 평가와는 달리 당시의 링컨은 다르게 생각한 것 같다. 연설 직후 "(질이 안 좋은 쟁기가 그렇듯) 사람들 마음에 깊이 파고들지 못했다."라며 자책했다. 주 연설자 에버렛에게도 비슷한 이야기를 했다. 링컨은 자신의 연설이 '실패작'이었던 반면 에버렛의 연설은 대단했다고 평가했다. 물론 에버렛은 링컨의 연설을 칭송했다. 연설 후 링컨에게 보낸 편지에서 그는 "당신께서 2분 만에 한 것처럼, 나의 2시간 연설 또한 곧바로 핵심에 다가갔어야 했는데 그러지 못했다."라고 썼다.

언론의 평가를 전체적으로 보면, 에버렛의 연설에 대해서는 대부분 칭찬 일색이었던 반면, 링컨의 연설에 대해서는 의견이 갈렸다.[16] 칭찬도 있었지만 비난하는 신문과 비평가들도 적지 않았다. 혹자는 "겨우 무례하지 않은 정도"였다고 말했고, 『시카고 타임스』 등 링컨의 반대편에 섰던, 당시 민주당에 우호적인 신문들은 더 노골적이었다. 예를 들어 "우리의 장교들과 사병들이 게티즈버그에서 목숨을 바친 것은 이 헌법을 지키기 위함[인데] ……그가 어찌하여 감히 그들의 무덤 위에 서서 그들이 그렇게 죽어 간 원인을 허위로 떠들어 대고 이 정부를 세웠던 정치인(헌법 제정자)들을 모욕할 수 있단 말인가?"라고 보도한, 『시카고 타임스』의 1863년 11월 23일 자 기사가 대표적이다.[17] "수호하기로 선서한 헌법을 위배"했다거나 교묘하게 "군중들의 정신을 소매치기"했다는 비난도 있었다.

헌법을 위배했고, 군중의 정신을 소매치기했다니, 연설문의 어떤 대목을 보고 그렇게 비난한 것일까? 대체 무슨 일이 있었던 걸까? 내용이 짧으니 우선 링컨의 연설문을 보고 그 안으로 들어가 이야기해 보자. 짧은 연설이지만, 사실 제대로 읽어 본 사람은 많지 않을 것이다. 별도의 인사말 같은 서두도 없이 바로 내용이 시작되는 게 특징적이다.

민중의, 민중을 위한, 민중에 의한 정부
— 게티즈버그연설(1863년 11월 19일) —

지금으로부터 네 번의 20년 하고도 7년 전 우리의 선조들은 이 대륙에 새로운 국가를 탄생시켰다. 자유 속에서 잉태되었고, 만인은 모두 평등하게 창조되었다는 명제에 헌신하고자 세워진 새로운 국가였다.

지금 우리는 거대한 내전에 휩싸여 있다. 그러면서 우리 선조들이 세운 국가, 즉 자유 속에서 잉태되고 만인은 모두 평등하게 창조되었다는 명제에 헌신하고자 세워진 어떤 한 국가가, 과연 이 지상에 오랫동안 존재할 수 있는지 없는지를 시험받게 되었다. 오늘 우리가 모인 이 자리는 남군과 북군 사이에 큰 싸움이 벌어졌던 곳이다. 이 자리에서 목숨을 바친 사람들이 헌신했던 바로 그런 나라가 살아남기를 염원하면서, 그들에게 마지막 안식처가 될 수 있도록 싸움터의 땅 한 조각을 비치고자 우리는 여기에 왔다.

우리의 이 행위는 너무도 마땅하고 옳은 일이다. 그러나 좀 더 넓은 의미에서 본다면, 이 땅을 신성하고 고결하게 하는 자는 우리가 아니다. 우리가 가진 얼마 안 되는 힘을 여기에 어떻게 보태고 뺄 것인가의 문제와는 상관없이, 여기 목숨 바쳐 싸웠던 그 용감한 사람들, 그들이 전사자든 생존자든, 그들이 이미 이곳을 신성한 땅으로 만들었기 때문이다.

세상은 우리가 여기에 모여 무슨 말을 했는지에 별로 주목하지도, 오래 기억하지도 않겠지만, 그 용감한 사람들이 여기서 감당한 일이 어떤 것이었던가는 결코 잊지 않을 것이다. 그들이 싸워서 그토록 고결하게 전진시킨, 그러나 미완으로 남긴 일, 바로 그 일을 위해 헌신해야 하는 것은 이제 우리, 살아 있는 자들의 몫이다. 우리 앞에 남겨진 그 미완의 큰 과업을 완수하기 위해 지금 여기 이곳에 바쳐져야 하는 것은 우리 자신이다.

우리는 바로 이곳에서 다음과 같이 굳게 굳게 다짐한다. 명예롭게 죽어 간 이들로부터 더 큰 헌신의 힘을 얻어, 그들이 마지막 신명을 다 바쳐 지키고자 한 대의에 우리 자신을 바치고, 그들의 죽음을 헛되지 않게 하겠다는 것과 함께, 신의 가호 아래 태어난 이 국가에 새로운 자유의 탄생이 있게 할 것이며, 민중의, 민중에 의한, 민중을 위한 정부가 이 지상에서 결코 사라지는 일이 없게 할 것임을 말이다.

이게 끝이다. 특별한 내용이 아닌 것 같지만, 한 단어, 한 문장마다 의도가 숨어 있는데, 그걸 드러내 살펴보자.

헌법이냐 독립선언문이냐

속설이지만, 이 연설에는 에피소드 같은 신화가 붙어 있다. 이 짧은 연설은 링컨이 게티즈버그로 가는 기차 안에서 편지 봉투 뒷면의 여백에 끄적거리듯 적어 내려간 것이라는 이야기다.

링컨이 시간이 있을 때마다 할 말을 메모한 것은 잘 알려진 사실이다. 연설문의 길이로 보면, 게티즈버그로 가는 길에 떠오른 즉흥적인 생각을 메모해 연설했을 것이라는 추측이 그럴 듯하게 들린다. 하지만 속설은 속설일 뿐이다. 여러 연구에 따르면 실제 사실은 좀 다르다. 링컨은 수도 워싱턴의 백악관에서부터 매우 신중하고 조심스럽게 연설문을 준비했다. 게티즈버그에 도착한 뒤에도 다음 날 국립묘지 헌정식장으로 출발하기 직전까지 자신의 숙소에서 연설문을 계속 고치고 손봤다. 신중하게 작성된 이 짧은 연설문을 통해 링컨은 자신의 정치관을 확고히 보여 주고자 했을 뿐만 아니라, 자신과 생각이 다른 사람들을 긴장시킬 만한 일을 꾸몄다고도 할 수 있다.

사실 그럴 수밖에 없는 상황이었다. 계속해서 밀리던 북부군은 게티즈버그 전투에서 겨우 승세를 얻었다. 그렇지만 상황은 여전히 나빴다. 징집에 반대하는 폭동도 일어났다. 전쟁을 멈추고 남부와 협상하자는 목소리도 커졌다. 곧 있을 대통령 선거에서 이겨야 했고 재임을 해야 했던 링컨으로서는 이 연설의 기회를 놓칠 수 없었다.

링컨에게 요구된 역할은 앞서 언급했듯이 '몇 마디 헌사'를 하는 것이었다. 형식적으로 몇 마디 헌사를 하고 말았더라면 사실 아무 일도 일어나지 않았을 것이다. 오늘 우리가 링컨의 연설을 살펴볼 일도 없었을 것이다. 하지만 주어진 짧은 연설 속에 링컨은 자신의 의도와 목적을 담고자 했고 그 때문에 게티즈버그에 도착한 뒤에도 방에서 나오지 않고 연설문을 다듬고 또 다듬었다.

링컨이 언제나 짧은 연설을 하는 사람은 아니었다. 그는 셰익스피어의 문장을 암기하고 다양하게 발췌해서 몇 시간이라도 연설할 수 있는 사람이었다. 높은 톤의 소리를 가진, 배우 같은 존재였다. 링컨은 마크 트웨인의 작품과 그 격을 함께할 만큼 가장 미국적인 정치 산문의 전통을 만든 사람이다. 그런데 오히려 게티즈버그의 이 짧은 연설이 큰 충격을 가져다주었고 역사에 남았다.

구체적인 사실은 물론 지엽적인 문제나 주제를 언급하지 않았으면서도 죽은 자를 칭송하는 동시에 자신이 원하는 방향으로 산 자를 이끄는 강력한 리더십을 보여 준 이 연설이 당시에는 파당에 따라 매우 다르게 받아들여졌다. 링컨은 연설을 준비하면서 무슨 숨은 계획을 가졌던 것일까? 링컨을 비난하는 이들은 왜 이 연설에 대해 헌법 정신을 위배했다고 공격했던 것일까? 청중들은 그 짧은 연설을 들으면서 다섯 번이나 박수로 호응하는 동안 소매치기당하고도 모르듯이 정신을 빼앗기고 새로운 방향으로 교묘하게 이끌렸다는 것일까?

첫 문장, 첫 단어로 돌아가 보자. 우선 "지금으로부터 네 번의

20년 하고도 7년 전"은 연방헌법이 만들어진 때(1787년)가 아니다. 미국 정치 연설의 전통은 헌법의 권위를 불러오는 형식을 갖는데, 링컨은 그 형식을 따르지 않았다. 대신 그는 영국으로부터의 독립을 선언한 1776년을 불러왔고, 이어서 1776년의 독립선언서 가운데 "만인은 모두 평등하게 창조"all men are created equal되었다는 부분을 가져왔다. 그렇다면 만인의 평등에 기초해 미국이라는 나라가 탄생했음을 말한 것인데, 이 부분은 적어도 링컨의 정치 경력과 관련해 매우 중요한 의미가 있다.

이를 이해하기 위해서는 1858년 이래 7차에 걸쳐 진행된 '링컨-더글러스 논쟁'을 살펴봐야 한다. 당시 민주당 상원 의원이었던 스티븐 더글러스는 '인민 주권'popular sovereignty을 앞세워 노예제 허용 여부를 해당 주 주민들의 직접 투표로 결정하자고 주장했다. 링컨은 단호하게 반대했다. 링컨의 입장은 "미주리주의 남부 경계인 북위 36도 30분 이북에는 노예주를 설치하지 않아야 한다."는 내용의 미주리 타협을 지켜야 한다는 것이었다.

한 사람은 인민 주권과 직접 투표를 앞세웠다. 다른 사람은 정치적 타협을 강조했다. 겉으로 보면 인민 주권과 직접 투표를 내세운 쪽이 급진적일 것 같지만, 실은 그 반대였다. 더글러스가 주장하는 대로 주민 직접 투표를 통해 인민 주권의 원리로 결정을 한다면 미국에서 노예제는 북부로까지 확대될 수밖에 없었다. 주민이 직접 결정하게 하자는 주장을 앞세워 더글러스는 링컨을 노예제 폐지론자로 공격했다. 당시 분위기에서 노예제 폐지론자로 몰리는 것은 정치적으로 적잖은 타격이 되었다. 오늘날 우리 현실에서 국가보안법 폐지를 주장하는 것보다 당시 미국에서 노예제 폐지를 주장하는 것이 훨씬 더 심각하게 공격받는 때였다.

링컨을 공격하기 위해 더글러스가 부각한 또 다른 논점은, "링컨은 미국독립선언을 백인뿐만 아니라 흑인에게도 적용해야 한다고 생각한다."라는 주장이었다. 만인의 평등을 말한 독립선언문의 그 만인 안에 링컨은 흑인도 포함하려 한다는 것이다. 이 당연한 것이 당시에는 위험한 생각이었기에 더글러스의 공격은 효과적이었다. 링컨이 속한 휘그당(뒤에 공화당) 안에서도 링컨이 노예제 폐지론자에 가깝다는 비난과 함께 더글러스를 지지하는 세력이 나올 정도였다. 흑인이 온전한 인간으로 인정되지 않았을 때의 이야기지만, 지금의 미국 정치 상황에서도 깊이 생각해야 할 주제가 흑인 노예 문제다.[18]

당시 많은 이들은 백인과 흑인이 평등하다고 말하는 것은 신의 뜻에 어긋난다고 생각했다. 종교적 쟁점 그 이상이기도 했다. 그것은 헌법 정신에 배치된다는 사실이었다. 미국 헌법 1조 2절 3항에는, 하원 의원의 수를 인구 대비로 정할 때 노예가 차지하는 인구의 가치를 일반인의 5분의 3으로 계산하라는 규정이 있었다. 미국 헌법이 '노예제 위에 세워진 공식 통치 문서'인 사실을 부정하기란 어려운 시절이었다. 1857년 3월 7일에 있었던 미국 연방 대법원의 판결은 이를 분명하게 보여 주었다.

흔히 '드레드 스콧 대 샌드퍼드' 사건으로 알려진 이 소송에 대한 판결에서 연방 대법원은, 노예로 미합중국에 들어온 흑인과 그 후손은 그가 노예이든 노예가 아니든 미국 헌법 아래 보호되지 않으며, 미국 시민이 될 수 없기에 연방 법원에 제소할 권리가 없다고 판결했다. 한마디로 헌법의 보호 대상에서 흑인은 제외한다는 것이다. 따라서 연방 정부는 미국 영토 내의 노예제도를 금지할 권리가 없으며, 정당한 법의 절차 없이 주인으로부터 노예를 빼앗을 수 없다고 판결했다. 경악할 일이지만, 당시는 그랬다. 노예제 폐지를 주장하는 링컨 지지자들의 노력은 계속되었지만, 이에 반발하는 세력의 위세가 상당했던 상황이었다.

그런데 자세히 보면 링컨의 게티즈버그연설에는 헌법을 언급하는 구절이 없다. 노예제에 대한 언급도 없다. 문제는 독립선언문의 내용 가운데 '평등한 만인' 부분을 불러왔고 미국이라는 국가가 "자유 속에서 잉태"conceived in Liberty되었다는 사실을 강조한 데 있었다. 바로 이 부분이 노예제의 존속을 바라는 사람들이나 민주당에 우호적인 이들에게 의심과 두려움을 갖게 했다. 그래서 그들은 노예제를 전제로 하는 미국의 헌법 정신을 앞세우고, 링컨 역시 대통령에 취임하면서 헌법을 준수하겠다고 선서한 사실을 물고 늘어졌다. 링컨의 연설에 미국 헌법이나 노예제에 대한 언급이 없었는데도 반대파들은 예리하게 문제의 핵심을 놓치지 않았다.

그런데 링컨의 보이지 않은 숨은 계획에는 또 다른 것이 있었다. 바로 미국 헌법에 없던 가치와 전통을 불러들이는 것이었는데, 링컨의 게티즈버그연설의 수사학적 힘은 바로 이 지점에 있다.

그리스적 대조법의 복원

링컨의 이 연설이 2500년 전 페리클레스의 추도 연설을 272자로 줄여 말한 것으로 유명하다는 이야기는 앞서(페리클레스의 연설을 다룬 3장에서) 언급한 바 있다. "도시국가를 세운 우리 선조들"과 그들이 물려준 "자유로운 도시국가"를 지키는 것이 얼마나 중요한지로 이어지는 페리클레스 연설의 서술 구조는 게티즈버그 연설에도 그대로 옮겨졌다.

도시국가의 자유가 얼마나 가치 있는 것인지, 그것을 위해 얼마나 많은 이들의 용기와 헌신이 필요했는지를 페리클레스는 역설했다. 또한 이를 칭송하는 도시국가의 행사를 마땅한 일로 여겼다. 그 어떤 것보다도 고결한 것은 도시국가의 자유를 지키기 위한 전몰자들의 행동에 있다는 것, 우리 가운데 살아 있는 그 누구도 도시국가를 위해 죽은 자보다 더 명예로울 수 없다는 것, 우리가 어떻게 평가하든 상관없이 그들의 행동은 자신들이 묻힌 곳을 신성하게 만든다는 것 등 모두가 페리클레스 연설에서 표현된 내용이다. 몸은 늙어도 명예는 늙지 않으며, 죽음으로써 지킨 명예는 영원히 잊히지 않는 불멸의 가치를 갖는다는 대목도 기억할 것이다.

이런 표현 양식을 잘 보면 매우 중요한 특징이 있는데, 앞서 필자는 이를 '그리스적 대조법'이라 한다고 말한 바 있다. 아리스토텔레스는 일견 반대되는 것처럼 보이는 단어나 구절을 한 문장

안에 배치하고 서로 대조시킴으로써, 말하고자 하는 바를 좀 더 선명하게 표현하는 수사학적 기법을 대조법이라 정의했다.

고대 그리스에서 수사학자들은 한 가지만을 의미하는 말, 즉 대구對句가 없는 단어나 말의 사용을 경계했다. 오히려 대조되는 의미의 단어나 말을 중시했는데, 이를 연설에 효과적으로 활용하는 것을 대조법이라 불렀다. 앞서 언급했듯이, "두려워서 타협하는 것이 아니라, 타협을 두려워하지 않는 것이다."라는 고르기아스의 표현은 너무나 유명하다. 고르기아스 이후 대조법의 장점을 가장 잘 구현한 사례가 바로 페리클레스의 연설이다.

링컨 역시 게티즈버그에서 이 대조법을 효과적으로 활용했다. 앞서 링컨 연설 전문에 있는 말과 행동, 삶과 죽음, 개인과 나라, 잉태와 사라짐, 바쳐진 목숨과 불멸의 죽음, 시험받게 된 존재와 영원한 안식, 처음과 마지막 등이 그것이다. 한 문장 안에서 대조어를 통해 의미를 강조하는 표현법이 그것이다.

세상은 우리가 여기에 모여 무슨 말을 했는지에 별로 주목하지도, 오래 기억하지도 않겠지만, 그 용감한 사람들이 여기서 감당한 일이 어떤 것이었던가는 결코 잊지 않을 것이다.

이 역시 대조법이다. 이를 통해 전사자들의 용기를 효과적으로 강조하고 있기 때문이다. 그들과 우리, 그들이 이룬 것과 남아 있는 사람이 완수해야 할 일의 선명한 대조 또한 청중에게 공동체에 대한 책임감을 갖게 했다. 마지막 부분도 페리클레스적이고 그리스적이다.

우리는 바로 이곳에서 다음과 같이 굳게 굳게 다짐한다. 명예롭게 죽어 간 이들로부터 더 큰 헌신의 힘을 얻어, 그들이 마지막 신명을 다 바쳐 지키고자 한 대의에 우리 자신을 바치고, 그들의 죽음을 헛되지 않게 하겠다는 것과 함께, 신의 가호 아래 태어난 이 국가에 새로운 자유의 탄생이 있게 할 것이며, 민중의, 민중에 의한, 민중을 위한 정부가 이 지상에서 결코 사라지는 일이 없게 할 것임을 말이다.

국가의 장례 행사 연설은 마지막으로 살아남은 자들의 과업과 결의를 담아야 했는데, 이것이야말로 그리스 연설의 전통이었다. 링컨 역시 이를 따랐다. 단 '자유를 위해 목숨을 바친 그들'과 '살아 있는 우리'를 대조함으로써 이를 효과적으로 단순화했을 뿐이다. 또한 페리클레스가 긴 내용을 통해 "민주적 정체와 민주적 삶의 양식"을 지키는 일의 대의를 풍부하게 표현해 냈다면, 링컨은 "민중의, 민중에 의한, 민중을 위한 정부"라는, 정말 짧고 강렬한 삼중 콜론의 표현법으로 연설을 종결지었다.

요컨대 미국 연방헌법의 정신을 한마디도 언급하지 않는 대신, 링컨의 연설을 채운 것은 페리클레스였는데 그의 연설이야말로 그리스 아테네 민주주의에 대한 최고의 옹호론이 아니었던가.

이를 통해 링컨은 미국의 정치 전통에 그리스와 민주주의를 불러들였는데 이것이 갖는 의미가 중요하다.

민주공화정의 전통을 완성한 연설

미국 건국의 역사로 돌아가 보자. 미국이라는 나라를 만든 이른바 '건국의 아버지들'Founding Fathers, 즉 독립 혁명을 이끌고 연방헌법 제정을 주도했던 이들의 이상은 엄밀히 말해 민주주의가 아니었다. 그들은 로마공화정 같은 혼합 정부mixed government나 스파르타처럼 엘리트 중심의 잘 조직된 국가를 염두에 두고 미합중국을 만들었다.

오늘날의 관점에서 보면 그것은 귀족적 공화정에 가까웠고, 그들에게 아테네와 같은 민주정의 전통을 잇겠다는 생각은 없었다. 그럴 생각이 단순히 부재한 것이 아니라, 오히려 민주정이 아니어야 한다는 것이야말로 그들이 공유한 판단이었다. 그들이 보기에 민주정은 선동에 취약한 체제였다. 폭정으로 이끌릴 위험이 큰 정치체제였다.

정신적으로도 미국의 건국자들은 로마공화정의 전통을 신봉했다. 조지 워싱턴이 대표적이다. 그는 공화정의 부름을 받고 헌신한 뒤 다시 자신의 생업으로 돌아간 로마인 킨키나투스에 빗대어 '현대의 킨키나투스'라는 별칭으로 불렸다. 미국의 건국자들이 중시했던 공화주의는 건축양식에도 영향을 미쳤다. 공공건물은 물론 집을 설계할 때도 로마식 정원이 유행했다. 조지 워싱턴 역시 상속받은 자신의 저택을 로마식 정원으로 설계했다. 이처럼 미국의 건국자들이 만들고자 한 정부는 민주정이 아니라 현대적인 공화정이었다. 한마디로 말해 미국은 그리스 민주주의가 아니라 로마 공화주의의 정신 구조를 좇아 만들어진 나라다.

당시에는 미국의 건국자들이나 연방헌법 제정 위원들만이 아니라 그 누구도 민주주의를 지지하지 않았던 때라는 사실을 생각해야 한다. 몽테스키외는 물론 장-자크 루소도 민주주의를 받아들이지 않았던 때였다. 혹자는 그런 시대적 한계를 고려한다면, 미국의 건국자들이나 헌법 제정 위원들은 공화정의 이름으로 현대 민주주의를 개척해 낸 사람들로 볼 수 있지 않느냐고 주장할 수도 있겠다.

물론 그런 면이 있다. '대표 없이 과세 없다'라며 독립을 주창했던 미국의 건국 과정은 현대 민주주의의 초기 역사를 잘 보여 준다. 미국의 헌법도 그 점에서는 마찬가지다. 오늘날 미국을 민주주의국가가 아니라고 말하는 사람도 없다. 중요한 것은 처음부터 민주주의는 아니었으며, 민주주의의 가치가 새롭게 들어와 공화정과 결합되는 데까지는 긴 시간과 고통스러운 과정이 필요했다는 사실이다. 이 대목에서 링컨의 역할이 있었음을 주목해야 한다.

어쩌면 연방 정부 수립 이후의 미국 정치사란, 길게 보면 공화정의 틀 안에서 민주주의를 수용하는 문제를 둘러싼 갈등으로 점철된 것이라 해도 과언은 아니다. 민주주의가 미국 정치의 중심 영역으로 들어오는 데 있어 핵심 이슈는 남부와 노예제 문제였다. 링컨과 그의 게티즈버그연설은 바로 그 긴 전환 과정에서 분명한 위치 하나를 차지하는바, 우리가 관심을 가질 부분은 바로 여기에 있다.

혹자는 남북전쟁 훨씬 이전인 1792년을 전후해 토머스 제퍼슨과 제임스 매디슨이 중심이 된 민주공화당이 만들어졌고, 1830년대 앤드루 잭슨 대통령이 주도한 민주당도 있었다는 점에서, 이들이 이미 민주주의를 말하고 받아들인 것이라고 반론할 수도 있다. 하지만 토머스 제퍼슨이나 제임스 매디슨은 물론 앤드루 잭슨 또한 민주주의의 의미를 재해석하거나 민주주의를 앞세워 자신들의 정치적 지향을 표방한 적이 없었다.

그때 그들이 민주주의에 우호적이 되기 시작했다고 봐도, 분명한 것은 그들에게서 민주주의가 의미하는 바는 모호하고 또 혼란스러웠다는 사실이다. 민주공화당은 만들어진 지 얼마 지나지 않아 사라졌다. 제퍼슨은 연방 정부의 중앙집권화에 반대하는 공화파의 리더로 불렸을 뿐 민주파로서의 정체성을 보인 적이 없다. 앤드루 잭슨은 민주주의를 포퓰리즘에 가깝게 활용했다. 그는 흑인 노예로 채워진 농장주의 주인이었고 원주민 축출에 앞장섰다.

어떻게 보든 이때의 민주당이나 민주주의는 참정권을 가진 백인 남성 노동자나 백인 남성 이주민을 염두에 두었을 뿐 그 이상의 의미를 갖는 것은 아니었다. 엄밀히 말해 그들의 민주주의는

'노예제 있는 민주주의'였을 뿐이다. 노예제 없는 민주주의는 상상도 할 수 없는 시대였다. 노예제는 미국 정치사의 진정한 '원죄' original sin다. 그런 노예제가 정치 문제로 처음 등장한 것은 1840년대 말이었다. 이것이 남부 문제로 이어진 것은 1850년대 초를 지나면서였다. 그 전까지 미국 정치는 주의 권리나 연방 대통령의 권한을 둘러싼 다툼이 거의 전부였을 뿐 민주주의나 민주정은 이슈가 아니었다.

이때 등장한 것이 링컨의 게티즈버그연설이다. 그는 미국 정치의 전통 안에 부재했던 아테네 민주정을 불러왔고, 이를 새로운 정치 전통으로 만들려 했다. 이 기초 위에서 노예제 폐지와 흑인의 정치적 평등을 이슈로 제기하기 시작함으로써 미국 정치를 새로운 국면으로 이끌었다. 링컨 이후 미합중국은 공화정이되, 동시에 민주 공화정이어야 했다. 이 길에서 미국이 치러야 했던 갈등과 폭력이 그 후의 미국사였다고 해도 과언이 아니다. 그 전환기에 서서 흑인 노예도 민주 공화정 안에서 시민됨의 권리를 가져야 한다는 이슈를 열어젖힌 사람이 링컨이었고, 이것이 동반한 갈등은 엄청났다.

누군가는 이렇게 생각할 수도 있다. 당시 흑인 노예가 미국 시민이 되는 과정이 얼마나 고통스러운 일이었는지는 이해할 수 있지만, 그런데 왜 그리스적 전통을 불러들이는 것이 중요했는지 모르겠다고 말이다. 19세기 중엽, 즉 링컨의 시대에 주목받고 유행한 것이 있다. 그것은 바로 그리스적 문화와 스타일을 되살리려는 새로운 고전주의였다. 낭만적 헬레니즘이라고 불린, 이런 문화 부흥 운동의 성과 가운데 대표적인 것이 바로 국립묘지National Cemetery였다. '세미터리'Cemetery란 그리스어 '코이메테리온'에서 온 말이다. 이 말은 '잠드는 곳' 내지 '영원한 안식처'라는 뜻이다. 앞서 링컨이 연설에서 말한 '[전몰자에게 제공할] 마지막 안식처'the final resting place가 바로 세미터리다.

과거 그리스 아테네는 에피타피오스epitaphios라고 불리던 장례 연설의 전통이 있었다. 즉, 도시국가를 수호하다가 전쟁에서 사망한 병사들을 위해 국장國葬을 치르고, 정치 연설을 함께 듣는 일이 행사의 핵심이었다. 이처럼 죽은 병사들을 위해 최후의 안식처를 만드는 일이 19세기 미국에서 새롭게 주목을 받았고, 당시에는 이를 '전원 묘지 조성 운동'이라 불렀다.

이 운동이 구현하고자 한 것은, 과거 로마식 성당에서 볼 수 있듯이 지하의 납골당이나 향이 피워진 어둡고 음침한 공간에 묻히는 죽음과 대비되는, 죽음의 다른 이미지였다. 끔찍한 공포를 느끼게 할 뿐 누구의 모습도 알아볼 수 없는, 어둡고 폐쇄된 죽음의 공간을 벗어나고자 한 것이다. 대신 고결한 영혼이 깃든, 탁 트인 공원에 산책하기 좋을 만큼 수목이 둘러싼 공간을 마련해 산 자와 죽은 자가 함께 교감하는 안식처를 만들고자 했다. 이것이야말로 그리스적인 문화와 전통을 복원하는 것으로 이해되었다.

중요한 것은 문화사의 측면에서 전환이 이루어지는 시기에 링컨이 정치사적 사건이 될 연설을 성공적으로 해냈다는 사실이다.

1863년 11월 19일의 게티즈버그로 다시 돌아가 보자. 주 연설자 에버렛은 그리스 고전주의자로서 국립묘지 조성 운동에 가장 알맞은 연설자였다. 그가 2시간에 걸쳐 그리스 고전주의의 느낌이 충만한 연설을 했는데, 바로 그 토대 위에서 링컨이 연설을 했다.

링컨은 민주주의라는 단어를 한마디도 쓰지 않았다. 그럼에도 페리클레스가 칭송했던 아테네 정치체제의 가치를, 매우 현대적인 문체로 유감없이 표현했다. 이 점에서 링컨은 고전주의자가 아니라 현대주의자였다. 그는 헌법도, 민주주의도, 흑인 노예 문제도 언급하지 않았지만 반대파를 긴장시키고 남을 주제를 끌어내 날카롭게 표현해 냈다. 바로 이 점 때문에 링컨은 현대 미국의 정치 연설과 산문의 기원을 이룰, 새로운 표현 양식을 정립한 사람으로 평가받는 것이다.

링컨은 미국의 건국자들이 갖지 못했고 본래 미국 헌법에는 빠져 있던 민주주의의 전통을 성공적으로 불러내는 공식 행위를 해냈다. 노예 해방이나 민주적 개혁에 두려움을 가졌던 사람들은 예민하게 이를 포착했다.* 그래서 링컨의 연설에 대해 "스스로 수

---

* 당시 노예제를 둘러싼 논쟁을 헌법의 문제로 치환해 공격했던 주장들과 그에 대한 링컨의 대응에 대해서는 Foner, *The Fiery Trial*에서 매우 자세히 다루고 있다. 포너에 따르면 링컨은 이 연설 이전까지는 "개별 주들로 구성된 하나의 정체"a polity composed of individual states라는 수식어와 함께 "연방"Union이라는 표현을 주로 사용했다. 하지만 게티즈버그연설에서는 연방 대신 "하나의 일원적 실체"a unitary entity로서 "nation"(국가)이라는 표현을 의도적으로 앞세웠다고 한다. 남북전쟁이 국가주의 내지 민족주의를 자극한 것 때문이기도 했지만, 이제

호하기로 맹세한 문서[헌법]"를 배신했다고 비난하고 나섰다.[19)]

오늘날에도 윌무어 켄들 같은 보수적인 인사들은 링컨이 게티즈버그연설을 통해 "평등주의적 전제주의"를 꾀했고 "명백하게 과격한 사회 개혁"을 정당화했다고 비난한다. 그런데 그의 비난 가운데 역설적이게도 사태의 핵심을 꿰뚫은 중요한 발견도 있었다. 켄들은 이렇게 말했다.

에이브러햄 링컨과 남북전쟁 이후 헌법을 개정한 사람들은 '모든 인간은 평등하게 태어났다.'는 원칙에 대한 깜짝 놀랄 만한 해석을 통해 새로운 국가 설립의 조항을 만들려 시도했다.

링컨과 이후 헌법 개정자들이 추구했다는 "새로운 국가 설립의 조항"이란 무엇일까? 기존 헌법에 민주주의의 정신을 삽입하고 노예제 폐지 조항을 추가하는 것이 아니고 무엇이겠는가. 비난의 의도로 켄들은 문제의 본질을 지적한 셈이 되었다.

결론적으로, 당시 게티즈버그연설을 들은 청중은, 반대파 신문들이 비난했던 그대로, 개헌을 한 것도 아닌데 "링컨이 바꿔 놓은 새로운 헌법을 가지고" 그곳을 떠나게 되었다. 이로써 게티즈

미국은 여러 주들의 합이 아니라 하나의 새로운 국가, 자유가 평등한 권리로 인정되는 달라진 국가로 재탄생해야 한다고 생각했다는 것이다. Foner, *The Fiery Trial*, p. 268.

버그연설은 민주주의를 "새로운 국가 설립의 조항"의 하나로 추가하려 했던 링컨의 '은밀하고도 담대한' 계획을 담은 공식 문서가 되었다.

흑인 노예제와 남부 문제
― 미국 정치의 영원한 원죄 ―

　페리클레스의 긴 연설 못지않게 링컨의 짧은 연설이 역사에 길이 남을 정치 연설로 자리 잡았다는 사실은 인상 깊다. 페리클레스와 마찬가지로 링컨은, 살아남은 자의 언어로써 죽은 자의 명예를 영원하게 한다는 민주주의국가의 장례 전통을 완벽하게 수행했다. 참혹한 전장의 상처와 남은 자의 슬픔에도 불구하고 의식은 마땅히 치러져야 했는데, 바로 그 자리에서 링컨은 죽은 자가 명예를 얻음으로써 산 자가 위로받을 수 있도록, 자신의 언어를 정제하고 가다듬어 한 단어 한 단어 힘주어 표현했다.

　고대 아테네에서 페리클레스 연설이 그랬던 것처럼, 현대의 모든 정치 연설이 모방하고자 하는 문체의 스타일은 게티즈버그 연설에서 비롯되었다. '이 땅에서 자신의 목숨을 바친 사람들'과 '이 땅에서 사라지지 않을 민중 정부'를 대비시키는 그리스적인 수사학의 전통에 따라, 그의 연설에서도 대조법이 차지하는 역할은 컸다. 그리스적인 대조법은 또 다른 의미에서 민주적인 가치를 갖는 것이기도 하다. 그것은 대비되는 반의어 짝이 없는 정치 언어를 쓰지 않는다는 데 있었다.

　정치적 이성을 갖추지 못한 정치가들은 이런 대조법을 쓰지 못한다. 이런 대조법을 이해하지 못하고 한 방향의 주장과 정책만을 말하는 정치가는 사회와 공동체를 통합하는 데 실패할 수밖에 없다. 그들은 독주하는 사람들이다. 정치적 경쟁자를 자신과 대조되지 않는, 즉 공존할 수 없는 존재로 정의하면서, 자신만을 내세우고자 하기 때문이다. 국외의 적이 아닌 한, 동료 시민과 여야는 공존하는 존재이고 서로를 통해 서로가 좋아지는 존재, 서로와 마주해 함께 성장하는 대상으로 정의되어야 할 것이다. 그리스적 대조법이 갖는 민주적 가치는 거기에 있고, 그래야 민주정치 안에서 갈등적인 사안을 해결해 갈 수 있다.

　당시 미국 정치에서 흑인과 남부, 노예제가 그런 이슈였다. 게티즈버그연설 이전까지는 어떤 정치가도 이 이슈를 정면으로 다루지 못했다. 북부와 남부가 서로를 적으로 규정하고 전쟁을 불사하는 일은 그래서 벌어질 수 있었다. 하지만 총칼로 수행된 내전을 말로써 마무리하는 것은 정치가 해야 할 최고의 책임 있는 행위가 아닐 수 없다. 재선에 도전하면서 링컨이 하려 했던 일은 바로 그것이었다.

　흑인 노예제라고 하는, 미국의 공화정 나아가 미국 민주정의 원죄를 정치적으로 다루는 것은 누구에게나 어려운 일이었다. 게티즈버그연설을 마친 뒤 링컨은 이듬해 말 대통령에 재선되었다.

북부의 승리로 남북의 내전이 매듭지어지는 시점이었다. 1865년 4월 3일에 링컨은 대통령 재임 연설을 했다. 이제 흑인 노예제와 남부 문제는 피할 수 없는 주제가 되었다. 이 모든 것 때문에 링컨의 재임 연설에 사람들의 관심이 모이는 것은 당연했다. 그가 노예와 남부 문제를 어떻게 보았는지는 재임 연설에 좀 더 솔직하게 표현되어 있다.

재임 연설이 정치적으로나 역사적으로 미친 영향은 게티즈버그 연설만큼 크지 않았을지 모른다. 하지만 재임 연설은 링컨 개인의 운명에 매우 불행한 영향을 남겼다. 우선 재임 연설을 보자.

신의 심판은 참되고 옳지 않은 것이 없도다
— 두 번째 취임 연설(1865년 4월 3일) —

동료 시민 여러분, 두 번째 대통령직 취임 선서를 하는 이 자리역시, 첫 취임식 때와 마찬가지로 긴 연설을 할 상황은 아니다. 그때는 우리가 과연 어떤 길을 추구해야 하는지 다소 자세하게 밝힐 필요가 있었다. 그로부터 4년의 임기를 만료한 지금에도, 이 나라의 모든 관심과 에너지는 [남북전쟁이라고 하는] 거대한 다툼의 문제에 여전히 집중되고 있다. 그렇지만 관련된 모든 쟁점과 이후 상황에 대해서는 이미 수많은 공식 발표가 있었기에, 새삼 꺼내 놓을 새로운 사실은 없다. 모든 것은 전쟁이 어떻게 마무리될 것인지에 달려 있는데, 이에 대해서는 나 자신은 물론 우리 모두 잘 알고 있다. 현재 상황은 대체로 우리에게 만족스럽고 고무적이다. 미래는 희망적이다. 다만 감히 예측을 분명히 내놓기가 어려울 뿐이다.

4년 전만 해도 모든 관심은 임박한 내전에 쏠려 있었다. 모두가 전쟁의 발발을 두려워했다. 모두가 전쟁만은 피하고자 했다. 그때 바로 이 자리에서 나는 전쟁 없이 미연방을 구하는 일에 모든 것을 바치겠다는 내용의 취임사를 했다. 하지만 그러는 동안에도 이 도시의 한편에는 반란을 도모하는 자들이 있었다. 그들은 전쟁이 아닌 방법으로 연방을 해체해 연방의 재산을 나눠 갖고자 했다. 전쟁에 반대하기는 양쪽이 다 마찬가지였다. 하지만 한쪽은 연방을 그대로 유지하느니 차라리 전쟁에 나서고자 했다. 다른 한쪽은 연방을 없애기보다는 전쟁이라도 감수하려 했다. 전쟁은 그렇게 해서 일어났다.

이 나라 인구의 8분의 1은 흑인 노예다. 그들은 이 나라 모든 지역에 퍼져 있는 것이 아니라 남부 지역에 몰려 있다. 노예 소유는 특수하면서도 강력한 이해관계를 이루고 있다. 그런 이해관계야말로 전쟁 원인의 일부라는 것을 우리 모두 알고 있다. 전쟁을 일으켜서라도 연방을 깨뜨리고 그 이해관계를 강화하고 영속화하고 또 확장하려는 것이 바로 반란자들의 목표였다. 반면 정부는 그런 이해관계가 다른 지역으로 확대되지 못하도록 제한하자는 것 이상을 요구한 바가 없다. 그렇게 해서 발발한 이 전쟁이 이처럼 대규모로, 이토록 오래 계속되리라고는 어느 쪽도 예상하지 못했다. 어느 쪽도 전쟁을 초래한 원인이 전쟁을 통해 제거될 수 있으리라 생각한 것도 아니었다. 양측 모두 자신이 쉽게 승리할 것으로 기대했다. 이번 전쟁처럼 근본을 뒤흔들 정도로 끔찍한 결과가 초래되리라고는 생각지도 못했다.

남부와 북부 양측 모두는 같은 성경을 읽고 같은 신에게 기도하면서 상대방을 응징하는 데 신의 가호가 있기를 간청하고 있다. 남이 흘린 땀으로 빵을 얻는 자들이 감히 정의로운 신의 도움을 청한다는 것은 이상한 일이다. 그러나 우리가 심판받지 않고자 한다면 상대 또한 심판하지 않도록 해야 할 것이다. 남북 어느 쪽의 기도도 신의 응답을 받을 수 없고, 지금까지 어느 쪽도 신의 충분한 응답을 받지 못했다. 전능한 신은 그 자신의 목적을 갖고 계신다.

사람을 죄짓게 하는 이 세상은 참으로 불행하여라. 이 세상에 죄악의 유혹은 있게 마련이나 남을 죄짓게 하는 자는 참으로 불행하도다[「마태복음」 18장 7절].

미국의 노예제도가 바로 그 같은 세상의 죄 가운데 하나이다. 신의 뜻대로 그것이 이 세상에 있게 마련인 죄의 하나라고 한다면, 그러나 신이 정한 시간 동안 지속된 그 죄를 이제 신께서 그만 거두고자 하신다면, 그래서 그 죄를 지은 자들로 인한 재앙을 징벌하고자 신께서 이 끔찍한 전쟁을 치르게 하신 것이라면, 우리가 이 전쟁에서 찾을 수 있는 것은, 살아 계신 신을 믿는 자들이 언제나 그분의 것이라고 생각하는 그 신성한 뜻, 그것이 아니고 다른 어떤 것이겠는가?

이 거대한 재난적 전쟁이 하루빨리 끝나기를 간절히 바라고 열심히 기도하자. 그러나 품삯 한 푼 주지 않고 노예의 땀으로 모은 250년의 재산이 모두 탕진될 때까지, 3000년 전의 말씀에서 이르듯 채찍으로 남의 피를 흘리게 한 자가 스스로 칼에 맞아 그 피 한 방울 한 방울을 되갚게 되는 날까지 이 전쟁을 지속하게 하는 것이 신의 뜻이라면, 우리는 그저 '신의 심판은 참되고 옳지 않은 것이 없도다.'라고 말해야 할 것이다.

누구에게도 원한을 갖지 말고, 모든 이를 사랑하는 마음으로, 신께서 우리로 하여금 보게 하신 그 정의로움에 대한 굳은 확신을 가지고, 지금 우리에게 맡겨진 일을 끝내기 위해 노력하자. 이 나라의 상처를 꿰매기 위해 노력하자. 나아가 이 싸움의 부담을 짊어져야 하는 사람과 그의 미망인과 고아가 된 그의 아이를 돌보고 우리 사이에서만이 아니라 모든 나라와 함께 정의롭고 영원한 평화를 이루는 데 도움이 될 일을 다 하기 위해 노력하자.

정치가의 슬픈 운명

　숙연하지만 보기에 따라서는 확고한 내용이다. 노예제를 신의 뜻에 어긋나는 "세상의 죄"로 분명하게 표현한 것도 그 이전에 비하면 큰 변화다. 짧은 시기에 미국 정치 환경이 많이 바뀌었음을 이 재임 연설이 잘 보여 준다.

　미국의 건국을 가져온 '독립 혁명'과 '헌법 혁명'에도 불구하고 당시 흑인 노예는 온전한 인간, 온전한 시민이 아니었다. 그래서 많은 이들이 링컨의 이 재임 연설에 대해 "죄악이 대물림된 미국 역사를 정화하는 연설"이라고 평가했다. 혹은 "미래를 영원히 변화시켜 줄 새로운 과거를 제공함으로써 혁명 그 자체를 혁명"했다는 평가도 있었다.

　물론 링컨의 연설이 담고 있는 혁명적 의미에도 불구하고 내전의 상처와 노예제의 폐해가 이내 해결된 것이 아님을 우리 모두는 잘 알고 있다. 군사적으로 내전은 끝났을지 몰라도 정치적 내전 상황은 오래 지속되었다. 게티즈버그연설 이듬해에는 노예제 폐지를 위한 헌법 개정 노력이 이어졌다. '수정 헌법 13조'가 대표적이다. 수정 헌법 13조 제1항은 이렇다.

　어떠한 노예제도나 강제 노역도, 해당자가 정식으로 기소되어 판결로써 확정된 형벌이 아닌 이상, 미합중국과 그 사법권이 관할하는 영역 내에서 존재할 수 없다.

제2항은 이렇다.

의회는 적절한 입법을 통하여 본 조를 강제할 권한을 가진다.

지금의 관점에서 보면 매우 불충분하고 불완전한 헌법 수정이 아닐 수 없다. 하지만 헌법을 이 정도 수정하는 데도 엄청난 노력이 필요했다.[•] 후유증도 만만치 않았다. 재임 연설이 있은 지 10일 후인 4월 14일, 링컨은 남부 출신 배우의 총에 맞았고 그 이튿날 사망했다. 암살이라는 폭력적인 방법으로 죽음을 맞은 링컨의 시신은 국립묘지의 한 귀퉁이에서 코이메테리온, 즉 '최후의 안식처'를 찾는 운명이 되었다.

암살이라는 비극적인 사건으로 인해 링컨의 정치 연설이 더 유명해지고 영향력을 갖게 되었다고 누군가 말한다면 틀린 이야기는 아닐 것이다. 그가 평탄하게 삶을 마감했더라면, 정치적으로 실수를 하거나 오명을 얻는 상황에 부딪혔을지도 모른다. 하지만 그런 가정이 무슨 의미가 있을까?

사실 게티즈버그연설 이전에 링컨은 두 아들을 병으로 잃었

• 스티븐 스필버그 감독이 2012년에 만든 영화 〈링컨〉은 바로 이 문제를 다룬다. 게티즈버그연설 이후 약 1년 반 동안 있었던 일이 이 영화의 중심 주제다. 수정 헌법 13조를 위해 링컨과 그의 팀들이 협잡과 매수, 폭력과 기만조차 마다하지 않았던 당시 상황을 잘 그려냈다.

다. 우울증이 그를 심하게 괴롭혔다. 젊은 시절 자신이 유일하게 사랑했던 여인이 죽은 뒤 앓게 된, 그로서는 '영원히 헤어날 수 없는' 우울증이 더 심해졌다. 영부인이 되고자 하는 욕망 때문에 링컨을 선택했던 링컨 부인(메리 토드)의 히스테리로 말미암아 또 다른 고통이 그의 삶을 짓눌렀다.

어쩌면 그 어떤 위대한 정치가라 할지라도, 정치를 하는 한 겪을 수밖에 없는 정신적 내전으로부터 헤어나기란 불가능할지도 모른다. 버락 오바마는 2007년 출마 연설에서 링컨에 대해 이렇게 말한 적이 있다.

> 그도 회의적일 때가 있었다. 실패한 적도 있었다. 좌절한 적도 있었다. 하지만 자신의 의지와 연설의 힘을 통해 그는 한 나라를 움직였고 민중을 자유롭게 했다.[20]

그리고 이렇게 말한 적도 있다.

> 우리가 링컨을 사랑하는 이유는 그가 인간의 위대함과 동시에 한계를 보여 주었기 때문이다.

인간이기에 누구나 부족하지만 그래서 별 볼 일 없다는 것이 아니라 바로 그렇기 때문에, 정치가로서 해야 할 과업을 완수하고자 하면서 운명을 두려워하지 않는 것이야말로 더 위대한 일이 아닌가 한다. 링컨의 게티즈버그연설과 재임 연설은, 경력의 정점처럼 보였던 그 순간이 곧 내리막의 시작일 수도 있다는, 정치가의 슬픈 운명을 대표하는 연설의 한 사례로 우리에게 남았다. '위대한 정치 연설'이라는 평가가 결코 아깝지 않다고, 필자는 생각한다.

5장

운동가의 연설과
정치가의 연설
: 프레더릭 더글러스 대 린든 존슨

오늘 당신들이 기뻐하는 이 축복은 모든 이들이 누릴 수 있는 게 아니다.
당신들이 선조들에게 물려받은 정의와 자유, 번영과 독립이라는 이 풍요로운 재산은
당신들의 것이지 나의 것은 아니다. 당신들에게 삶과 치유를 안겨 준 햇빛이 내 쪽에는
매질의 고통과 죽음을 안겨다 주었다. 7월 4일은 당신들의 것이지 나의 것이 아니다.
당신들은 기뻐할 테지만 나는 애도해야 한다.

미국의 흑인들에게 평등한 권리를 줄 것인가 하는 문제가 바로 그것이다.
우리가 모든 적을 무찌르고, 부를 두 배로 늘리고, 별을 정복하더라도, 권리에 있어서
평등하지 못하다면, 우리는 같은 인민으로서나 같은 국민으로서 실패한 것과 다름없다.
"사람이 만일 온 천하를 얻고도 제 목숨을 잃으면 무엇이 유익하리요?"라는 말씀은
한 사람뿐만 아니라 한 나라에도 적용된다.

미국 정치에서 흑인 문제는 보통의 인종 문제와 차원을 달리한다. 인종적 차이 때문이 아니라, 노예였다는 사실 때문이다.『노예선』이라는 책의 저자인 마커스 레디커에 따르면 노예선은 900만 명의 사람들을 아프리카에서 신세계로 운송했다. 1700년에서 1800년 사이에 50만 명의 사람들이 노예선으로 끌려오는 도중에 사망했고, 40만 명이 배 위에서 사망했으며 배가 항구에 정박한 뒤 얼마 지나지 않아 25만 명이 사망했다. 500만 명 가까운 숫자가 아프리카와 노예선에서, 그리고 신세계에서 일한 첫해에 사망했다.[21] 단순히 유색인종이라서가 아니라 노예였다는 사실이 갖는 역사적 무게는 이처럼 컸다. 2016년 미셸 오바마가 "매일 아침 나는 노예들이 지은 집에서 일어난다."로 시작하는 연설을 했을 때 청중들이 환호와 함께 기립해 공감했던 것 역시 노예제 문제였다. 이 문제를 이해하는 데 도움이 될 만한 두 연설을 살펴보자.

하나는 흑인 노예 출신으로 노예해방 운동을 했던 프레더릭 더글러스Frederick Douglass(1817~95)의 연설이다. 한마디로 말해 전형적인 사회운동가의 관점을 보여 주는 연설이라 할 수 있다. 다른 하나는 1960년대 중반 민권법 제정에 나섰던 린든 베인스 존슨Lyndon Baines Johnson(1908~73)의 연설이다. 링컨의 재임 연설이 있은 지 거의 100년이 지나서 흑인의 투표권을 보호하고자, 동료 의원들 앞에 나서 입법을 촉구한 연설이다.*

사회운동가 프레더릭 더글러스와 달리 정치가 린든 존슨이 같은 문제를 어떻게 다르게 다루었는지를 비교해 보는 것은 흥미롭다. 두 연설 모두 그 자체로 역사적인 사건이었다. 운동가의 언어가 '비판'에 그 핵심이 있다면, 정치가의 연설을 특징짓는 핵심은 '대안'에 있다.

하지만 날카로운 비판을 하든 정책적 대안을 말하든 두 문서가 보여 주는 공통점이 있다. 그것은 죽은 말이 아니라 뭔가 달라지게 만드는, 생성生成의 힘을 솟구치게 한 연설이라는 데 있다. 한마디로 말해, '주장의 소비'로 끝내는 것이 아니라, 변화와 개선을 말하고, 그 방향의 노력에 책임감을 공유할 이유를 말해 준다는 것이다. 그럼으로써 연설로부터 영향을 받은 사람이라면, 뭔가 행동에 참여할 도덕적 열정을 갖게 만든다.

듣는 이를 변화시키는 말, 수사학의 진정한 힘은 여기에 있다.

흑인 노예에게 독립 기념일이란
— 프레더릭 더글러스(1852년 7월 5일) —

연설이 늘 편한 자리나 예상 가능한 조건에서 이루어지는 것

• 프레더릭 더글러스의 생애에 대해서는 자서전에 가까운 『미국 노예, 프레더릭 더글러스의 삶에 관한 이야기』(더글러스, 프레더릭, 손세호 옮김, 지식을만드는지식, 2014)를 참조할 수 있고, 린든 존슨에 대해서는 앞서 언급한 도리스 컨스 굿윈의 『혼돈의 시대 리더의 탄생』에서 비교적 자세히 다루고 있다.

은 아닐 것이다. 노예에게 노예제에 대해 말할 기회가 주어진다면? 권위주의 독재 정권 앞에서 정치가가 연설할 기회가 주어진다면? 이처럼 가정해 볼 만한 상황은 많을 것이다. 분위기나 기대에 예속된다면 연설의 힘은 실현될 수 없을 텐데, 그런 상황에서 어떻게 하면 특별하게 말할 수 있을까?

7월 4일(미국 독립 기념일)은 어떤 의미일까? 그 의미는 백인 시민과 흑인 노예에게 같은 것일까? 이 질문에 대한 프레더릭 더글러스의 답변은 인상적이다. 흑인 노예 출신인 그는 독학으로 글을 깨쳤다. 12세 무렵에 알파벳과 쉬운 단어를 배웠는데, 이 경험이 그의 인생을 바꿔 놓았다. 그는 자유를 얻기 위해서는 글을 배워야 한다는 것을 절감했다. 글을 읽고 쓰고 말한다는 것은, 그에게 자유를 위한 투쟁이었다.

1852년 그는 백인 진보 단체로부터 미국 독립 기념일에 연설해 달라는 요청을 받았다. 그는 이런 잠재적 질문을 갖고 연설에 임했다. 흑인 노예들의 시민권이 억압당하고 있는 현실에서 독립을 축하한다고? 백인들이 흑인을 연설자로 초청하고 이를 통해 미국 민주주의를 자랑한다고? 위선적인 일 아닌가? 당연히 그의 문제 제기는 매서우리만큼 날카로웠다. 하지만 격조가 있었다. 그의 연설에 백인 진보파들도 공감할 수밖에 없었던 것은 그 때문이었다. 그렇게 해서 이 연설은 자유의 전통이 되어 미국 정치사에 남았다. 미국 최초의 흑인 대통령 오바마에게도 깊은 영향을 미쳤다.

프레더릭 더글러스의 연설을 보면, 동료 시민이라는 말이 위선이 아닐 때 민주주의는 확고한 정치 문화가 될 수 있다는 생각을 하게 된다. 감정을 고조하는 '점증적 반복'을 포함해, 반의어를 통한 강력한 대조 표현, 역설과 형용모순, 풍자와 반문을 활용한 다양한 수사학적 기법이 사용된 대단한 연설이었다. 전체 연설문 가운데 주요 내용을 떼어서 그대로 옮긴다.

나의 동료 시민들이여. 실례지만, 물어보고 싶은 게 있다. 나는 오늘 왜 이 자리에 초청을 받은 걸까? 내가, 혹은 내가 대변하는 흑인들이 여러분의 독립 기념일과 무슨 관련이 있을까? 독립선언문에 명시된 정치적 자유와 자연적 정의라는 이 위대한 원칙이 우리 흑인에게 미치고 있는가?

......

애석하게도 우리 사이에는 간극이 있다. 나는 이 영광스러운 기념일을 즐길 수 있는 세계에 속해 있지 않다. 당신들의 그 고귀한 독립은 우리 사이의 어마어마한 차이만 드러낼 뿐이다.

오늘 당신들이 기뻐하는 이 축복은 모든 이들이 누릴 수 있는 게 아니다. 당신들이 선조들에게 물려받은 정의와 자유, 번영과 독립이라는 이 풍요로운 재산은 당신들의 것이지 나의 것은 아니다. 당신들에게 삶과 치유를 안겨 준 햇빛이 내 쪽에는 매질의 고통과 죽음을 안겨다 주었다.

7월 4일은 당신들의 것이지 나의 것이 아니다. 당신들은 기뻐할 테지만 나는 애도해야 한다. 거대하게 불 밝힌 자유라는 신전 안으로 족쇄가 채워진 사람을 끌어들여 환희의 국가國歌를 함께 불러 달라고 청하는 것은 비인간적인 조롱이며 신성을 모독하는 역설이다.

조롱하기 위해 당신들은 나를 이 자리에 부른 것인가? 그렇다면 오늘 당신들과 아주 유사한 행동을 한 이들의 이야기를 전하면서, 경고를 하나 하겠다. 하늘에 가닿으려는 죄를 지어 결국 전능한 신의 입김 한 번으로 쓰러진 뒤 돌이킬 수 없는 폐허 속에 묻혀 버린 [바빌론이라는] 나라의 전례를 따르는 일은 위험하다! 오늘 이 자리에서 나는 가슴이 찢어지고 비통에 빠진 사람들이 불렀던 구슬픈 노래를 들려줄 수 있다!

우리가 바벨론 강가 그곳에 앉아 시온을 기억하며 울었도다. 그중의 버드나무에 우리가 우리의 수금을 걸었나니, 이는 우리를 사로잡은 자가 거기서 우리에게 노래를 청하며 우리를 황폐하게 한 자가 기쁨을 청하고 자기들을 위하여 시온의 노래 중 하나를 노래하라 함이로다. 우리가 이방 땅에서 어찌 여호와의 노래를 부를까. 예루살렘아 내가 너를 잊을진대 내 오른손이 그의 재주를 잊을지로다. 내가 예루살렘을 기억하지 아니하거나 내가 가장 즐거워하는 것보다 더 즐거워하지 아니할진대 내 혀가 내 입천장에 붙을지로다.*

동료 시민 여러분, 나의 귀에는 당신들의 국가적인 환희, 떠들썩한 기쁨의 소리 위로 수백만 명의 애절한 울음소리가 들려온다. 그들에게 채워진 지난날의 무겁고 고통스러운 족쇄는 기념일의 함성 앞에서 더욱 견딜 수 없는 것이 되었다. 내가 이들을 잊게 된다면, 지금 피 흘리는 저 아이들의 슬픔을 빠짐없이 기억하지 않는다면, '내 오른손이 그 재주를 잊을 것이요, 내 혀는 입천장에 달라붙을' 것이다! 이들을 잊고, 이 잘못을 가벼이 넘겨 버리고, 축제의 가락에 동조한다는 것은 무엇보다 추악하고 충격적인 반역을 저지르는 일이다. 그것은 신과 세상 앞에서 비난받을 일이다.

......

이 국가의 본성과 처신이 이번 7월 4일만큼 암울해 보인 적이 없었다! 과거의 선언으로 되돌아가든, 현재의 신념으로 방향을 틀든, 이 국가가 보여 주는 처신은 똑같이 흉측하고 혐오스럽다. 미국은 과거에 대해서도 거짓이고 현재에 대해서도 거짓인데, 미래에 대해서도 거짓이 되도록 자신을 굳게 굳게 결박하고 있다.

나는 신의 편에 서서, 짓밟히고 피 흘리는 노예들 편에 서서, 격분한 인류의 이름으로, 속박된 자유의 이름으로, 묵살되

• 「시편」 137편 1~6절. 유대인들이 70년간 바빌론의 포로로 있을 때, 고국을 생각하며 지은 시.

고 짓이겨진 헌법과 성경의 이름으로, 노예제를 영속시키는 모든 것에 대해, 미국의 대역죄이자 수치에 대해 할 수 있는 모든 강한 어조로 감히 의문을 제기하고 맹렬히 비난할 것이다! 나는 돌려서 말하지 않을 것이며 봐주지도 않을 것이다. 나는 내가 할 수 있는 가장 가혹한 말을 사용할 것이다.

　　……

내가 노예제를 반대한다는 신념을 내세워 어떤 점을 주장하기를 여러분은 바라는가? 이 문제의 어떤 부분을 조명하기를 이 나라 사람들은 바라는 것일까? 노예도 인간이라는 사실을 주장해야 할까? 이 문제는 이미 인정되었다. 노예도 인간임은 아무도 의심하지 않았다. 노예 소유자조차, 정부가 집행할 법이 제정되는 과정에서 그 사실을 인정한 바 있다. 불복종하는 노예들에게 벌을 내릴 때에도 그들은 이 사실을 알고 있었다.

　　……

노예가 인간이라는 사실은 이미 받아들여졌다. 노예에게 읽거나 쓰기를 가르치는 것을 금지하며, 이를 어길 시 엄한 벌금과 처벌을 가하는 남부의 법률 역시 이 사실을 몰라서 그러는 게 아니다. 여러분이 그런 법률을 가리키면서 노예는 사육장의 짐승이기 때문에 그렇다고 한다면, 나는 기꺼이 노예가 인간임을 주장할 것이다. 길거리의 개가, 하늘의 새가, 언덕 위의 소가, 바다의 물고기가, 기어 다니는 파충류가 짐승과 노예를 구분하지 못할까. 만약 구분하지 못한다면 나는 그 자리에 가서 노예가 인간임을 다퉈서라도 주장하겠다.

　지금까지 흑인이 동등한 인간이라는 사실은 충분히 확인되었다. 우리도 밭을 일구고 작물을 심고 수확하고 온갖 연장을 사용한다. 집을 짓고 다리를 건설하고 배를 주조하고 놋쇠나 철, 구리, 은이나 금 등으로 뭔가를 만든다. 우리도 읽고 쓰고 암호를 사용하며 성직자, 상인, 비서로 활동하고, 우리 중에는 변호사나 의사, 성직자, 시인, 작가, 편집자, 연설가, 교사도 있다. 우리도 평범한 각종 기업에 근무하고 캘리포니아에서 금을 캐고, 태평양에서 고래를 잡는다. 언덕에서 양과 소를 먹이면서 살아가고, 움직이고, 행동하고, 생각하고, 계획한다. 가정 안에서 남편으로, 아내로, 자녀로 살아가며 무엇보다 신께 죄를 고백하고 그를 찬양하면서 희망에 찬 삶을, 죽음 뒤의 영원을 바란다. 그런 상황에서 우리가 인간임을 증명해 보라고 한다면 겁낼 것이 무엇이겠는가!

　……

　하늘 아래 살면서 노예제가 나쁘다는 사실을 모르는 사람은 단 한 명도 없다. 사람을 짐승 취급하고, 사람의 자유를 박탈하며, 그들의 노동을 대가 없이 부려먹고, 그들도 인간이라는 사실을 연신 무시하며 몽둥이로 때리고, 채찍으로 살갗을 내려치고, 사지를 쇠사슬로 묶고, 개를 풀어 사냥하고, 시장에 내다 팔고, 가족을 뿔뿔이 떼어내고, 주인에게 항복하고 복종할 때까지 굶기는 것이 잘못이라는 것을 내 입으로 정녕 말해야 할까? 피로 물들고 때로 얼룩진 제도가 잘못되었다는 것을 말해야 할까? 아니! 나는 하지 않겠다! 이런 당연한 주장만 하고 있기에는 나의 소중한 시간과 에너지가 아깝다.

......

지금 같은 시기에는 주장을 납득시킬 것이 아니라 모순을 태워 없애야 한다. 아! 내게 그럴 능력만 있다면, 미국의 귀에 대고 조롱을 퍼붓고 비난을 쏟아 내며 쉴 새 없이 빈정대고 엄정히 힐책할 수 있다면 얼마나 좋을까. 지금 필요한 것은 불빛이 아니라 불길이다. 잔잔한 비가 아니라 천둥이다. 지금 우리에게는 폭풍이, 회오리바람이, 지진이 필요하다. 이 국가의 감성이 솟구쳐 올라야 한다. 이 국가의 양심이 눈을 떠야 한다. 이 국가의 도덕성이 깜짝 놀랄 위기를 맞아야 한다. 이 국가의 위선이 드러나야 한다. 이 국가가 신과 인간을 거역했음이 선포되고 비난을 받아야 한다.

미국 노예에게 7월 4일은 어떤 의미일까? 철저한 부당함과 잔인함 앞에서 변함없이 희생되고 있다는 사실을 1년 중 그어느 때보다 뼈저리게 깨닫는 날이다. 미국 노예에게 당신들의 기념일은 가식일 뿐이다. 당신들이 추켜세우는 자유는 불경스러운 허가증이다. 당신들이 추켜세우는 국가적 위대함은 부풀린 허영이며, 당신들이 내는 환희의 목소리는 공허하고 냉혹하다. 폭정을 향해 당신들이 퍼붓는 맹렬한 비난은 철갑을 두른 뻔뻔함이다. 자유와 평등을 향한 당신들의 외침은 속

빈 조롱이다.

당신들의 기도와 찬송, 당신들의 설교, 온갖 종교적 축제를 곁들인 당신들의 추수감사절, 당신들의 엄숙함 모두 미국 노예의 눈에는 그저 겉만 번드르르한 엉터리에, 기만적이고 불경하며 위선적으로 보일 따름이다. 당신들은 야만적인 국가의 체면에 먹칠하는 죄악을 얇은 베일로 가리고 있을 따름이다. 지금 이 순간의 미국인들보다 더 충격적이고 피비린내 나는 악행을 저지르는 이들은 지구상에 없다.

어디든 가보라. 마음 가는 대로 찾아가 보고, 과거 군주제와 폭정이 자행되던 곳을 빠짐없이 돌아다녀 보라. 남미를 여행해 보라. 그곳에서 학대의 현장을 찾아보라. 끝까지 다 찾은 뒤에 이 나라에서 매일 같이 자행되는 관행과 나란히 두고 비교해 보라. 그럴 때에야 비로소 당신들은 역겨운 만행과 수치스러운 위선에 있어서 미국이 과연 압도적이라는 나의 말에 동의하게 될 것이다.

우리 승리하리라 : 투표권법안에 대한 의회 연설
— 린든 B. 존슨(1965년 3월 15일) —

1864년에서 1865년에 걸쳐 진행된 제13차 헌법 수정, 1868년 비준된 제14차 헌법 수정이 자유를 얻은 노예들에게 완전한 법적 권리를 부여하지 못한 것처럼, 1964년 제정된 민권법도 노예의 후손들에게 정당한 기회를 가져다주지 못했다. 차별을 금지하는 법률과 그에 따른 법원의 결정 그 자체만으로는 아프리카계 미국인의 참정권이 실현되지 않았다. 특히 남부가 문제였다.

1964년 민권법의 제1조가 유권자 등록에 있어서 주에서 행해 온 차별의 관행을 불법화했음에도, 실제로는 남부의 상황을 바꾸지 못했다. 법무부는 모든 시군을 감시할 인력을 갖추지 못했으며, 흑인들은 위협과 두려움 때문에 법에 규정된 구제 수단을 활용할 수 없었다. 그 결과 남부 주에서는 흑인 유권자 등록 비율이 매우 낮았는데, 미시시피주를 예로 들면 자격을 갖는 흑인 중 유권자 등록을 한 사람은 6퍼센트에도 미치지 못했다.

흑인의 유권자 등록을 막기 위해 폭력이 동원되는 사례도 많았다. 흑인 유권자의 등록을 돕기 위해 미시시피주로 온 세 명의 민권운동가(백인인 앤드루 굿맨과 마이클 슈워너, 그리고 흑인인 제임스 체이니)를 살해한 뒤 그 시체를 암매장한 일도 있었다. 연방수사국FBI의 수사를 통해 이 일에 현지 경찰관이 연루되었다는 사실도 밝혀졌다.

1964년 가을, 존슨 대통령은 좀 더 엄격한 투표권법안 제정을 시작했다. 1965년 연두 시정연설에서는 이 법안을 통과시켜 줄 것을 의회에 촉구했다. 같은 해 3월에는 마틴 루서 킹 주니어 목사가 앨라배마주 셀마에서 투표권법안의 통과를 요구하는 행진을 주도했다. 앨라배마 경찰은 시위대를 잔인하게 공격했고, 이 장면이

텔레비전으로 방송되면서 미국 사회가 분노했다. 행진을 돕고자 수만 명의 자원자들이 남부를 향해 떠났다. 이런 충돌과 위기의 순간인 1965년 3월 15일 저녁, 린든 존슨 대통령은 연설을 하기 위해 의회로 갔다.

사람들은 이 연설을 존슨 대통령 최고의 연설로 평가했다. 감동적이고 설득력 있는 연설인 동시에 대통령의 도덕적 권위를 사용한 완벽한 사례라는 찬사가 이어졌다. 그러나 이를 위해 린든 존슨은 정치적 희생을 감수해야 했다. 민주당은 남부의 지지를 잃을 수 있었으며, 그 결과 린든 존슨의 대통령직 재임이 어려워질 수 있었기 때문이다. 실제로 그렇게 되었다. 그때 이후 남부는 오랜 민주당 지지 지역에서 이탈해 공화당의 지지 기반이 되었다. 텍사스 출신인 린든 존슨도 대통령 재선의 기회를 잃었다.

정치학자들은 정치가들이 재선이라는 목표를 위해서만 정책 수단을 선택하는 것은 아니며, 대의를 위해 정치적 대가를 감수할 때도 있다는 주장을 할 때, 린든 존슨의 사례를 들곤 한다. 연설을 들은 사람들은 존슨 대통령이 민권운동을 상징하는 옛 찬송가 〈우리 승리하리라〉We shall overcome를 인용했을 때 감격했다. 린든 존슨의 대통령직 수행 기간은 짧았지만 위대한 연설은 오래도록 찬사를 받았다

의회가 투표권리법을 통과시킨 것은 1965년 8월 6일이었다. 이 법이 통과되면서, 어떤 군이 투표 연령 인구의 50퍼센트를 유권자로 등록시키지 못하는 경우, 이를 인종차별의 분명한 증거로

보고 법무부가 유권자 등록 절차를 인수해 처리하게 되었다. 이 법은 실효를 거두었다. 대부분의 남부 주들은 흑인의 투표 참여를 막으려는 시도를 포기했고, 유권자 등록 절차를 흑인에게 개방했다. 세상을 한 발 앞으로 가게 하는 데 있어 킹 목사의 역할도 컸지만, 정치가의 역할도 그에 못지않았음을 잘 보여 주는 사례다.

이제 연설을 보자. 우선 그의 의회 연설이 또다시 대규모 유혈 충돌이 발생할 수도 있는 상황을 앞두고 이루어졌다는 것은 앞서 이야기했다.* 덧붙여야 할 것은 연설이 저녁 시간에, 상하원 합동 회의에서 매우 긴 시간 동안 이루어졌으며, 텔레비전으로 생중계되었다는 사실이다. 모든 것이 대통령의 권위에 의존하게 된 긴박한 상황이었다. 시위대와 경찰 간의 대규모 충돌을 앞두고 지도자로서 그가 어떤 결정을 하게 될지에 모두가 주목하는 상황, 그야말로 정치가로서 어떤 인격성character을 드러낼지에 관심이 집중되는 시점이기도 했다. 연설자가 원하든 원하지 않든 에토스의 요소가 압도하게 되어 있는 상황에서 연설자가 무대에 올라서야 했던 것이다.

충돌을 앞두고 분열과 갈등이 눈앞에 있다. 연설자는 시위자

• 1차 행진은 1965년 3월 7일 셀마를 출발해 몽고메리를 향했다. 셀마시 경계에서 폭력 진압으로 부상자가 속출했다. 2차 행진은 3월 9일, 킹 목사의 주도로 이루어졌다. 이때 흑인 민권운동가 제임스 리브가 사망했고, 전국적인 흑인 시위로 확산되었다. 3차 행진은 3월 21일로 예정되어 있었는데, 린든 존슨은 그 전인 3월 15일 밤에 의회에서 연설을 했다.

들의 요구를 수용하기로 결심했다. 하지만 흑인들의 요구가 옳아서 그런 결정을 내린다고 말할 수는 없다. 그렇게 말하는 것은 갈등을 해결하고 통합을 이끄는 선택이 될 수 없었다. 주제에 대한 논리적인 접근, 즉 옳고 그름을 따지는 로고스적인 요소를 최소화해야 했다는 뜻이다.

남은 것은 에토스와 파토스를 결합하는 선택이었는데, 그렇다면 에토스적 요소로서 자신을 어떻게 정의했을까? '대통령으로서 나는'이었을까? 청중은 어떻게 호명되었을까? 시민권을 말해야 하니 '동료 시민 여러분'을 강조했을까? 아마도 이런 선택은 로고스적인 접근과 더 잘 어울렸을 것이다. 하지만 그렇게 하지 않으려 했으므로 린든 존슨은 '나'I, me 대신 일인칭 복수형 '우리'We, our를 의도적으로 많이 사용했다. '시민 여러분' 대신 '미국'과 '미국인'이라는 호명을 서른 번 넘게 사용했다.

이를 수사학적 표현법으로 구현한 것이 있다. 그것은 대조법에 기반하되, 주제어를 계속해서 반복해 감정을 고조하는 방법이었다. 그때마다 삼중 콜론이 사용되었다. 앞의 두 개념을 먼저 말하고 마지막 세 번째 개념으로 주제를 부각하는 것이다. 이는 이 연설문 곳곳에서 발견할 수 있다. "흑인의 문제가 아니다. 남부-북부의 문제도 아니다. 바로 미국의 문제다"라거나 "민주당의 문제도, 공화당의 문제도 아닌, 미국의 문제다"라는 것이 대표적이다.

이 수사적 표현 구조는 오바마에 의해 그대로 차용되었다. 뒤에서 살펴보겠지만 오바마 연설문에서 대표적인 사례 두 가지만

들면 아래와 같다.

> "흑인의 문제란 없다. 남부의 문제도, 북부의 문제도 없
> 다. 오로지 미국의 문제가 있을 뿐이다."
> "오늘 밤 우리는 민주당원이나 공화당원으로서가 아니라
> 미국인으로서 이 자리에 모였으며, 이 문제를 해결할 미국인
> 으로서 이 자리에 모였다."

다시 린든 존슨으로 돌아오자. 그의 연설에서 '미국인으로서
의 우리'는 어떻게 정의되었을까? 린든 존슨은 누구도 함부로 논
박할 수 없는 두 원천을 불러들였다. 하나는 성경이고 다른 하나
는 미국을 만든 선조들이었다. 그것은 미국이라는 국가가 가진 섭
리이자 목적이었으며, 종교적 박해로부터 벗어나고자 했을 때 지
향했던 것이자, 영국의 압제로부터 독립하고자 하면서 내세웠던
가치였다. 그것은 흑인 노예들이 신에게 간청했던 것이자, 이제는
미국인 모두가 공유하지 않으면 안 되는 가치였다.

린든 존슨의 연설문은 그런 가치의 내용을 존엄성dignity, 자유
freedom, 평등equality, 감사gratitude, 책임감responsibility, 정의justice 그리
고 마지막으로는 희생sacrifice으로 표현했다. 그리고 그것은 "우리
선조들이 믿었고" 지금은 "우리 민중 모두"가 공유하고 있는 가치
라고 말했다. 이제 그것을 흑인 미국인 형제들과 나눌 때다. 그 성
스러운 소명은 성경 구절과 함께 찬송가, 〈우리 승리하리라〉를 통

해서도 표현했다. 그야말로 그 누구도 거부할 수 없는 소명으로 만든 것이다.

강한 에토스를 통해 자신의 의지를 드러내며 연설을 마무리한 부분도 인상적이다. '나는 지금 그저 하게 되어 있는 말을 하고 있는 것이 아니며, 여러분에게 말할 이 기회를 절대 놓치지 않을 생각'이라는 의지를 린든 존슨은 이렇게 표현했다.

[텍사스 커툴라의 작은 학교에서 학생을 가르치던] 1928년 당시 나는 1965년에 내가 이 자리에 서게 되리라고는 생각도 하지 못했다. 내가 꿈꿨던 것, 그 학생들의 아들과 딸을 돕고 이 나라 곳곳의, 그들과 처지가 같은 사람들을 도울 기회가 있을 거라고는 전혀 생각도 못 했다. 그러나 지금 나는 그 기회를 정말로 갖게 되었다. 여러분에게 비밀 하나를 털어놓겠다. 나는 이 기회를 절대로 놓치지 않을 작정이다. 그러니 여러분도 나와 함께 이 기회를 활용하길 바란다. …… 나는 제국을 건설하는 대통령, 위대함을 추구하는 대통령, 영토를 확장하는 대통령이 되기를 바라지 않는다. 나는 어린이에게 그들의 세상이 얼마나 놀라울 것인지를 가르치는 대통령이 되고 싶다. 나는 굶주린 사람들을 먹이고 이들이 세금에 기대어 살지 않고 납세자가 되도록 도와주는 대통령이 되고 싶다. 나는 가난한 자가 길을 찾을 수 있도록 돕고, 모든 선거에서 모든 시민이 투표할 수 있는 그 권리를 보호하는 대통령이 되었으면 한다.

연설은 신의 이름으로 다시 정의된 소명 의식을 강조하며 끝난다. 이 일에 우리가 힘을 합할 이유가 있으니, 함께 시작하자는 것을 그야말로 조용하지만 거부할 수 없게 표현하려 한 것이다.

미합중국을 상징하는 문양 속에 피라미드가 있다. 바로 그 위에 라틴어로 "신은 늘 우리가 감당하고자 하는 과업을 좋아하셨다."God has favored our undertaking; ANNUIT COEPTIS라는 글귀가 적혀 있다. 우리가 하는 모든 일을 신께서 다 좋아하시지는 않을 것이다. 오히려 거룩한 신의 뜻을 헤아리는 것이 우리의 의무일 것이다. 그러나 오늘 밤 우리가 이 자리에서 시작하려는 이 과업을 주님이 진정으로 이해하시고 정말로 좋아하실 것으로 믿어 의심치 않는다.

긴 연설은 이렇게 끝난다. 요약하자면, 대통령으로서, 가장 권위 있는 자리인 상하 양원 합동 회의에서, 모두가 일터로부터 돌아온 저녁 시간에, 텔레비전을 통해 국민 내지 시민 모두를 청중으로 삼아, 갈등 대신 소명을 받아들이자는 호소를, 에토스와 파토스를 통해 성공적으로 표현해 낸 것이다. 핵심 부분을 옮겨 본다.

하원 의장, 상원 의장 그리고 의원 여러분.
　　오늘 밤 나는 인간의 존엄성과 민주주의의 운명을 건 이야기를 하고자 한다. 양당의 모든 당원과, 종교와 피부색을 초월한 모든 미국인들과, 미국의 각계각층이 나와 함께 이 일에 나서 줄 것을 촉구하는 바이다. …… 셀마에서는 오랫동안 고통받고 있는 사람들이 미국인으로서의 권리를 거부당한 것에 대해 평화적으로 항의했다. 그 가운데 많은 이들이 잔인하게 폭행을 당했다. 선량한 주님의 아들 한 사람이 목숨을 잃었다.

…… 억압받는 민중의 고통에 찬 외침과, 찬송가와 항의를 듣고, 지구상에서 가장 위대한 국가이자 가장 위대한 정부를 구성하는 모든 의원이 한자리에 모였다. 우리의 사명은 이 나라의 가장 오랜 사명이자 가장 근본적인 사명이다. 그것은 잘못을 바로잡고, 정의를 실현하고, 사람들에게 봉사하라는 사명이다.

……

미국의 흑인들에게 평등한 권리를 줄 것인가 하는 문제가 바로 그것이다. 우리가 모든 적을 무찌르고, 부를 두 배로 늘리고, 별을 정복하더라도, 권리에 있어서 평등하지 못하다면, 우리는 같은 인민으로서as a people나 같은 국민으로서as a nation 실패한 것과 다름없다. "사람이 만일 온 천하를 얻고도 제 목숨을 잃으면 무엇이 유익하리요?"라는 [「마태복음」 16장 26절의] 말씀은 한 사람a person뿐만 아니라 한 나라a country에도 적용된다.

흑인의 문제란 없다. 남부의 문제도, 북부의 문제도 없다. 오로지 미국의 문제가 있을 뿐이다. 오늘 밤 우리는 민주당원이나 공화당원으로서가 아니라 미국인으로서 이 자리에 모였으며, 이 문제를 해결할 미국인으로서 이 자리에 모였다.

　미국은 목적을 가지고 세워진, 세계 역사상 최초의 국가이다. 이런 목적을 나타내는 그 위대한 문구들은 모든 미국인의 마음속에서, 북부의 미국인이든 남부의 미국인이든 상관없이 메아리치고 있다. "만인은 평등하게 창조되었다." "피통치자의 동의에 의해서만 통치할 수 있다." "자유가 아니면 죽음을 달라." 이 위대한 문구들은 그저 겉으로만 멋있는 말이 아니며, 공허한 이론도 아니다. 미국인들은 그 자신의 이름으로 지난 두 세기 동안 싸우고 죽었다. 오늘 밤에도 미국인들은 생명의 위험을 무릅쓰고 지켜 낸 우리의 자유, 그 자유의 수호자로서 세상 이곳저곳에 서 있다.

　저 위대한 문구들은 모든 시민이 인간의 존엄성을 함께 누릴 것이라는 약속이다. 존엄성은 인간의 소유물에서 찾을 수 없다. 그 권력이나 지위에서도 찾을 수 없다. 존엄성은 다른 모든 이들과 마찬가지의 평등한 기회를 가진 사람으로 대우받을 권리에 달려 있다. 이 위대한 문구들은 시민이 자유를 함께 누리고, 지도자를 선택하고, 자녀를 교육하고, 인간으로서 그 능력과 장점에 따라 가족을 부양해야 한다고 말하고 있다.

　다른 잣대를 들이대는 것, 즉 피부색이나 인종, 종교나 출생지 때문에 누군가의 희망을 부정하는 것은 정의롭지 못할 뿐만 아니라 미국인임을 부정하는 것이며 미국의 자유를 위해 목숨을 바친 고인들을 욕되게 하는 일이다.

우리의 선조들은 인간의 권리에 대한 이 숭고한 관점이 번성하려면, 그런 관점이 민주주의 안에서 뿌리를 내려야 한다고 믿었다. 모든 것 가운데 가장 기본이 되는 권리는 그 자신의 지도자를 스스로 선택할 수 있는 권리다. 넓게 보아 이 나라의 역사는 그 권리가 민중 모두에게 확대되는 과정이라 할 수 있다.

민권civil rights과 관련된 여러 이슈는 대단히 복잡하고 어렵다. 그러나 논란의 여지가 없다. 미국 시민 모두는 투표할 수 있는 평등한 권리를 가져야 한다. 이러한 권리를 부인하는 것을 정당화할 근거는 있을 수 없다. 이 권리를 보장할 책무보다 더 막중한 책무는 없다. 그러나 이 나라 여러 곳에서 여러 사람이 단지 흑인이라는 이유로 투표하지 못하는 것이 엄연한 현실이다.

이 권리를 부인하기 위해 인간의 천재성이 고안해 낼 수 있는 모든 수단이 동원되었다. 흑인 시민The Negro citizen이 유권자 등록을 위해 가면, 등록을 받는 날짜가 아니라거나, 등록 시간이 지났다거나, 담당자가 자리를 비웠다는 얘기를 듣게 된다. 끈질기게 요구하여 유권자 등록 담당자를 만나더라도, 중간 이름 철자를 쓰지 않았다거나 신청서에 단어의 약자를 기재했다는 이유로 등록 부적격 판정을 받게 된다.

또한 힘들게 신청서를 채우고 나면 그에게 시험을 치르게 한다. 이 시험의 통과 여부는 유권자 등록 담당자가 전적으로 결정한다. 헌법 전문을 암송하라거나 주법에서 가장 복잡한 조항을 설명하라는 주문이 떨어진다. 대학 학위 증명서를 제시해도 문맹이 아니라는 사실이 인정되지 않는다. 있는 그대로의 사실을 말하자면, 이러한 장벽을 통과할 수 있는 방법은 하나뿐이다. 하얀 피부를 보여 주는 것이다.

경험이 말해 주는 바는 분명하다. 기존 법 절차로는 이러한 체계적이고 지능적인 차별을 극복할 수 없다. 현지 관리가, 투표할 권리를 부정하겠다는 의지를 갖는 한, 내가 발의한 3개 법안을 포함해 그 어떠한 성문법도 투표권을 보장하는 데는 소용이 없다.

상황이 이럴진대, 우리 모두는 우리의 책무가 무엇인지를 분명히 해야 한다. 헌법은 인종이나 피부색 때문에 투표를 할 수 없어서는 안 된다고 규정하고 있다. 우리 모두는 주님 앞에서 이 헌법을 지지하고 또 수호하겠다고 맹세했다. 그 맹세에 따라, 이제 우리는 행동에 나서야 한다.

나는 투표할 권리를 막는 불법적 장벽을 제거하기 위한 법안을 수요일에 의회에 보낼 생각이었다. 그 법안의 개요는 내일 민주당과 공화당 지도부에 전달될 예정이었다. 양당 지도부의 검토를 거친 뒤 최종적으로 법안이 의회에 공식 상정될 수 있도록 말이다.

나는 양당 지도부의 요청에 따라 오늘 밤 이곳에 와서 의회의 벗들과 논의하고, 의원 여러분께 나의 생각을 전하고, 옛 동료들을 만날 기회를 갖게 된 것에 감사한다. 나는 내일 의회

사무처에 제출할 생각으로 이 법안에 대한 포괄적 분석 자료를 준비했지만, 이를 오늘 밤 사무처에 제출하기로 했다. 그리고 이 법안의 주된 제안 내용을 이 자리에서 짧게나마 논의하고자 한다.

이 법안은 흑인들의 투표권을 인정하지 않는 데 이용되어 온 투표권 제한 규정을 연방, 각 주, 각 시군 등 모든 수준의 선거에서 폐지할 것이다. 제아무리 교묘한 시도라 하더라도 헌법을 속일 수 없도록 단순하고 동일한 기준을 세울 것이다. 이 법안은 주 정부 당국자가 유권자 등록을 거부할 경우 연방 정부 당국자가 유권자 등록 사업을 담당할 수 있는 근거를 마련하게 해줄 것이다. 투표권의 행사를 불가능하게 지연시키는 지루하고 불필요한 소송을 없애 줄 것이다. 마침내 이 법안은 적법하게 등록된 유권자에게 투표가 금지되는 일이 없게 해줄 것이다.

나는 이 법안을 강력한 것으로 만들고 실효성을 높일 수 있는 수단과 방법과 관련하여 의원 여러분의 문제 제기를 환영한다. 분명 그런 문제 제기가 있을 것이다. 그러나 지난 경험에 비춰 볼 때, 이 법안만이 헌법의 명령을 따르는 길이라는 사실은 지극히 분명하다.

지역사회에서 연방 정부의 조치를 피하고자 하는 자들, 선거를 각 시와 군이 온전히 통제하기를 원하고 이를 도모하는 자에게 할 말은 간단하다. 투표소를 모든 인민에게 개방하라.

피부색과 관계없이 모든 남성과 여성이 유권자 등록을 할 수 있도록 하라. 공민권을 이 나라의 모든 시민에게 확대하라.

헌법적 논란은 없다. 헌법의 명령은 분명하다. 도덕적 논란도 없다. 이 나라에서 동료 미국인의 투표권을 부정하는 것은 잘못된 일이며, 결코 옳지 못한 일이다. 주의 권리냐 연방의 권리냐에 대한 논란도 없다. 오로지 인권을 위한 투쟁이 있을 뿐이다.

의원 여러분이 어떤 결론을 내든, 나는 한 치의 의심도 없는 확고한 판단이 있다. 이 법안 이전에 미국의 대통령이 민권 법안을 의회로 보낸 적이 있다. 애초 그 법안에는 연방 선거에서 투표권을 보호하는 조항이 포함되어 있었다. 8개월의 논쟁 끝에 법안은 통과되었다. 마침내 통과된 법안이 내 서명을 받기 위해 내 책상 위에 놓였을 때, 애초 법안의 핵심 조항은 이미 삭제되고 없었다.

이번에는 이 사안에 대하여, 그 어떠한 시간의 지연이나 망설임도 없어야 한다. 우리의 목적에 대하여 어떠한 타협도 없어야 한다. 모든 미국인이 갖는 투표할 권리는 그들이 참여하고자 하는 그 어떠한 선거에서도 보호되어야 한다는 것, 이를 거부할 수 없으며 또 거부해서도 안 된다. 이 법안이 통과될 때까지 또 8개월을 기다리게 해서는 안 된다. 기다릴 수도 없으며, 기다리지도 않을 것이다. 우리는 이미 100년도 넘게 기다렸다. 이제 기다릴 때는 끝났다.

따라서 나는 의원 여러분께 요청하는 바이다. 이 법안을 통과시키기 위해 필요하다면 밤낮과 주중, 주말을 가리지 않고 나와 함께 일해 달라. 내가 이 일을 쉽게 생각해서 드리는 요청이 아니다. 창가에 앉아 밖을 내다보며 문제를 고민할 때마다 나는 다음과 같은 사실을 깨닫는다. 의회 밖에는 분노하는 한 국가의 양심conscience of a nation, 그리고 우리의 행동에 대해 역사의 준엄한 심판이 있다는 것을 깊이 염려하고 있는 많은 국가들이 있다.

설령 우리가 이 법안을 통과시킨다 해도 그것으로 싸움이 끝나는 것은 아니다. 셀마에서 일어난 일은 더 큰 운동의 한 부분이며, 그 운동은 미국의 모든 지역과 모든 주에 미치게 될 것이다. 그 운동은 미국인으로서의 삶이 가져다줄 수 있는 완전한 축복, 바로 그것을 미국의 흑인들 스스로 확보하려는 노력이다.

그런 그들의 대의가 이제 우리의 대의가 되어야 한다. 우리를 정신적으로 황폐하게 만드는 편협한 신앙과 불의의 유산을 극복해야 할 사람은 흑인만이 아니라 우리 모두다.

우리 승리하리라.

뼛속까지 남부 사람인 나는 인종에 대한 적대감이 얼마나 넘어서기 어려운 감정인지를 잘 알고 있다. 사회의 태도와 구조를 재편하는 것이 얼마나 어려운지도 잘 알고 있다. 흑인들이 자유를 얻고도 이미 한 세기, 100년이 넘게 흘렀다. 그 오랜 세월이 지난 뒤인 오늘 밤에도 흑인은 아직 완전한 자유를 누리지 못하고 있다.

공화당 출신의 위대한 대통령인 링컨 대통령이 노예해방 선언문에 서명한 것은 100년도 더 전의 일이다. 그러나 선언 문은 선언이었을 뿐 현실이 되지 못했다. 평등이 약속된 뒤에 도 이미 한 세기, 아니 100년이 넘게 흘렀다. 그러나 아직 흑 인은 평등을 누리지 못하고 있다. 약속의 날the day of promise로 부터 한 세기가 흘렀다. 그 약속은 지켜지지 않고 있다.

이제 정의를 구현해야 할 시대가 도래하고 있다. 어떠한 힘도 막을 수 없다고, 나는 믿는다. 그 시대가 오리라는 것은 인간과 신의 눈으로 볼 때 명백하다. 그날이 오면, 미국인으로 서의 모든 삶은 밝게 빛날 것이다. 흑인만이 피해자가 아니기 때문이다. 증오와 공포의 장벽을 유지하는 데 우리가 얼마나 많은 에너지와 정력을 낭비했는지, 그 때문에 얼마나 많은 백 인 어린이가 교육을 받지 못했는지, 얼마나 많은 백인 가족이 극빈에 시달렸는지, 얼마나 많은 백인의 삶이 두려움으로 상 처를 입었는지를 상기해야 한다.

그래서 이 자리에 있는 여러분 모두와 이 국가의 모든 이 들에게 오늘 밤 호소하고자 한다. 과거에 집착하면 미래를 부 정하는 대가를 치르게 된다. 거대하고 풍요롭고 역동적인 이 나라는 흑인과 백인, 북부와 남부, 소작인과 도시 거주자 등 모 두에게 기회와 교육, 희망을 제공할 수 있다. 우리가 싸워야 할 적은 가난과 무지, 그리고 질병이다. 이들은 우리의 적이다. 우리의 친구가 아니다. 우리의 이웃이 아니다. 우리의 적인 가난과 무지, 질병과 싸워서도 우리 승리하리라.

다른 지역이 직면한 어려움이나 이웃의 어려움을 보면, 어떤 지역에 사는 사람이든 정의로운 자부심을 가질 수 없게 된다. 평등의 약속이 충실하게 지켜진 곳은 미국 어디에도 없다. 버밍햄뿐만 아니라 버펄로에서도, 셀마뿐만 아니라 필라델피아에서도, 우리 미국인들은 자유의 과실을 얻기 위해 투쟁하고 있다. 미국인은 한 국민one nation이다. 셀마나 신시내티에서 일어나는 일은 마땅히 모든 미국인이 염려해야 하는 일이다. 우리 모두 각자의 마음과 각자가 속한 지역사회 내부를 살피고, 불의가 존재한다면 이를 뿌리 뽑고자 최선을 다해야 한다.

오늘 밤, 우리가 이 평화롭고 역사적인 자리에 모인 이 순간, 이오지마 전투에 참여했던 남부 출신도 있고, 성조기를 세계의 먼 구석까지 가지고 갔다가 핏자국을 묻혀 돌아온 북부 출신도 있고, 종교나 피부색, 출신 지역과 관계없이 베트남에서 함께 싸우고 있는 동부와 서부 출신도 있다. 20년 전에도 모든 지역 출신들이 전 세계에서 우리를 위해 싸웠다.

우리 모두에게 공통된 위험과 희생이 요구될 때, 남부는 이 위대한 공화국의 다른 어떤 지역 못지않은 명예와 용맹으로 공헌을 했다. 어떤 경우는 다른 지역보다 더 많은 공헌을 보여 주기도 했다. 그리고 나는 오대호 지역에서 멕시코만 연안에 이르기까지, 금문교에서 대서양 연안 항구에 이르기까지, 이 나라 모든 지역의 선량한 사람들이 모든 미국인의 자유를 옹호한다는 대의로 함께 결집할 것임을 추호도 의심하지 않는 다. 이는 우리 모두가 지고 있는 책무다. 우리 모두 이 책무에 응답할 것으로, 나는 믿는다. 여러분의 대통령으로서 모든 미 국인에게 이 책무에 응답해 주기를 요청하는 바이다.

이 투쟁의 진정한 영웅은 그 흑인 미국인[킹 목사]이다. 그 의 행동, 그의 항거 그리고 자신의 안전과 심지어 생명의 위협 을 무릅쓴 그의 용기는 이 국가의 양심을 일깨웠다. 그가 주도 한 시위는 불의에 대한 관심, 변화를 위한 각성, 개혁에 대한 박차를 위한 것이었다. 그는 우리에게 미국의 약속promise of America을 지킬 것을 요구했다.

그의 끈질긴 용기와 미국 민주주의에 대한 그의 믿음이 없 었더라도 우리가 이런 진전을 이루었을 것이라고 우리 중에서 누가 말할 수 있겠는가. 평등을 위한 싸움의 진정한 핵심에는 민주적 절차에 대한 깊은 믿음이 있다. 평등은 무기나 최루탄 의 힘이 아니라, 도덕적 권리가 가진 힘으로 이루어진다. 또한 평등은 폭력에 의지함으로써 얻어지는 것이 아니라, 법과 질 서를 존중함으로써 얻어진다.

지금까지 여러분의 대통령에게 많은 압력이 가해져 왔으 며, 앞으로도 계속해서 또 다른 압력이 가해질 것이다. 그러나 오늘 밤 나는 여러분에게 맹세한다. 법정에서건, 의회에서건,

또 사람들의 마음속에서건, 이 싸움을 해야 하는 곳이라면 그 어디서라도 싸울 것이다.

우리는 자유로운 언론과 자유로운 집회의 권리를 보호해야 한다. 그러나 자유로운 언론의 권리에는 흔히 말하는 것처럼 사람들로 꽉 찬 극장 안에서 '불이야' 하고 고함지를 권리까지 있는 것은 아니다. 우리는 자유로운 집회의 권리를 보장한다. 하지만 자유로운 집회라 하더라도 차량의 통행을 막을 권리까지 갖는 것은 아니다.

진정으로 우리는 항의할 권리가 있다. 이웃의 헌법적 권리를 침해하지 않는 범위 내에서 행진할 권리가 있다. 나는 이 모든 권리를 보호할 생각이다. 적어도 내가 대통령으로 있는 한 말이다. 우리는 폭력을 경계해야 한다. 폭력은 우리의 손에서 우리가 추구하는 무기, 즉 진보progress를 빼앗아 가기 때문이다. 다른 곳과 마찬가지로 셀마에서도 우리는 평화를 추구하고 평화를 위해 기도한다.

우리는 질서를 추구한다. 우리는 단결을 추구한다. 그러나 우리는 권리를 억누름으로써 얻는 평화, 또는 공포로 얻어지는 평화는 받아들일 수 없다. 항의를 억압하는 단결도 받아들일 수 없다. 평화는 자유를 희생해서는 얻을 수 없는 법이기 때문이다.

오늘 밤 셀마에서는, 종일 열심히 일한 다른 모든 도시와 마찬가지로, 정의롭고 평화로운 해결을 위한 노력이 기울여지고 있다. 우리 모두가 기억해야 할 것이 있다. 오늘 밤 나의 연설이 끝난 다음에도, 경찰과 FBI와 보안관이 떠난 다음에도, 여러분이 신속하게 이 법안을 통과시킨 다음에도, 셀마는 물론 이 나라의 여타 도시에서 사람들은 여전히 함께 살아야 하고 함께 일해야 한다는 사실을 말이다. 이 국가의 관심이 다른 곳으로 옮겨 가게 되더라도, 상처를 치유하고 지역공동체를 새롭게 만들기 위한 노력은 계속되어야 한다.

폭력의 전장에서는 이런 일이 쉽게 이뤄질 수 없다. 이는 다른 어느 곳도 아닌 남부의 역사가 보여 주는 바이다. 최근인 지난 화요일은 물론이고 오늘 다시, 흑인과 백인 모두 놀랍도록 인상적인 책임감을 보여 준 것은 모두가 이 사실을 인식하고 있기 때문이다.

내가 여러분에게 제안하는 법안은 민권법안으로 알려질 것이다. 그러나 좀 더 넓게 보면, 내가 제안하는 대부분의 정책 프로그램*은 민권 증진을 위한 것이다. 이러한 프로그램의 목적은 여러 인종으로 이루어진 모든 국민에게 희망의 도시city of hope를 열어젖히기 위해서다.

그러려면 모든 미국인이 투표할 권리를 가져야 하는 것이 당연하지 않겠는가. 우리는 미국인 모두에게 이 권리를 주고

---

* 린든 존슨이 취임 때부터 추구해 온 '위대한 사회'Great Society 정책 프로그램.

자 하는 것이다. 모든 미국인은 인종에 관계없이 시민됨의 특권privileges of citizenship을 누려야 한다. 미국인 모두는 인종에 관계없이 이러한 시민됨의 특권을 누리게 될 것이다.

그러나 나는 이런 특권을 누리기 위해서는 법적인 권리 이상으로 많은 것이 필요하다는 점을 다시금 여러분께 상기시키고 주의를 요청하고자 한다. 특권을 누리기 위해서는 단련된 마음과 건강한 몸이 필요하다. 살 만한 집, 일자리를 구할 기회, 가난의 손아귀에서 벗어날 기회도 필요하다.

민중people은 국가nation에 기여할 수 없다. 그들이 읽고 쓰는 법을 배우지 못한다면 말이다. 굶주림으로 몸이 제대로 성장하지 못하게 된다면 말이다. 아파도 돌보는 이가 없거나, 가난으로부터 벗어날 희망 없이 삶이 그저 생활 보호 지원금에 의존해 흘러간다면 말이다. 그렇기에 우리는 기회의 문을 열고자 하는 것이다. 그 문을 통과하는 데 필요한 도움을, 흑백을 막론하고 우리 국민 모두에게 제공하려는 것이다.

내가 대학을 졸업하고 텍사스주 커툴라에 있는 조그만 멕시코계 미국인 학교에서 교사로 처음 일을 하게 되었을 때의 일이다. 그 학교에는 영어를 하는 아이가 거의 없었고, 나는 스페인어를 별로 잘하지 못했다. 아이들은 가난했고, 아침도 못 먹고 배고픈 채로 학교에 오는 경우도 많았다. 아이들은 아직 어렸지만 벌써 편견의 아픔을 알고 있었다. 이 아이들은 사람들이 왜 자신을 싫어하는지 그 이유를 알지 못했다. 그냥 그렇다는 사실만 알고 있었고, 나는 아이들의 눈을 보고 그것을 알 수 있었다. 나는 수업이 끝난 뒤 오후 늦게 집으로 걸어가면서 내가 지금보다 더 도움이 되는 길이 있기를 바랐다. 그러나 내가 할 수 있는 일이라고는 내가 가진 많지 않은 지식을 전해 주는 것뿐이었다. 이 지식이 나중에 이들이 겪을 어려움을 극복하는 데 도움이 되기를 바랄 뿐이었다.

희망으로 가득해야 할 어린아이의 얼굴에 가난과 증오가 남긴 상처를 보게 된다면, 그 위력을 결코 잊지 못할 것이다. 1928년 당시 나는 1965년에 내가 이 자리에 서게 되리라고는 생각도 하지 못했다. 내가 꿈꿨던 것, 그 학생들의 아들과 딸을 돕고 이 나라 곳곳의, 그들과 처지가 같은 사람들을 도울 기회가 있을 거라고는 전혀 생각도 못 했다. 그러나 지금 나는 그 기회를 정말로 갖게 되었다. 여러분에게 비밀 하나를 털어놓겠다. 나는 이 기회를 절대로 놓치지 않을 작정이다.

그러니 여러분도 나와 함께 이 기회를 활용하길 바란다. 이 나라는 지구상에 존재해 온 나라 가운데 가장 부유하고 강력한 나라다. 지나간 제국들이 가졌던 힘에 비할 바는 아닐지 모른다. 하지만 나는 제국을 건설하는 대통령, 위대함을 추구하는 대통령, 영토를 확장하는 대통령이 되기를 바라지 않는다.

나는 어린이에게 그들의 세상이 얼마나 놀라운 것인지를 가르치는 대통령이 되고 싶다. 나는 굶주린 사람들을 먹이고 이들이 세금에 기대어 살지 않고 납세자가 되도록 도와주는 대통령이 되고 싶다. 나는 가난한 자가 길을 찾을 수 있도록 돕고, 모든 선거에서 모든 시민이 투표할 수 있는 그 권리를 보호하는 대통령이 되었으면 한다.

나는 동료 시민들 사이의 증오를 종식할 수 있도록 돕고, 모든 인종과 지역, 당파에 속한 사람들 사이에 사랑을 증진하는 대통령이 되고 싶다. 나는 이 지구상의 형제 국가들 사이에서 전쟁을 종식하는 데 기여한 대통령이 되고 싶다.

오늘 밤 나는 몬태나주 상원 의원이자 존경하는 상원의장, 일리노이주 상원 의원이자 여당 지도자와, 야당 지도자인 매컬러 의원 그리고 의원 여러분의 요청으로 이 자리에 섰다. 내가 이 자리에 선 것은 루스벨트 대통령이 한때 법안에 대한 거부권을 직접 행사하기 위해 의회를 찾았던 때와 다르다. 트루먼 대통령이 철도법안의 통과를 촉구하기 위해 의회를 찾았던 때와도 다르다.

내가 이 자리에 선 것은 오로지 여러분에게 이 과업을 함께하자고 요청하기 위해서다. 국민에게 봉사해야 할 우리가 함께 이 과업을 수행하자고 요청하기 위해서다. 나는 이 자리가 공화당 의원과 민주당 의원이 함께 국민을 위해 일을 하는 곳이 되기를 바란다.

위대한 의사당을 넘어 저 밖의 50개 주로 가면, 거기에 우리가 함께 봉사하는 국민이 있다. 오늘 밤 각자의 자리에 앉아 이 연설을 들으면서 마음속 깊이 품고 있는 무언의 희망이 어떤 것인지를 누가 알 수 있겠는가? 우리는 그저, 한 사람 한 사람의 삶을 돌아보며, 헤아려 볼 수 있을 뿐이다. 행복을 추구한다는 것이 얼마나 어려운지, 가족들은 또 얼마나 많은 어려움을 안고 있는지 말이다. 사람들은 다른 무엇보다 자신의 관점에서 미래를 내다본다. 그러나 그들의 눈은 또한 서로를 향해 있다고, 나는 생각한다.

　미합중국을 상징하는 문양 속에 피라미드가 있다. 바로 그 위에 라틴어로 "신은 늘 우리가 감당하고자 하는 과업을 좋아하셨다."라는 글귀가 적혀 있다. 우리가 하는 모든 일을 신께서 다 좋아하시지는 않을 것이다. 오히려 거룩한 신의 뜻을 헤아리는 것이 우리의 의무일 것이다. 그러나 오늘 밤 우리가 이 자리에서 시작하려는 이 과업을 주님이 진정으로 이해하시고 정말로 좋아하실 것으로 믿어 의심치 않는다.

6장

말로 전쟁을 수행하다
: 윈스턴 처칠

나는 피와 수고, 눈물 그리고 땀밖에는 달리 드릴 것이 없다.
우리는 가장 심각한 시련을 앞두고 있다. 우리는 길고 긴 투쟁과 고통의 시간을
앞두고 있다. 여러분은 묻는다, 우리의 정책은 무엇인가? 답하겠다. 육상에서,
바다에서, 하늘에서 전쟁을 수행하는 것이다. 신께서 주신 우리의 모든 힘과 능력을
총동원해, 인류의 어둡고 개탄스러운 범죄 목록 어디를 훑어보더라도 유례가 없는
저 극악무도한 폭군을 상대로 전쟁을 수행하는 것이다. 이것이 우리의 정책이다.

처칠 연설의 연극적 요소

윈스턴 처칠^{Winston Churchill}(1874~1965)은 누구나 알고 있듯이 영국을 대표하는 정치가다.* 무려 62년간 하원 의원을 지냈고 30년 가까이 각료직을 맡았을 만큼 뼛속까지 정치가였다. 아무리 그래도 그의 경력의 정점은 1940년 이후, 즉 제2차 세계대전 때였다. 처칠은 당시 1940년 5월 10일부터 1945년 7월 26일까지 5년 2개월 16일간 영국을 이끈 총리였다는 사실을 다른 무엇보다 자랑스러워했다.

처칠은 모든 출연자가 악당이고 자신만이 그에 대항하는 무대를 꿈꿨다. 그런 점에서 처칠의 시대가 평화의 시기였다면, 혹은 히틀러 같은 맞수가 없었다면 그 개성을 발휘할 기회가 없었을지 모른다. 그 정도로 성격이 강한 정치 지도자가 처칠이었다.

처칠은 노벨상 수상자로도 잘 알려져 있다. 노벨상을 받았는데, 일반적으로 정치가에게 수여되는 평화상이 아니라, 제2차 세계대전 비망록을 쓴 작가로서 문학상을 받았다. 문학가였다는 사실은 정치가로서 그의 재능에도 큰 영향을 미쳤다. 이는 자신이

• 처칠의 연설과 정치 리더십, 남다른 개성이 가진 여러 특징과 관련해서는 다음을 참조했다. 콜린스, 필립, 『블루스퀘어: 세상을 외치다』, 강미경 옮김, 영림카디널, 2022; 박지향, 「'유럽의 영웅' 처칠」, 영국사회학회, 『영국연구』 제14호 (2005); 하프너, 제바스티안, 『처칠, 끝없는 투쟁』, 안인희 옮김, 돌베개, 2019.

직접 작성한 의회 연설문에 잘 나타난다. 그의 연설은 자신을 반대하는 의원들 속에서 빛을 발했다.

처칠은 미리 작성되고 준비되지 않은 연설은 하지 않았다. 한 가지 이유는 말을 더듬는 버릇 때문이었다. 연설문은 미리 썼고, 완벽하게 암기했다. 다른 사람이 전혀 눈치채지 못하도록 사전에 충분히 연습도 했다. 그는 무대에 오르는 배우처럼 연설을 연기해 냈다. 다른 이유는 늘 격론이 벌어지는 의회에서 연설이 얼마나 중요한 정치적 무기가 될 수 있는지를 잘 알고 있었기 때문이다. 연설을 하기 위해 의회 중심에 설 때 그는 늘 지금이 '운명의 시간'이고 '최후의 심판일'이라고 생각했다.[22]

당시 처칠은 연설로 전쟁을 수행했다. 그도 영국도 혼자 싸웠다.* 프랑스는 패배했고, 미국은 참전할 준비가 되어 있지 않으며, 남아 있는 동맹국도 없고 무기도 부족한 상황이었다. 그는 "단결된 조국"을 대신하여 자신의 신념과 용기를 말과 행동으로 보여 줘야 했다. 누군가의 말마따나 의회와 라디오를 통해 처칠은 "자신의 영어를 동원해서 전투에 내보냈다."[23]

2002년, 영국을 대표하는 공영방송 BBC가 100만 명의 영국인을 대상으로 '가장 위대한 영국인'을 꼽는 조사를 한 적이 있었다. 처칠이 셰익스피어나 아이작 뉴턴, 찰스 다윈을 제치고 1위로

• 전시 내각에서 처칠은 내치를 노동당 당수인 애틀리에게 맡기고 자신은 총리직과 함께 국방 장관 및 해군 장관을 맡았다.

꼽혔다. 그의 극적인 정치 연설이 없었다면 이런 일은 일어나지 않았을 것이다.

그의 연설은 영화에서도 자주 인용된다. 게리 올드먼이라는 배우에게 아카데미 남우 주연상을 안긴 2017년 영화 〈가장 암울한 최악의 시절〉The Darkest Hour은 처칠의 연설문에 나오는 표현을 빌렸다. 같은 해 발표된 크리스토퍼 놀런 감독의 영화 〈덩케르크〉 Dunkirk는 신문에 실린 처칠의 연설문을 한 병사가 읽는 것으로 끝난다. 처칠의 연설은 그 자체가 하나의 장르로 남았다.

처칠은 좋은 집안에서 태어났다. 누구보다 교육의 혜택을 많이 받았다. 아버지는 재무 장관을 지낸 유명한 정치가였다. 하지만 권력투쟁에서 밀려 그 이상의 경력을 쌓지 못했다. 처칠은 아버지의 정치적 실패를 반면교사로 삼아, 때로 고집스러운 정견을 고수하기도 하고 때로 정적에게 타협을 요청하면서도, 유머와 기지를 발휘하고자 노력했다. 이를 문학적으로 표현한 것이야말로 처칠이 가진 가장 강력한 매력이었다.

처칠은 군인으로 경력을 시작했다. 아들이 군인이 되는 것이 좋겠다고 생각한 부친의 권유로 3수 끝에 샌드허스트 육군사관학교에 입학했고, 졸업 후 기병 소위로 임관했으며, 종군기자로 보어전쟁에 참전했다. 그러다 포로로 잡혀 수용소 생활을 했다. 수용소에서 탈출한 뒤 로마 가톨릭교회 신부로 변장해 추격의 손길을 벗어난 것으로 유명하다.

하지만 더 중요한 군인 경력은 제1차 세계대전 때다. 이것이 결정적이었다. 당시 처칠은 해군 장관을 맡고 있었다. 하지만 터키에서 작전 실패로 대규모 병사를 잃은 책임을 지고 장관직을 사퇴해야 했다. 이 때문에 그는 깊은 우울증을 앓게 되었다. 원치 않는데도 자주 부딪히고 끈질기게 따라다닌다는 뜻에서 스스로 '블랙 독'black dog이라고 이름 붙인 우울증에서 벗어나기 위해 시골에서 수채화를 그렸다. 그러다가 중령으로 복귀해 다시 제1차 세계 대전에 참전했다.

그때 그는 유머를 활용해 군인들의 사기를 높인 것으로 유명하다. 그는 병사들이 목욕을 할 수 있게 하는 것을 중요하게 생각했는데, 이는 전염병 예방과 피부병 치료를 위해서이기도 했지만 오랜 전쟁에서 피할 수 없는 정신적 고통을 줄여 주기 위해서였다. 처칠이 병사들에게 자주 했던 유명한 말이 있다. 그것은 "겁먹지 말게. 전쟁은 웃으면서 하는 거야."였다. 유머를 통해 처칠은 군인들의 정신적 고통을 진정시킬 수 있었다.

처칠의 정치적 경력도 특별했다. 보수당 의원으로 활동하다가 보수당이 자신과 맞지 않는다는 이유로 자유당으로 당적을 바꿨다. 하지만 결국 보수당으로 돌아갔다. 그 때문에 처칠은 자주 배신자로 낙인찍히곤 했지만, 언제든 그는 자기 생각과 주장대로 행동했다. 많은 이들이 '성급함', '고집스러움', '기발함', '조급함'을 그의 단점으로 꼽았지만, 사실 그런 특징을 빼면 처칠은 처칠이 될 수 없었다.

1930년대 들어서 처칠은 다시 정책적 고집을 부렸다. 당시는 제1차 세계대전의 참상 때문에 전쟁에 대해서는 누구도 생각하고 싶어 하지 않았던 때였다. 하지만 처칠은 독일에 대한 유화정책에 반대하며 군비 확장과 전쟁 준비를 끊임없이 요구했다. 역설적이게도 바로 그 고집 때문에, 제2차 세계대전이 시작되자 전시 내각을 이끄는 일이 그에게 맡겨졌다.

그 결과 처칠이 제2차 세계대전에서 영국을 승리로 이끌었는지는 몰라도 정치에서는 승리하지 못했다. 종전 직후 치러진 총선에서 보수당은 패배했다. 그 때문에 총리 자격을 잃고 포츠담회담 도중에 귀국해야 했다. 전쟁이 끝나자 사람들은 다시 안정된 삶과 복지를 원했다. 타협 없는 정치 지도자로서 처칠의 역할은 전쟁이 끝나자 빛을 잃었다.

확실히 그는 전시 내각처럼 극적인 상황에 맞는 지도자였다. 우리 삶도 때로 전쟁 같은 상황, 아니 그보다 더한 지옥처럼 힘든 상황에 직면할 때가 많다. 정치도 마찬가지다. 따라서 극적인 변화를 주도하는 강력한 지도자에 대한 기대는 정치의 한 측면임이 틀림없다. 그렇지만 아무리 그래도 전쟁보다 평화, 위기보다는 안전에 대한 '인간의 실존적 희구'를 넘어설 수는 없는 듯하다.

처칠은 그의 경력이 말해 주듯, 극적인 요소를 즐기는 '작가 같은 정치가'였다. 그는 늘 자신이 연극 무대에 올라 있는 것 같다고 느끼며 살았다. 그 긴장을 즐겼고 그래서 유쾌해질 수 있었다. 그에게는 정치도 전쟁도 드라마여야 했다. 그것이 그의 장점이자 또 한계였다. 그런 점에서 처칠은 '위인'보다는 '거인'이라는 표현이 어울리는 정치가다. 170센티미터가 안 되는 키였지만 사람들은 실물보다 몇 배나 큰, 영국 의사당 안의 그의 동상처럼 그를 매우 큰 사람으로 기억한다.[24]

1955년에 정계에서 은퇴한 뒤 처칠은 1965년 1월 24일, 90세로 세상을 떠났다. 그가 죽었을 때 축구 경기는 연기되었고, 계획된 파업들도 취소되었다. 국왕은 결코 신하의 장례식에 참석하지 않는다는 불문율을 깨고, 처칠의 장례식에 엘리자베스 2세가 참석했다.[25] 참으로 파란만장한 삶을 산 정치인이 아닐 수 없다.

우리가 살펴볼 연설은 제2차 세계대전 당시 전시 내각을 이끌던 당시의 연설이다. 영국 시민 모두 공포에 떨고 있었지만, 그의 연설에서 두려움이라고는 찾아볼 수 없었다. 많은 이들이 그 점을 높이 평가한다. 시간 순서대로 연설의 흐름을 집약해서 살펴보면, 그의 정치적 의지가 전쟁에도 불구하고 조금도 손상되지 않고 있음을 알 수 있다. 당시 영국의 동료 정치인들과 시민들이 이 연설을 어떤 마음으로 경청했을지도 상상해 볼 수 있다.

피와 수고, 눈물, 그리고 땀
— 전시 내각 총리 취임 연설(1940년 5월 13일) —

지난 금요일 저녁, 나는 국왕 폐하로부터 임무를 부여받았다. 새로운 행정부를 구성하라는 것이었다. 새 행정부는 가능한

한 가장 광범한 기반 위에 세워져야 하며, 이를 위해 모든 정당을 포괄해야 한다는 것이야말로, 의회는 물론 국민nation의 분명한 의지였다.

나는 이미 이 임무의 가장 중요한 부분을 마쳤다. 전시 내각은 다섯 명으로 구성된다. 이들은 노동당과 자유당을 포함한 야당과 함께 국민의 단결을 대표한다.

사태의 심각성과 긴급성 때문에 조각을 하루 만에 완료하지 않을 수 없었다. 다른 요직은 어제 인선했다. 오늘 나는 추가 명단을 국왕에게 제출할 것이다. 내일 안으로 주요 장관의 임명을 끝낼 예정이다. 그 밖의 다른 장관들의 임명은 시간이 조금 더 걸릴 것이다. 의회가 다시 개회할 때는 모든 면에서 내각 구성이 완료될 것이라고 믿는다.

......

지금 우리는 역사상 최대의 결전에 돌입하게 될 그 입구에 와있다. ...... 정부에 참여하게 된 각료들에게 이야기했던 것을 의원 여러분께도 다시 말씀드리겠다. 나는 피와 수고, 눈물 그리고 땀밖에는 달리 드릴 것이 없다.I have nothing to offer but blood, toil, tears, and sweat. 우리는 가장 심각한 시련을 앞두고 있다. 우리는 길고 긴 투쟁과 고통의 시간을 앞두고 있다. 여러분은 묻는다, 우리의 정책은 무엇인가? 답하겠다. 육상에서, 바다에서, 하늘에서 전쟁을 수행하는 것이다. 신께서 주신 우리의 모든 힘과 능력을 총동원해, 인류의 어둡고 개탄스러운 범죄 목록 어디를 훑어보더라도 유례가 없는 저 극악무도한 폭군을 상대로 전쟁을 수행하는 것이다. 이것이 우리의 정책이다.

여러분은 질문할 것이다. 우리의 목표는 무엇인가? 나는 한마디로 답할 수 있다. 그것은 승리다. 승리, 어떤 대가를 치르더라도 어떤 폭력을 무릅쓰고라도 승리다. 거기에 이르는 길이 아무리 길고 힘들어도 승리다. 승리 없이는 생존도 없기 때문이다.

승리를 이뤄 내자. 승리 없이는 대영제국의 생존도, 대영제국이 대표해 온 모든 것들의 생존도, 인류가 자신의 목표를 향하여 전진하도록 만드는 모든 세대의 충동과 활력도 살아남을 수 없다. 나는 자신감과 희망을 안고서 나의 임무를 받아들이는 바이다. 확신컨대, 우리의 대의가 고통스러운 실패로 귀결되는 일은 결코 없을 것이다.

이 순간, 이 시점에서 나는 여러분의 도움을 요구할 자격이 있다고 생각하기에, 다음과 같이 호소한다. "자, 이제, 우리의 단결된 힘으로 함께 나아가자."

우리는 싸울 것이다

— 의회 연설(1940년 6월 4일) —

이 연설이 있은 지 얼마 후인 1940년 6월 4일 처칠 총리는 영국 의회에서 다시 연설했다. 당시는 벨기에가 항복하고 프랑스의 방어선이 무너지고 있을 때였다. 처칠은 붕괴 직전인 우방 프랑스의 군사 상황을 매우 자세히 전하면서, 영국만은 끝까지 싸울 것이라고 선언했다. 이 연설 가운데 가장 유명한 대목만 보자. 특히 끝까지 싸우겠다는 결의를 담아 " 우리는 싸울 것이다. "we shall fight. 라는 문장을 반복하고 그 장소를 하나하나 나열하는데, 프랑스에서, 바다에서, 대양에서, 하늘에서, 해변에서, 착륙장에서, 들판에서, 거리에서, 언덕에서, 안 되면 영국 섬 너머의 함대와 대영제국의 모든 곳에서 끝까지 항전하겠다는 대목은 가장 유명하다. 단문을 반복함으로써 감정의 점증을 이끌고 동시에 의지의 단단함을 표현하고 있기 때문이다.

공통의 대의와 서로에 대한 필요로 연결되어 있는 대영제국과 프랑스공화국은 죽음을 불사해서라도 자신들의 고향 땅을 지켜 낼 것이다. 좋은 동지처럼 서로를 최대한으로 도울 것이다.

　유럽의 많은 지역과 오랜 역사를 가진 국가들이 게슈타포의 손아귀와 가증스러운 나치의 강권 기구 손에 무너지고 넘어가더라도 우리는 포기하지도 좌절하지도 않을 것이다.we shall not flag or fail.

　우린 끝까지 갈 것이다. 우리는 싸울 것이다. 프랑스에서 싸울 것이고, 바다와 대양에서 싸울 것이고, 하늘에서 싸울 것이다. 위축되지 않는 자신감과 더 커진 화력으로 우리는 싸울 것이다. 어떤 대가를 치르더라도 우리는 우리의 섬을 지켜 낼 것이다.

우리는 싸울 것이다. 해변에서 싸울 것이고, 착륙하는 곳에서도 싸울 것이고, 들판에서도 거리에서도 싸울 것이다. 언덕에서도 우리는 싸울 것이다. 우리는 결코 항복하지 않을 것이다. 그런 일이 일어날 것이라고 믿어 본 적은 없지만, 만일 이 섬 혹은 이 섬 대부분이 강점당하고 굶주림에 직면한다면, 그때 우리의 대영제국은 바다 너머에서 영국 함대의 보호를 받으며 무장투쟁을 계속 수행할 것이다. 신께서 예비해 두고 계신 좋은 시절에 이르러 새로운 세계가 오래된 세계를 구출하고 해방할 때까지 우리의 온 힘을 다해 투쟁을 계속할 것이다.

최고의 시절

— 의회 연설(1940년 6월 18일) —

며칠 뒤인 1940년 6월 18일 처칠은 다시 의회에 나섰다. 독일 기갑군단의 전격전 전술로 프랑스 전선의 붕괴가 확실해지고 영국이 홀로 독일과 맞서야 하는 상황이었다. 이 상황에서 그는 "과거와 현재가 싸우도록 내버려 두면, 미래를 잃게 될 것이다."라며 항전의 의지를 재차 다짐했다. 끝으로 영국이 미래의 역사를 갖게 된다면(독일에 의해 영국이 패망하지 않는다면), 지금의 이 최악의 위기는 거꾸로 '최고의 시절'the finest hour로 기억될 것이라며, 낙관적 의지를 잃지 않게 했다. 이 모든 것을 수사학적 표현의 힘을 활용해 이뤄 냈다.

위건드 장군이 프랑스의 전투라고 불렀던 전쟁이 끝이 났다. 이제 영국의 전투가 시작될 것이다. 이 전투에 기독교 문명의 생존이 달려 있다. 이 전투에 우리 영국인의 생명은 물론 우리의 체제와 우리 제국의 지속 여부가 걸려 있다. 적의 모든 분노와 무력이 곧 우리에게 쏟아질 것이다. 히틀러는 이 섬에서 우리를 파멸시키지 못하면 이 전쟁에서 자신이 패배하리라는 것을 잘 알고 있다. 우리가 그에 맞서 물러서지 않는다면 유럽 전체는 자유를 찾게 될 것이다. 이 세상에서의 삶은 밝은 햇살이 비치는 저 높고 넓은 곳을 향해 전진할 것이다.

그러나 만약 우리가 패배한다면 미국을 포함한 전 세계는, 그간 우리가 애정을 쏟아부은 모든 가치 있는 것들과 함께, [중세의 암흑시대에 비유해] 새로운 암흑시대의 심연 속으로 가라앉을 것이다. 이 암흑시대는 악용된 과학의 힘 때문에 더 기이하고 더 오래갈지도 모른다. 그러므로 우리는 우리에게 부여된 의무를 부여잡고, 우리 스스로 버텨 내기로 하자. 그러면 내 영제국과 영연방이 1000년 동안 계속되는 어느 때쯤, 사람들이 "지금 이때가 대영제국과 영연방의 최고의 시절이었군."이라고 말할 때가 올 것이다.

그토록 적은 사람들에게

— 의회 연설(1940년 8월 20일) —

1940년 8월 20일 처칠 총리는 다시 하원에서 연설했다. 그때는 영국 공군이 독일 공군에 맞서 도버해협과 영국 상공에서 공중전을 벌이던 때였다.

우리의 섬과 우리의 제국, 그리고 전 세계 모든 가정은 영국의 공군에 감사를 보낸다. 그들은 불리한 조건에서도 굴하지 않고, 지속적인 도전과 생명의 위협에도 지치지 않고, 그들의 무용과 헌신으로써 이 세계대전의 흐름을 바꾸고 있다. 인류가 겪은 분쟁 중에서 그토록 많은 이들이, 그토록 많은 빚을, 그토록 적은 사람들에게 진 적은 일찍이 없었다.

여유와 유머, 웃음을 잃지 않았던 정치가

처칠은 독일에 의해 영국의 운명이 암흑 속으로 떨어진 그 순간에도 수사학의 가르침에 충실한 연설을 하고자 노력했다. 공포심이나 절박함, 조바심이 느껴지는 연설 따위는 그에게 있을 수 없었다. 전쟁보다 정치의 힘이 더 크고 위대할 수 있음을 그는 잘 알고 있었다.

그의 연설에는 언제나처럼 문학적인 표현과 연극적 요소가 두드러졌다. 마치 이 모든 상황이 진짜 현실이 아니라 영화 속 혹은 상상 속에서 벌어지는 일인 것처럼, 곧 올 반전을 기대하도록 만들었다. 우리가 결국에 가서 승리를 거머쥔다면, 그 뒤 오늘의 고난은 어떻게 기억될까를 상상해 보게 한다. 시간이 지나 돌아보면 알겠지만 지금이 좋았던 때라고 기억되는 순간이 올 것이다, 그러니 좌절할 것도 없고 도망치고 싶어질 일도 아니다, 그렇기에 "겁먹을 필요 없어. 전쟁도 정치도 웃으면서 하는 거야."라는 그의 말은 결코 빈말 같지 않다.

전쟁 중에도 처칠은 낮잠을 즐겼다. "내게 정오의 낮잠은 균형감과 에너지의 원천"이자 오히려 "낮잠을 자지 않는 사람이 뭔가 부자연스러운 삶을 살고 있는 것"이라고 응수하기도 했다. 생각해 보면 참으로 특별한 면모를 가진 정치 지도자가 아닐 수 없다. '정치가라는 직업은 암도 피해 갈 정도로 의지가 강한 사람들이 맡는 일'이라는 우스갯소리가 있는데, 처칠이야말로 그런 정치가였다. 처칠은 시가와 위스키를 달고 살았는데도 90년을 살았다.

우리 정치인들도 여유와 유머, 웃음을 잃지 않았으면 좋겠다. 전쟁 통에도 그래야 하는 게 정치가 아닌가 한다. 그래야 정치를 통해 시민들도 밝은 미래를 기대할 수 있지 않겠는가.

7장

꺾이지 않는 의지와
저항의 메시지
: 샤를 드골

프랑스는 전투에서 졌다. 그러나 전쟁에서는 지지 않았다. 이 전쟁은 세계의
전쟁이기 때문이다. 자유세계가 적들을 분쇄할 승리의 순간을 프랑스는 함께
나눠야 한다. 그렇게 해야만 프랑스는 사유와 영광을 되찾을 수 있을 것이다.
절체절명의 위기에 빠진 조국을 구하기 위해 모두 함께 싸우자! 프랑스 만세!

우리는 항복하지 않았다

샤를 드골Charles De Gaulle(1890~1970)은 프랑스의 '전쟁 영웅'
이다. 정규 엘리트 코스를 밟은 장군이었지만 정규군을 지휘해 전
쟁을 승리로 이끈 전쟁 영웅은 아니었다. 그보다는 레지스탕스 운
동을 주도한 영웅이었다는 점에서 특별하다. 1940년 프랑스 레노
총리 아래에서 국방부 육군 담당 차관이었지만, 독일과의 휴전을
모색하고 있던 페탱 원수가 레노를 축출하고 독일에 항복하자 런
던으로 망명해 자유프랑스민족회의를 결성했다. 프랑스어 라디오
방송을 통해 레지스탕스 운동을 독려하고 대독 항쟁을 이끌었다.*

드골은 프랑스 제4공화정의 오랜 정치적 혼란을 개선하는 데
기여한 정치가다. 제2차 세계대전 이후에도 프랑스 정치는 분열
과 반목을 반복했다. 1958년 알제리 전쟁과 함께 프랑스 제4공화
정이 붕괴 위기에 직면했을 때, 드골은 6개월간 전권을 위임받은
총리가 되었다. 드골은 식민지의 독립 여부를 스스로 선택하게 하
는 것과 대통령 직선제를 담은 신헌법을 제안했다. 신헌법은 큰
갈등 없이 받아들여졌는데, 이로써 프랑스는 긴 정치적 혼란에서

---

* 샤를 드골의 정치적 경력에 대해서는 그의 회고록인 『드골, 희망의 기억』(드
골, 샤를, 심상필 옮김, 은행나무, 2013)을 참조할 수 있다. 우리가 주목하는,
제2차 세계대전 시기에 드골이 전쟁을 어떻게 생각했는지에 대해서는 이 책의
1부에서 볼 수 있다.

벗어나게 되었다.

신헌법하에서 드골은 1958년부터 1969년까지 직선 대통령을 역임했다. 집권 기간 동안 드골은 독일과의 관계 개선을 통해 유럽 안에서 미국과 영국의 영향력을 제어하고, 이로써 프랑스의 외교적 자주성을 높이는 데 큰 역할을 했다. 제2차 세계대전 이후의 프랑스는 드골을 빼고는 설명할 수 없다고 할 만큼, 그의 정치적·군사적 유산은 여전히 강력하다.

드골은 프랑스 상류층 출신으로 잘 교육받은 엘리트였다. 역사가와 작가를 배출한 집안의 전통과 분위기 때문에 철학과 문학, 역사학을 공부했지만, 그의 관심은 군사학 쪽이었다. 사관학교를 졸업하고 제1차 세계대전에 중위로 참전했을 당시 세 번의 부상과 2년 3개월의 포로 생활, 그리고 다섯 번에 걸친 탈출 시도가 말해 주듯, 그는 군인 정신으로 충만한 사람이었다.

제2차 세계대전 시기 그의 경력은 군의 최고 지휘관 반열에 올라 있었지만, 프랑스의 운명은 그 반대로 내리막길을 걷고 있었다. 1940년 6월 18일 영국 런던 BBC 스튜디오에서, 독일 치하의 조국을 탈출한 프랑스군 육군 소장 샤를 드골이 마이크를 잡았다. 나치 독일과 협력적인 비시 정부의 수반 필리프 페탱이 독일과의 휴전을 프랑스 국민에게 설득한 지 하루 만이었다.

이렇게[프랑스 군대가 패퇴했다고] 말하는 것으로 끝이 날 수 있는가? 희망은 사라져야만 할까? 최종적으로 패배한 것일까?

아니다! 내 말을 믿으시라. 전후 사정을 잘 알고 이야기하는 나를 믿으시라! 여러분께 프랑스는 아무것도 잃지 않았다고 말하는 나를 믿으시라! 우리를 후퇴하게 만든 것과 똑같은 그 수단들과 전략이 언젠가 우리에게도 승리의 날을 가져오게 할 수 있다. …… 이 전쟁은 프랑스의 전투로 끝나는 것이 아니다. 이 전쟁은 전 세계의 전쟁이다. …… 무슨 일이 있더라도 프랑스에서 레지스탕스의 불꽃은 꺼져서는 안 되며, 꺼지지도 않을 것이다.

하지만 제1차 세계대전의 영웅으로 그 이전까지 프랑스인의 큰 존경을 받던 페탱은 다르게 말했다.

나는 쥐어뜯는 듯한 답답한 심정으로 이 전쟁을 멈춰야 한다는 것을 여러분에게 호소한다.

7월 10일, 프랑스 의회는 페탱 원수에게 모든 권력을 넘기는 헌법 개정안에 대한 표결을 472 대 80(기권 17)으로 통과시켰다. 훗날 '독일의 괴뢰정권'이라는 평을 받은 비시 정권이 출범한 것이다. 미국과 소련마저 비시 정권을 프랑스의 합법 정부로 여겼다. 드골을 '유력 망명객'으로 인정한 것은 오로지 영국뿐이었다. 런던의 프랑스 대사관은 드골에게 군사재판에 출두하라는 소환장을 보냈다. 비시 정부는 궐석재판에서 드골에게 사형 선고를 내렸다. 혐의는 '국가에 대한 반역'이었다.

드골의 메시지는 그날 밤 10시에 다시 전파를 탔다.

프랑스는 전투에서 졌다. 그러나 전쟁에서는 지지 않았다. 이 전쟁은 세계의 전쟁이기 때문이다. 자유세계가 적들을 분쇄할 승리의 순간을 프랑스는 함께 나눠야 한다. 그렇게 해야만 프랑스는 자유와 영광을 되찾을 수 있을 것이다. 절체절명의 위기에 빠진 조국을 구하기 위해 모두 함께 싸우자! 프랑스 만세!

불어로 저항을 의미하는 레지스탕스는 드골의 연설에서 유래했다. 지식인들은 『레지스탕스』라는 이름의 지하신문을 발행했고 노동자들은 사보타주를 했다. 석탄과 물을 일부러 적게 적재해 기관차의 운행을 늦추거나 중간에서 멈추게 했다. 정보 수집과 기습 공격을 돕기도 했다. 당시 국내에서 조직된 레지스탕스는 1944년 봄에 12만 명, 그해 말에는 40만 명 수준으로 불어났다. 종전 무렵 자유프랑스군은 120만 명으로 연합국 5위의 병력을 거느렸다. 이 때문에 프랑스는 전승국의 일원으로 대우받았다.

이 사실이 중요하다. 만약 드골의 저항이 없었다면 어떻게 되었을까? 제2차 세계대전 이후 이른바 '전후 처리' 과정에서 프랑스는 독일에 협력한 국가가 되어 연합국의 처분에 따라야 했을 것이다. 국가의 미래를 위해 눈앞의 안위와 타협하지 않은 드골의 연설은, 프랑스의 역사에서 위대한 전환점이 되었다.

레지스탕스의 불꽃은 꺼지지 않을 것

— 망명지 런던 BBC에서 타전한 대독 항쟁 촉구 연설(1940년 6월 18일) —

오랫동안 프랑스 군대를 이끌던 지도자들이 어떤 정부를 하나 세웠다. 우리 군대가 패배해 왔다고 주장하는 이 정부는 전투를 중지하기 위해 적과 결탁했다. 물론 우리는 적의 기갑부대와 육군, 공군에게 제압당했다.

분명 우리를 후퇴하게 만든 것은 독일군의 수가 아니라 그들의 탱크, 비행기, 전술이었다. 오늘날 우리 지도자들을 충격에 빠뜨려 이 지경에 이르게 한 것도 바로 독일군의 탱크, 비행기, 전술이었다.

그러나 이것이 끝을 의미하는 것일까? 희망은 사라져야만 할까? 최종적으로 우리는 패배한 것일까? 그렇지 않다!

내 말을 믿으시라. 전후 사정을 잘 알고 이야기하는 나를 믿으시라! 여러분께 프랑스는 아무것도 잃지 않았다고 말하는 나를 믿으시라! 우리를 후퇴하게 만든 것과 똑같은 그 수단들과 전략이 언젠가 우리에게도 승리의 날을 가져오게 할 수 있다.

왜냐하면 프랑스는 혼자가 아니기 때문이다! 프랑스는 혼자가 아니다! 프랑스의 배후에는 광대한 제국이 있다. 프랑스는, 바다를 장악한 채 싸움을 계속하고 있는 대영제국과 단결할 수 있다. 영국과 마찬가지로 프랑스는 미국이 가진 거대한 산업 생산능력을 제한 없이 활용할 수 있다.

이 전쟁은 불운에 처한 우리나라의 영토에 한정되어 있지 않다. 이 전쟁은 프랑스의 전투로 끝나는 것이 아니다. 이 전쟁은 전 세계의 전쟁이다. 모든 실책과 지체, 고통에도 불구하고, 언젠가 우리의 적을 무찌르는 데 필요할 모든 수단이 세계의 도처에 있다. 오늘 우리는 기갑부대에 제압당했지만, 미래에는 그보다 뛰어난 기갑부대로 그들을 제압할 수 있을 것이다.

세계의 운명이 바로 여기에 달렸다. 현재 런던에 있는 나, 장군 드골은 촉구한다. 무기를 가지고 있든 아니든 현재 영국 영토 안에 있거나 앞으로 이곳으로 올 프랑스 장교들과 사병들은 나에게 선을 넣어라. 현재 영국 영토 안에 있거나 앞으로 이곳으로 올 군수산업 기술자들과 전문 노동자들에게 촉구한다. 나에게 선을 넣어라.

무슨 일이 있더라도 프랑스에서 레지스탕스의 불꽃은 꺼져서는 안 되며, 꺼지지도 않을 것이다.

처칠과 마찬가지로 드골 역시 전쟁에 대한 기록과 자서전을 남긴 작가였지만, 드골의 연설이 처칠만큼 수사학적으로 대단한 것은 아닐지 모른다. 그의 연설은 짧았다. 그는 꼭 해야 할 메시지만을 담았다. 꺾이지 않는 의지를 드러내는 것이 중요했기에, 감정을 자극할 만한 표현법이나 화려한 기교가 있었던 것도 아니다. 하지만 프랑스의 항복을 받아들일 수 없었던 사람들에게 그런 형식의 연설은 꼭 필요한 일이었다. 그의 라디오 연설을 직접 들은 사람은 많지 않았다. 하지만 그의 연설 내용은 그때마다 유 인물로 인쇄되어 프랑스 각지에 배포되었다. 그는 수사학적 연설 을 하는 사람이 아니라, 자신의 확고한 자세를 보여 주는 데 집중 한 인물이었다. 연설만이 아니라 정치도 외교도 그렇게 했다.

처칠과 루스벨트 같은 영국과 미국의 지도자들은 드골을 지나 치게 고집스럽다고 불평했다. 루스벨트는 드골을 가리켜 "자신이 메시아인 줄 착각"한다고 야유했고, 영국 외교가에서는 드골이 아 닌 다른 프랑스 지도자를 세워야 한다는 의견도 있었다. 하지만 그 의 고집스러움은 프랑스의 국가와 프랑스의 민주주의를 지켰다.

1940년 6월의 대독 항쟁 촉구 연설이 있은 지 30년 5개월 만 에, 그리고 대통령에서 물러난 지 1년 만에 드골은 세상을 떠났다. 장례식은 소박했다. 유해는 1948년 스무 살의 나이로 폐결핵에 걸 려 죽은 둘째 딸의 무덤 곁에 묻혔다. 그의 파란만장한 생애와는 달리 그의 묘비에는 "샤를 드골(1890~1970)"만 적혀 있다. 이 모 든 것은 그의 유언에 따른 것이었다.

당시 『뉴욕 타임스』는 부고 기사에서 드골을 "군주처럼 군림 했으나, 미련 없이 두 번이나 스스로 물러난 민주주의자"로 평가 하면서, "하나의 전설이었으며 그의 이름은 곧 예언"이었다는 장 문의 헌사를 실었다. 주요 내용은 이랬다.[26]

드골은 프랑스의 어느 왕, 심지어 루이 14세보다도 더 위엄이 있었으며, 프랑스 국민은 물론 동맹국의 관점에서 볼 때는 그처럼 다루기 힘든 지도자도 없었다. ……

윈스턴 처칠이 그 유명한 격언에서 드골을 가리켜 "그가 짊어져야 했던 가장 무거운 십자가는 로레인 십자가[자유 프랑스의 상징 문양]였다."고 토로했고, 1944년 2월 하원에서는 또 이렇게 말했다. "나는 그를 잊지도, 잊을 수도 없다. 그는 우리의 공동의 적과 맞선 최초의 저명한 프랑스인이었다. 당시 그의 나라는 파멸했고 어쩌면 우리도 그렇게 될지 모를 때였다."

그는 금욕적이고 고집이 세며 용감하면서도 융통성이 없는 인간으로서 살다가 죽었다. 그가 남긴 가장 유명한 말 가운데 하나는 "나는 가진 것이 없어서 굴복할 수 없었다."였다. 그가 기억될 것은 그의 이름이 연상시키는 '엄청난 업적' 때문이겠지만, 세상 사람들을 때때로 화나게 만드는 동시에 언제나 호기심을 불러일으켰던 그의 비범한 인격과 개성 때문이기도 할 것이다.

8장

자유의 개념에
사회적 내용을 담다
: 프랭클린 루스벨트

우리가 두려워해야 할 유일한 것은 두려움 그 자체뿐이다. 두려움, 그 이름도 없고 터무니도 없고 정당성도 없는 공포는 후퇴에서 전진으로 나아가는 데 필요한 노력을 마비시킨다. 우리의 국민 생활에 어두움이 드리울 때마다 정직하면서도 용기 있는 리더십은 승리에 필수적인 시민들의 이해와 지지를 만났다. 나는 시민 여러분께서 지금처럼 중대한 시기에 다시 한번 그런 지지를 보내 주리라 확신한다.

원칙과 여론 사이에서

프랭클린 델러노 루스벨트$^{\text{Franklin Delano Roosevelt}}$(1882~1945)
는 미국의 제32대 대통령으로서 최장 기간(1933~45년) 재임한 대
통령이다. 뉴욕의 상류층 자제로 태어났고, 최고의 엘리트 교육을
받았다. 하버드 대학에서 법학을 공부했고, 뉴욕주 상원 의원과
뉴욕 주지사를 거쳐 대통령직에 올랐다. 대통령직을 네 번 하는
동안 대공황과 세계대전이 있었고, 종전 몇 달을 앞두고 사망했
다. 재임 중 총 945회의 기자회견을 한 것으로 유명하다.

루스벨트는 '미국을 닮은' 정치 지도자였다. 처칠의 영국이나
드골의 프랑스처럼 귀족적 전통이 강한 나라와는 달리, 미국은 역
시 대중 정치의 나라다. 그러나 오해하지 말아야 한다. 미국의 정
치 환경이나 교육 환경이 영국이나 프랑스와 달랐다 해도, 프랭클
린 루스벨트 역시 자신의 의지대로 변화를 주도하는 지도자 유형
에 가깝다. 여론을 추종하기보다는 여론을 만드는 지도자였다.

정치학자들은 루스벨트가 보여 준 정치 스타일을 가리켜 '원
칙 중심의 리더십'이라고 정의한다.[27] 자신이 정한 국가 목표와
비전이 있고, 그것에 맞게 대중과 여론을 만들어 가는, 상황 주도
형 리더십이라는 뜻이다. 처칠이나 드골 못지않게 루스벨트 역시
세상을 자신이 이끌어야 한다고 생각한 정치가였다.

영국의 처칠, 프랑스의 드골, 미국의 루스벨트는 같은 시대를
이끈 지도자였다. 이 세 사람은 한결같이 개성이 강한 정치가들이

었는데, 이들이 보여 준 지도자로서의 면모를 통해서도 많은 이야기를 할 수 있다는 사실은 흥미롭다.

흔히 루스벨트는 '역경이 키운 지도자'로 묘사되곤 한다. 1921년 39세의 나이에 갑자기 찾아온 소아마비는, 부인인 엘리너가 '참혹한 시련'이라고 불렀을 만큼, 루스벨트 개인의 삶은 물론 정치 인생 또한 크게 바꿔 놓았다. 확실히 그는 달라졌다. 당시 노동부 장관 프랜시스 퍼킨스는 "그는 따뜻하고 다정다감한 사람으로 변했으며, 영혼에 대한 새로운 겸손함과 깊은 철학적 사고를 갖게 되었다."라고 평가했다.[28]

루스벨트는 사람들이 자신의 질병 때문에 불편해한다는 사실을 깨달았다. 그래서 그는 '평온을 가장하기로' 마음먹었다. 이를 위해 '완벽한 연기'를 하려 했다. 게리 윌스는 그를 가리켜 '20세기 최고의 배우'라고 평했다.[29] 소아마비를 겪은 이후에도 대중 활동을 멈추지 않았고, 보행 보조 기구에 의지해 걷는 동안 기분 좋은 미소를 잃지 않았다. 사람들의 시선이 자신의 상체와 얼굴을 향하게 하고자 선택된 것들도 많다. 파이프 담배, 해군 망토, 구깃구깃한 모자, 높은 코가 강조되도록 턱을 내민 자세 등 그를 대표하는 인상은 모두 의도된 것이었다.

루스벨트의 전기를 쓴 작가들은 루스벨트에게 소아마비는 사람들이 자신을 어떻게 생각하는지를 알게 해준 계기가 되었으며, "자신에 대한 사람들의 생각을 조정할 수 있는 능력"을 기르게 했다고 평가한다. 한마디로 '놀라운 기만'이었다는 것이다. 뉴스타트는 자신의 의견을 대중에게 강제하고, 대중을 압도하는 통치 개념을 구현한 완벽한 지도력이라고 표현했다.[30]

그는 일관된 지도자가 아니었다. 정책이 바뀔 때가 많았는데, 그럴 때마다 주저 없이 바꿨다. 이전 정책을 버리는 것에 미련 같은 것은 두지 않았다. 상황이 바뀌면 결정도 바뀌야 한다는 것이 그의 생각이었다. 그는 자신의 의지대로 변화를 이끌어야 하는 것을 지도자의 역할이라고 보았다.

1930년대 대공황은 정치적으로 큰 난제를 안겼다. 고삐 풀린 자유방임주의, 전체주의적 독재와 계획경제 그 사이에서 길을 낸다는 것은 쉬운 결정이 아니었다. 그린스타인이 "만약 루스벨트가 아니었다면 미국은 전체주의 국가의 대열로 밀려들어 갔을 것"이라고 말했을 정도다.[31] 자유방임적 경제를 수정해야 했지만, 미국의 정치 전통은 정부의 적극적 역할을 기피하는 경향이 컸다. 유럽처럼 사회주의나 노동자 정치 운동의 영향이 큰 것도 아니다.

이런 상황에서, 직업과 소득을 잃은 노동자를 공공 정책의 중심 과제로 포괄하려는 결정은 쉬운 일이 아니었다. 하지만 루스벨트는 필요하다면 결정할 수 있다고 생각했고, 결정이 옳다면 정치 환경이나 여론 환경은 만들 수 있다고 자신했다. 그는 결정했고 그 결정에 따라 여론과 정치를 바꿨다.

당시 언론의 80퍼센트 이상이 루스벨트의 정책에 반대했다. 그런데 루스벨트는 일주일에 두 번씩 기자들의 질문을 받겠다고 약속했다. 미리 질문지를 제출하지 않는 방식으로 진행하겠다고도 말했다. 그는 "매번 안타를 치려고 기대하는 게 아니라 중요한 것은 가능한 한 높은 타율"이면 된다고 보았다. 결과적으로 집권 기간을 통틀어 루스벨트는 일주일에 한 번 이상 기자들 앞에 섰다. 그래서 여론에 휘둘린 것이 아니라, 신문마다 자신에 대한 기사로 가득하게 만들었다.[32]

저녁 시간에는 노변정담 형식의 라디오방송을 했다. 첫 방송은 '은행권의 위기'에 대한 설명이었다. "태평양전쟁의 전개 과정"에 대한 방송 때는 청취자들에게 미리 지도를 준비해 자기 이야기를 따라와 달라고 부탁했다. 그 때문에 미국 전역에서 1년에 판매될 지도보다 더 많은 양이 단 며칠 만에 동이 나기도 했다.[33]

제42대 미국 대통령을 지냈던 빌 클린턴은 이렇게 회고했다. "1960년대 처음 선거운동을 할 때 나는 방문했던 많은 집의 벽과 벽난로 위에 프랭클린 루스벨트의 초상화가 걸려 있는 것을 보았다. 평범한 미국인들에게 루스벨트는 늘 위대한 대통령 그 이상이었다. 그는 가족의 일원이었다."[34]라고 말이다. 그는 늘 자기 주도적이었지만, 대중의 지지와 신뢰를 얻었다. 정치 지도자가 꼭 필요한 의지를 세우고, 그 의지에 맞게 말하고 행동하는 것이 얼마나 큰 영향을 미치는지를 잘 보여 주는 사례가 아닐 수 없다.

본격적으로 루스벨트의 연설을 살펴보기로 하자. 그는 네 번 대통령 취임식을 했는데, 그 가운데 첫 번째 취임 연설이 최고로 꼽힌다. 당시 미국의 대공황은 4년째에 접어들고 있었다. 실업자가 수백만 명에 달했고 미국의 은행 2만 4000곳 가운데 절반 가까이가 파산했다. 이런 상황에서 루스벨트의 당선은 미국 정치사에서 결정적인 전환을 가져왔다.

히틀러와 비슷한 시기에 집권하고 비슷한 시기에 사망한 루스벨트는 취임 연설에서 대공황에 신음하는 시민들을 위로하고, 두려워할 것은 두려움 자체뿐이라는 명연설을 했다. 실제로 그는 과거 남부의 노예주를 대표하던 민주당을 진보적인 정당으로 변화시킨 지도자이기도 했다. 정부의 책임과 역할을 약속했고 행정부 수반으로서 대통령이 가진 집행권을 적극적으로 사용하겠다고 선언했다. 그런 점에서 미국의 전통인 '작은 정부론'에서 벗어나 경제에 개입하는 정부의 역할을 옹호한 최초의 연설이라고 해도 과언이 아니다.

두려워할 것은 두려움 그 자체뿐

— 대통령 취임 연설(1933년 3월 4일) —

확신컨대, 나의 동료 미국인 여러분께서는 내 취임 연설이, 현재 우리나라가 처한 상황이 요구하고 있는 바대로, 솔직하고도 결연한 의지로 시작될 것으로 기대하고 있을 것이다. 지금은 진실을, 온전한 진실만을 솔직하고 용기 있게 말해야 하는 중대한 시기이기 때문이다. 오늘날 우리 국가가 처한 상태를 가감 없이 대면한다고 해서 움츠러들 필요는 없다. 이 위대한 국가는 예전에도 그러했듯 반드시 이겨낼 것이다. 우리는 다시 일어설 것이고 다시 번영할 것이다.

우선 나의 확고한 믿음부터 말씀드리겠다. 우리가 두려워해야 할 유일한 것은 두려움 그 자체뿐이다. 두려움, 그 이름도 없고 터무니도 없고 정당성도 없는 공포nameless, unreasoning, unjustified terror는 후퇴에서 전진으로 나아가는 데 필요한 노력을 마비시킨다. 우리의 국민 생활our national life에 어두움이 드리울 때마다 정직하면서도 용기 있는 리더십은 승리에 필수적인 시민들의 이해와 지지를 만났다. 나는 시민 여러분께서 지금처럼 중대한 시기에 다시 한번 그런 지지를 보내 주리라 확신한다.

여러분과 나는 같은 마음으로 공통의 어려움에 맞서고 있다. 신께 감사하게도, 그 어려움은 물질적인 문제에 국한되어 있다. 화폐가치는 엄청난 수준으로 추락했다. 세금이 인상되었지만 우리의 납부 능력은 떨어졌다. 소득의 심대한 하락, 바로 거기에 정부의 모든 부처가 맞서고 있다. 거래 시장에서 통화의 흐름은 얼어붙었다. 기업은 시든 잎사귀처럼 여기저기 떨어져 있다. 농부들은 수확물을 판매할 시장을 찾을 수 없었다. 수천 가구가 여러 해 동안 저축한 돈이 모두 사라졌다.

더 중대한 문제는, 실업자 대다수가 암울한 생존 위기에 직면해 있으며 그에 못지않게 많은 이들이 보잘것없는 임금으로 고통받고 있다는 사실이다. 어리석은 낙관주의자라면 모를까, 지금의 암울한 현실을 누구도 부인할 수는 없을 것이다.

하지만 우리의 괴로움은 이러한 물질적 결핍에서 비롯된 것이 아니다. 우리는 메뚜기 떼의 습격에 시달리는 것이 아니다. 우리 선조들이 확신을 품고 두려워하지 않았기에 이겨낼 수 있었던 무수한 역경과 비교해 보면, 아직 우리에게는 감사해야 할 일이 더 많다. 자연은 여전히 너그럽게 자신을 내어 주었고, 인간은 노력을 통해 그 혜택을 늘려 왔다. 눈앞에서는 모든 것이 풍요롭게 널려 있는데 이들을 제대로 쓰지 못해 공급 부족이 일어나고 있다. 이는 상품 교역을 지배했던 자들이 실패했기 때문이다. 실패는 그들의 아집과 무능함 때문이었다. 실패를 인정하고는 책임은 지지 않고 물러났기 때문이었다.

......

금융업자들은 우리 문명의 신전에서 차지하고 있던 높은 지위로부터 도망쳤다. 이제 우리가 그 신전을 고대의 오래된 진실에 맞게 복원할 것이다. 그 가능성은 금전적 이익보다 사회적 가치를 얼마나 더 숭고한 것으로 중시하느냐에 달렸다.

행복은 단순히 돈을 소유하는 데서 오지 않는다. 행복은 성취하는 기쁨에서, 창조적 노력이 가져다주는 전율에서 온다. 일하는 기쁨과 그에 따른 도덕적 자극이, 덧없는 이윤에 대한 맹목적 추구 때문에 가려져서는 안 된다. 지금과 같은 암흑기를 통해, 우리가 감당해야 할 진정한 운명이란 섬김을 받는 게 아니라 우리 자신과 동료 시민을 섬기는 것임을 우리가 배우게 된다면, 지금 받는 고통도 그만한 가치가 있을 것이다.

......

우리의 최우선적인 과업은 국민에게 일자리를 제공하는 것이다. 상황에 현명하고 용기 있게 대처한다면 해결할 수 없는 문제는 없다. 일자리를 갖게 하는 과업은, 마치 긴박한 전쟁의 위기를 다룰 때처럼 정부가 직접 고용에 나선다면 달성할 수 있다.

......

우리는 잘 훈련된 충성스러운 군대처럼 공동의 규율에 기꺼이 자신을 희생하면서 전진해야 한다. 규율이 없으면 어떠한 전진도 없으며, 어떠한 리더십도 효과를 발휘할 수 없다.

우리는 이러한 규율에 자신의 목숨과 재산을 기꺼이 바칠 준비가 되어 있다. 이러한 희생이 뒷받침될 때 더 큰 선을 목표로 하는 리더십이 가능해질 것이다. 따라서 나는 더 큰 목표를 위해, 지금까지는 전시 중에나 불러일으켰던, '단결의 의무에 신성한 복종'sacred obligation with a unity of duty을 약속해 주기를 요청한다. 그러한 약속의 토대 위에서, 나는 우리 민중이라는 이 위대한 군대의 지도자로서 우리 모두가 처한 문제에 대해 온 힘을 다해 질서정연하게 대처하겠다고 다짐하는 바이다.

......

우리 앞에 놓인 전례 없는 과업을 완수하기 위해 행정부와 입법부 사이의 정상적인 균형 상태가 적절히 유지되기를 바란다. 하지만 전례 없이 벌어지는 상황에 따라 지체 없는 행동이 요구될 때에는 공적 절차에 있어서 필요한 정상적인 균형을 잠시 벗어날 수도 있다.

......

나는 이 위기 상황에 맞서기 위해 남은 한 가지 수단을 의회에 요구하는 비이다. 그것은 우리가 외국의 적에게 침략당했을 때 내게 주어질 수 있는 권한만큼, 비상한 사태에 맞서 전투를 벌일 수 있는 광범위한 집행권이다.

나는 여러분께 받은 신뢰를 용기와 헌신으로써 보답할 것이다. 용기가 필요할 때 용기를 내고 헌신이 필요할 때 헌신하겠다. 그렇게 할 수 있다. 우리는 거국적으로 단결하여 용기를 잃지 않고 눈앞의 이 고된 시기에 맞설 것이다. 그 과정에서 오랜 세월 소중하게 여겨 온 도덕적 가치를 추구해야 한다는 것에 대한 확고한 인식을 간직할 것이다. 노인이든 젊은이든 자신의 의무를 엄격히 수행하는 것에서 오는 분명한 만족감을 누릴 것이다. 우리의 목표는, 통합적이고 영속적인 국민 생활의 보호, 바로 거기에 있다.

우리는 본질로서의 민주주의essential democracy, 그 미래를 의심치 않는다. 이 문제에서 미합중국의 인민은 실패한 적이 없다. 필요할 때 그들은 직접적이고 강력한 조치를 원했으며, 그에 따르는 전권mandate을 위임해 주었다. 리더십에 따르는 규율과 지시를 요구한 것이다. 그리고 이번에는 나를, 여러분의 소망을 실현할 도구로 임명했다. 은사를 받는 마음으로, 나는 그 임무를 기꺼이 받아들이는 바이다.

국가에 대한 헌신을 다짐하는 이 자리에서 우리는 겸허히 신의 축복을 기원한다. 신이시여, 우리 한 사람 한 사람을 보호해 주소서. 다가올 날들을 위해 나를 인도해 주소서.

루스벨트 연설의 특별함

전체적으로 보면 도덕적 규율과 국민적 단결을, 권위주의적으로 느껴질 만큼 단호하게 요청하고 있는 것이 인상적이다. 대공황이라는 위기에 대처하는 정치 지도자의 책임감을 잘 보여 준다고 볼 수도 있겠다. 미사여구나 화려한 표현도 없고, 정서적 공감을 의도한 표현도 없다. 대신 사사로운 이익 추구보다 공적 의무감을 강력하게 요구하는 윤리적 진술, 즉 에토스가 강하게 느껴진다.

전체적으로 '공화주의적 덕목'이 압도하는 정치 연설이다. 분열보다 단결, 사익 추구보다 공익에 대한 헌신을 강조하면서 리더십의 희생뿐만 아니라 시민들에게도 희생을 공유해 줄 것을 요청하고 있기 때문이다. 민간 금융과 투기에 대한 비판도 재미있는 지점이고, 그에 대응해 시장에 대한 정부의 개입을 정당화한 부분도 흥미롭다. 나아가 입법부인 의회에 대해 대통령의 행정명령을 적극적으로 사용하겠다고 말한 것도 주목할 만한 부분이다.

종교적 자유를 구현한 나라, 세습 군주나 작위를 가진 귀족

없이 자유민이 세운 나라, 이런 나라를 지키고 옹호하는 것이 소명이라고 믿는 시민 문화는 현대 미국을 만들고 이끌어 온 원동력이었다. 그런 의미에서 미국은 자유주의이면서 기독교적 공동체주의의 전통을 함께 가진 나라였는데, 그래도 그 핵심에는 강한 정부에 대한 두려움이 있었다.

제도적으로는 엄격한 삼권분립과 주州의 자율성에 기초한 연방제는 강한 중앙정부의 출현 가능성을 제어하는 장치였다. 사상사적으로는 로크식 자유주의, 다시 말해 개인 권리와 재산권을 중시하는 자유주의의 가치가 압도적인 정치 전통을 가진 나라다. 이 기초 위에서 정부의 개입이나 적극적 역할에 대해 그리 긍정적이지 않은 정치 문화를 가진 대표적인 나라가 미국이다. 그런 미국에서 프랭클린 루스벨트는 정부의 역할을 중시하는, 최소 정부론이라는 기존 전통과 경쟁하게 될, 새로운 정부론의 전통을 대표하는 인물로 평가된다.

작은 정부 혹은 최소 정부의 전통에서 벗어나는 길은 크게 세 가지라고 할 수 있다. 하나는 사회주의를 불러오는 길이다. 당연히 로크식 자유주의와는 정면으로 충돌한다. 다른 하나는 사회주의가 아니라 공화주의를 재해석해서 자유주의와는 다른 길을 내는 것이다. 일종의 '비자유주의적 공화주의' 같은 선택인데, 개인의 자율성보다는 공동체와 국가에 대한 의무를 강조하는 이 길이 미국의 시민 문화가 될 가능성은 낮았다.

세 번째 길은 자유와 자유주의의 개념을 확장해, 그 안에 공공의 이익을 보호하기 위한 정부의 적극적 역할을 옹호해 내는 길이다. 반자유주의도 아니고, 비자유주의도 아닌, 자유주의 안에서 사회의 보호와 평등의 가치를 진작하고자 노력하는 것이다. 루스벨트가 그랬다.

프랭클린 루스벨트는 미국식 진보, 즉 비사회주의적인 진보의 전통을 세운 사람이다. 이를 미국인들은 '리버럴'Liberal이라고 부른다. 일종의 '자유주의적 진보'라고 이해할 수 있다. 개인 권리를 중시하는 로크식 자유주의와 대비되는, 빈곤 극복과 불평등 개선을 지향하는 새로운 자유주의라고 해석해도 좋다. 루스벨트식 진보를 '리버럴'이라고 부르는 것이야말로 그런 특징을 잘 보여 주는 용어법이라 할 수 있다.

루스벨트가 취임 이전부터 그런 길로 나아가야겠다고 생각했던 것은 아니다. 오히려 상황이 그를 그런 길로 가게 했다. 대공황이 오래 지속되면서 사회 중하층의 긴박한 요구를 수용해야 했고, 이들의 구매력을 통해 국내 소비 시장을 키워야 했다. 그러기 위해서는 노동자들의 임금 소득이 늘어야 했고, 궁극적으로는 이런 변화를 정치적 지지를 확장하는 데 사용해야 했다. 이런 일련의 상황을 거치면서 진화한 것이 루스벨트식 진보다.

자유의 개념을 확장해 그 안에 사회적 내용을 담으려 했던 연설은 취임 이후 한참 뒤에 있었다. 대표적으로 1941년 의회 연설이 있다. 이때는 국내적 차원의 경제 위기만이 아니라 국제적 차원의 세계대전 또한 미국 정부의 적극적인 역할을 요구하던 상황이었다.

　루스벨트는 1941년 1월 6일 의회에 보내는 연두 시정연설에서 "언론의 자유, 신앙의 자유, 결핍으로부터의 자유, 공포로부터의 자유"를 언급하면서 민주주의국가들이 이 4개의 자유를 구현하는 세계를 재건해야 한다고 역설했다. 아울러 미국의 이익을 위해 꼭 방위할 필요가 있다고 생각되는 국가에 원조해 줄 것을 의회에 호소했다.

　이 연설에서 루스벨트는 국내의 고립주의 여론에도 불구하고, 악화일로에 있는 국제 정세에 미국이 더욱 적극적으로 개입할 것임을 국내외에 표명했다. 그해 3월 미 의회는 이 시정연설에 나타난 정신에 입각해 70억 달러의 지출을 승인하는 무기대여법Lend-Lease Act을 통과시켰다.

　동시에 자유의 개념을 확대한 이 연설은 인권을 사회경제적 개념으로 발전시키는 데 기여했다. 사회복지 분야의 정책과 예산을 늘릴 때마다 자주 인용되는 연설이기도 하다. 전체 연설 가운데 주요 내용을 보자.

네 가지 자유

— 의회 연설(1941년 1월 6일) —

　상원 의장, 하원 의장 그리고 77대 의회 의원 여러분. 나는 합중국의 역사상 유례가 없었던 중대한 순간에 이 연설을 한다. 내가 '유례없는'이라는 말을 쓰는 것은 미국의 안전이 오늘날처럼 외부로부터 커다란 위협을 받아 본 적이 한 번도 없었기 때문이다.

　　……

　　현실적인 판단을 하는 사람이라면 누구나 민주적 생활 방식이 세계 모든 지역에서 공격받고 있다는 것을 알고 있다. 그 공격에는 무기를 사용하는 것과 유해 선전을 극비리에 펼치는 방법이 있다. 그런 선전을 행하는 자는 지금도 평화로운 나라들의 협력을 파괴하고, 불화를 증대하려 한다. 지난 1년 4개월 동안 놀라울 만큼 많은, 크고 작은 독립국가에서 그러한 공격이 민주적 생활양식을 파괴해 버렸다. 파괴를 감행하는 자는 계속 전진하고 있고, 대국과 소국을 막론하고 모든 나라를 위협하고 있다.

　　그러므로 '미합중국 전반의 정세를 의회에 보고할' 헌법상의 임무를 다해야 하는, 여러분의 대통령으로서 우리나라의 미래와 안전, 그리고 우리 민주주의의 미래와 안전이, 국경선에서 멀리 떨어져 있는 곳에서 발생한 일에 휘말려 가고 있음을 보고해야만 하겠다.

　　……

　　전쟁 준비가 안 되어 있는 미국이 혼자서 전 세계를 방어할 수 있다고 호언장담하는 자가 있다면 그는 현실을 파악하지 못하는 사람이다. 현실적인 판단을 하는 미국인이라면 독재자가 주는 평화가 결코 국제적 관용, 진정한 독립의 회복, 세계적 군축, 표현의 자유, 종교의 자유, 상업적인 이익을 가져다준다고 말할 수 없을 것이다. 그러한 평화는 우리 미국이나 우리의 우방 국가들에 결코 안전을 가져다주지 못할 것이다. 얼마간의 일시적 안전을 위해, 근본적인 자유를 방기하면 자유도 안전도 기대할 수 없다.

하나의 국민으로서 우리 미국인이 선한 존재라는 사실은 자랑할 만한 일인지도 모른다. 그러나 우리는 선하기만 해서는 안 될 사정에 처해 있다. 요란한 소리를 내며 유화 조치를 정당화하는 '-주의'ism를 설파하는 자들이 있는데, 우리는 그들을 늘 경계해야 한다. 비록 소수라 할지라도 이기적인 자들이 미국이라는 독수리의 날개를 잘라서 자신을 위한 털방석으로 쓰려는 것에 대해 주의하지 않으면 안 된다.

......

미국은 대양으로 떨어져 있기에 직접적인 침략을 받지 않을 것이라는 무책임한 의견이 자주 언급되곤 한다. 확실히 영국 해군이 건재하는 한 그러한 위험은 존재하지 않는다. 영국 해군이 존재하지 않는다 하더라도, 수천 마일의 대양을 횡단하여, 미국 본토에 군대를 상륙시키고, 우리를 공격하려는 어리석은 적군이 있으리라고는 거의 생각할 수 없다.

그렇지만 우리는 과거 수년간의 유럽 전투에서 많은 교훈을 배웠다. …… 침략의 첫 단계는 정규군의 상륙이 아닐 것이다. 필요한 전략 지점은 비밀 공작원과 그들에게 속은 사람들에 의해 점령될 것이다. 그들의 다수가 이미 미국이나 라틴아메리카에서 활동하고 있다. 공격의 시기와 위치와 방법을 택하는 것은 그들이지 우리가 아니다.

오늘날 모든 아메리카의 공화국이 직면한 중대한 위험에 처한 이유가 바로 그것이다. 우리 역사에서 그 예를 찾아볼 수 없는 이런 시정연설을 하는 이유가 바로 그것이다. 행정부의 구성원들은 물론 의회의 구성원들 또한 중대한 책임과 의무에 직면하고 있다는 이유가 바로 그것이다.

현재의 사태가 요구하는 것은, 우리의 행동과 정책이 주로 그리고 거의 배타적으로 이 외적의 위협에 대한 대처에 집중되어야 한다는 것이다. 즉, 우리의 모든 국내 문제는 이 중대한 비상사태의 한 부분을 이루고 있다. 우리의 국가정책은 모든 시민의 권리와 위엄에 대하여 합당한 존경을 표하는 것에 기초를 두어 왔다. 그렇듯이 외교 문제에 관한 우리의 국가정책도 강대국이나 약소국을 막론하고 모든 나라의 권리와 존엄성에 합당한 존경을 표하는 것에 기초를 두어 왔다. 그러한 도덕의 정의는 결국 승리해야 할 것이며, 또 반드시 승리할 것이다.

……

한 국가의 생존이 위협을 받을 때 그 국가의 손이 묶여 있어서는 안 된다. 그렇다. 그리고 우리는, 우리 모두는 거의 전쟁만큼이나 심각한 비상사태가 요구하는 희생을 치를 준비를 해야 한다. 방위 준비의 속도와 능률을 방해하는 것이 무엇이든 지 간에 국가적 필요에 진로를 양보하지 않으면 안 될 것이다.

……

인간이 빵으로만 사는 것이 아닌 것처럼 인간은 또한 군비로만 싸우는 것이 아니다. …… 확실히 지금 우리 모두는, 오늘날 세계에서 최고 동인이 되고 있는 사회혁명의 근본 원인, 즉 사회경제적 문제에 대해 계속 생각해야 한다. 건강하고 강한 민주주의의 근간이란 불가사의한 뭔가가 아니다. 우리 시민이 정치·경제 체계에 기대하는 기본적인 것들은 소박하다. 이는 다음과 같다.

젊은이들, 그리고 또 다른 사람들을 위한 기회의 균등.
일할 수 있는 사람들을 위한 일자리.
삶의 안전을 필요로 하는 사람들을 위한 사회보장.
소수의 특권 종식.
만인의 시민적 자유에 대한 보호.
생활수준의 광범위하고 지속적인 증진을 위한 과학적 성취의 향유.

이러한 것들은 단순하고 기본적인 요구지만, 결코 가볍게 보아 넘겨서는 안 된다. 우리의 정치·경제체제가 어느 정도까지 이런 기대를 실현하는가에 따라서 그 제도의 내적 영속성의 강도가 정해진다. 우리의 사회경제적 문제에서 즉시 개선을 필요로 하는 것들은 많다. 예를 들면 우리는 현재보다 더 많은 시민에게 노후 연금과 실업 보험을 적용해야 할 것이다. 우리는 정당하게 의료 혜택을 받을 기회를 현재 수준 이상으로 확대해야 할 것이다. 효과적인 고용 혜택을 받을 자격이 있고 또 그것을 필요로 하는 사람들이 고용될 수 있도록 한층 더 우수한 제도를 준비해야 할 것이다.

나는 개인적인 희생을 요구했다. 거의 모든 미국인이 기꺼이 이러한 요구에 응답해 줄 것이라 나는 확신한다. 우리가 마음속으로 기대하고 있는 것은, 다음과 같은 네 가지 본질적이고 인간적인 자유에 기초한 세계를 실현하는 데 있다.

첫 번째 자유는 언론 및 표현의 자유다. 그것은 전 세계 어디서나 보편적인 자유다.

두 번째 자유는 종교의 자유다. 즉, 모든 사람이 자신에게 맞는 방법으로 신을 예배할 자유다. 이것도 전 세계 어느 곳에나 있는 보편적 자유다.

세 번째 자유는 결핍으로부터의 자유다. 그것은 모든 나라가 그 나라 거주자를 위해 건강하고 평화로운 삶을 영위할 수 있어야 한다는 의미로 경제를 이해하는 것을 가리킨다. 이것도 전 세계 어디서나 보편적이어야 할 자유다.

네 번째 자유는 공포로부터의 자유다. 이것을 세계적인 규모에서 생각한다면 군축이 철저히 추진되고, 어떠한 나라도 인접국에 대하여 물리적 침략 행위를 계획할 수 없다는 것을 의미한다. 이것도 세계 어느 곳에서나 적용될 수 있는 보편적 자유다.

이러한 것들은 먼 미래에나 실현될 수 있는 천년왕국의 환상이 아니다. 이것은 우리의 시대, 우리의 세대에서 실현될 수 있는 세상의 실제적 기초다.

......

우리 미국의 역사는 그 시작부터 항구적이고 평화적인 혁명의 연속이었다. 그것은 변화하는 조건에 착실하고 침착하게 적응해 가며 전진하는 혁명을 뜻한다. 거기에는 강제수용소도 없고 웅덩이에 생석회를 투입해 시체를 처리하는 일도 없다. 우리가 추구하는 세계 질서는, 우호적이고 문명화된 사회에서 함께 일하는, 자유로운 나라들 간의 협력이다. 이 나라는 그 운명을 그 수백만의 자유로운 남녀의 손과 머리와 가슴에 맡기고 있으며, 자유에 대한 신념을 신의 인도하심에 의지하고 있다.

자유란 어디서나 최고의 인권이다. 우리의 지지는 그 인권을 획득하고 유지하기 위해 싸우는 사람들에게 주어진다. 우리의 강인함은 우리의 목적이 하나로 통일되는 데 있다. 그처럼 숭고한 이념에는 오직 승리 말고는 다른 끝이 있을 수 없다.

기교 없이 소박한 로고스의 힘

적의 공격으로부터 국가를 지키는 최선의 방책은 적의 선전에 흔들리지 않는 튼튼한 사회를 만드는 것이다. 이를 위해서는 대외 정책만이 아니라 국내 정책도 중요하며, 그 핵심은 자유를 더 깊고 넓게 공고화하는 데 있다.

자유로운 의사 표출, 종교의 선택과 같은 전통적인 자유의 가치만이 아니라, 일자리와 소득, 사회보장 같은 사회경제적 의미의 자유가 새롭게 강조된 것은 이런 맥락에서 이해될 수 있다. 요컨대 자유주의의 의미를 개인에서 사회나 경제적 차원으로 확장했다는 점에서 일종의 자유주의적 진보의 길을 열게 된 것이다.

네 가지 자유를 강조한 루스벨트의 연설은 로고스, 즉 내용을 논리적으로 충실하게 전달하는 데 초점을 두고 있다고 평가할 수 있다. 그의 정치 연설이 수사학적 표현법에서 파토스적인 요소를 최소화했기 때문에, 다소 무미건조하게 느껴질 수 있지만, 실제 미국 정치에 매우 큰 변화를 몰고 온 것은 틀림없다. 정부가 하고자 하는 과업의 범위를 거부감 없이 자유의 개념 안에서 정직하게 확대해 갔기 때문이다.

지금에야 자유나 권리 개념을 사회경제적 차원에서 이해해도 어색하지 않지만, 당시 미국의 정치 전통에서는 분명 새로운 변화였다. 그런 변화에 대한 저항을 최소화해야 할 때는 로고스에 집중하는 것이 효과적임을 프랭클린 루스벨트의 연설이 잘 보여 준다.

9장

화려한 정치 수사의 정수
: 존 F. 케네디

존경하는 나의 동료 미국 시민 여러분! 나라가 여러분에게 무엇을 해줄 것인가를 묻지 말고, 여러분이 나라를 위해 무엇을 할 수 있는가를 물으시라. 나의 동료 세계 시민 여러분, 미국이 여러분에게 무엇을 해줄 것인가를 묻지 말고, 인간의 자유를 위해 우리가 무엇을 함께할 수 있는가를 물으시라. 마지막으로, 여러분이 미국의 시민이든 세계의 시민이든, 우리가 이 자리에서 여러분에게 요구했던 똑같은 수준의 높은 힘과 희생을 우리에게 요구하시라.

존 F. 케네디^{John F. Kennedy}(1917~63)는 너무나 잘 알려져 있는 정치가다. 매사추세츠주 출생으로 하버드 대학을 졸업했다. 해군 장교로 제2차 세계대전에 참전했으며, 상원 의원을 거쳐 1960년 미국 제35대 대통령으로 선출되었다. 그의 집안, 그의 형제들도 유명하다. 연애와 결혼은 그 자체로 대단한 화제를 몰고 왔다. 화려한 인물, 화려한 정치가의 표본이다.

그의 정치 연설은 현대 정치 수사학의 화려한 모범을 보여 준다. 최고의 가정환경에서 최고의 교육을 받고 대통령 자리에 오른 사람의 실력을 유감없이 보여 준다. 취임 연설의 첫 문장만 봐도 알 수 있다.

오늘 우리는 한 정당의 승리가 아닌, 끝이면서도 시작을 상징하고, 부활이면서도 변화를 의미하는 자유의 축제를 보고 있다.

자신의 취임을 파당적 승리의 의미로 해석되지 않게 하려는 목적이었지만, 표현이 매우 화려하다. "정중함은 나약함의 표시가 아니다. 진정성은 늘 입증되어야 한다. 이 두 사실을 두 진영은 기억하자."도 수사학의 대조법을 잘 보여 주지만, 보통 사람들이 쓰는 언어는 아닌, 잘 교육받은 계층의 정제된 언어다.

단문을 나열해 감정을 점증시키는 것은 모든 정치 연설의 교범인데, 케네디도 이를 다음과 같이 사용했다.

이제 나팔 소리가 다시 우리를 부르고 있다. 무기가 필요한 것은 맞지만, 무기를 들라는 부름이 아니다. 전투 준비를 하고 있어야 하겠지만, 전투에 나서라는 부름이 아니다. 폭정·빈곤·질병·전쟁이라는 인류 공동의 적에 맞서는, 해가 지나도 이어질 긴 투쟁의 짐을 지라는 부름이다. [「로마서」12장 12절에 있듯] "소망 중에 기뻐하며, 환난 중에 견디"라는 부름이다.

물론 이 연설에서 가장 유명한 것은 "나라가 여러분에게 무엇을 해줄 것인가를 묻지 말고, 여러분이 나라를 위해 무엇을 할 수 있는가를 물으시라."는 표현이다. 하지만 그다음 문장까지 함께 봐야 나라와 시민 사이의 대구를 넘어, 시민의 자유와 정치가의 책임, 미국 시민과 세계 시민이라는 대구까지 이해할 수 있다.

나라가 여러분에게 무엇을 해줄 것인가를 묻지 말고, 여러분이 나라를 위해 무엇을 할 수 있는가를 물으시라. 나의 동료 세계 시민 여러분, 미국이 여러분에게 무엇을 해줄 것인가를 묻지 말고, 인간의 자유를 위해 우리가 무엇을 함께할 수 있는가를 물으시라. 마지막으로, 여러분이 미국의 시민이든 세계의 시민이든, 우리가 이 자리에서 여러분에게 요구했던 똑같은 수준의 높은 힘과 희생을 우리에게 요구하시라.

이 정도면 그간 봤던 그 어떤 정치 연설보다 화려하면서도 아름다운 경지를 느낄 수 있지 않을까 한다. 이제 전문을 보자.

나라를 위해 무엇을 할 것인가

— 대통령 취임 연설(1961년 1월 20일) —

오늘 우리는 한 정당의 승리가 아닌, 끝이면서도 시작을 상징하고, 부활이면서도 변화를 의미하는, 자유의 축제를 보고 있다. 조금 전 나는, 여러분과 전지전능한 신 앞에서, 우리 조상들이 약 한 세기하고도 75년 전에 규정한 엄숙한 서약을 똑같이 맹세한 바 있다.

물론 그때와 지금 세계는 매우 다르다. 오늘날 인류는 그들의 유한한 손에, 모든 형태의 빈곤을 극복할 힘과 동시에 모든 형태의 인간 생명을 없애 버릴 힘을 갖게 되었기 때문이다. 하지만 인간의 권리는 국가의 자비가 아니라 신의 손으로부터 왔다는, 우리 선조들이 목숨을 걸고 싸웠던 신념은, 아직도 전 세계에서 논란이 되고 있다.

우리는 우리가 그 첫 번째 혁명의 후계자임을 결코 잊지 않을 것이다. 지금 이 자리에서 우리의 우방과 우리의 적 모두에게 다음과 같은 말을 전하자. 횃불은 미국의 새 세대에게로 전해졌다. 그들은 이 세기에 태어났으며, 전쟁으로 단련되었고, 힘들고 쓰라린 평화를 통해 훈련되었으며, 우리의 유산을 자랑스럽게 여기고 있다. 그런 그들은, 이 나라에서 항상 보장되었으며 오늘날 국내외에서 보장하는 인권이 느리게라도 후퇴하는 것을 방관하거나 허락하지 않는다고 말이다.

모든 나라가 알게 하자. 그들이 우리가 잘되기를 빌든, 나쁘게 되기를 빌든 관계없이, 우리는 자유의 생존과 성공을 확고히 하기 위해 어떠한 대가도 치를 것이고, 어떠한 부담도 감당할 것이며, 어떠한 고난도 감수하고, 어떤 우방이든 그들을 지원하고 어떤 적이든 그와 맞설 것이라는 사실을 말이다.

우리는 다음과 같이 분명히 맹세하는 바이다.

문화는 물론 정신적인 근원을 우리와 공유하는 오랜 동맹국들에 우리는 믿을 수 있는 친구로서 충실할 것을 맹세한다. 서로 뭉친다면, 협력이 필요한 수많은 모험에서 우리가 하지 못할 것은 거의 없다. 분열되면, 우리가 할 수 있는 것은 거의 없다. 서로 다투고 분열된 상황에서 어떻게 강력한 도전에 감히 맞설 수 있겠는가.

자유의 대열에 합류한 신생 국가들에도 환영과 더불어 우리는 다음과 같이 맹세한다. 식민 통치에서 벗어났지만, 그 자리가 더 강력한 철권통치로 대체되는 일을 우리는 결코 두고 보지 않을 것이다. 그들이 항상 우리 입장을 지지해 주기를 바라지 않는다. 다만 그들이 항상 확고하게 자신들의 자유를 지키는 선택을 하기를 희망하며, 동시에 다음과 같은 사실을 기억했으면 한다. 과거 호랑이 등에 올라타는 어리석은 방법으로 권력을 추구했던 자들은 결국 호랑이에게 잡아먹히는 것으로 끝났다는 사실을 말이다.

　오두막과 농촌에 살면서, 거대한 불행의 고리를 끊으려고 애쓰는 지구 절반의 사람들에게 우리는 맹세한다. 아무리 긴 시간이 걸리더라도 그들이 자립할 수 있도록 최선의 노력을 다해 도울 것이다. 공산주의자들이 지원할지 몰라서도 아니고, 그들의 표가 필요해서도 아니다. 그것이 옳기 때문이다. 만약 자유로운 한 사회가 가난한 다수를 도울 수 없다면, 그 사회는 부유한 소수도 지킬 수 없을 것이다.

　우리 국경 남쪽에 있는 자매 국가들에, 우리는 특별히 맹세한다. 우리는 진보를 향한 새로운 동맹 안에서 선의의 말을 선의의 행동으로 실천할 것이다. 자유 시민과 자유 정부를 도와 빈곤의 사슬을 끊게 할 것이다. 희망에 찬 이 평화로운 혁명이 우리와 적대하는 강대국들의 먹잇감이 되게 할 수는 결코 없다. 우리의 모든 이웃들에게 알리자. 우리는 아메리카 어디에서든 일어나는 침략과 전복 행위에 맞서 그들과 함께 연대할 것이라는 사실을 말이다. 전 세계 모든 강대국들에도 알리자. 지구의 절반인 이 대륙은 자기 집의 주인으로 남아 있을 것이라는 사실을 말이다.

　전 세계 주권국가들의 연합이며, 전쟁의 수단이 평화의 수단을 훨씬 능가하게 된 이 시대에 우리의 최후이자 최선의 희망인 국제연합을 지지하겠다는 맹세를 다시 한번 강조한다.

국제연합이 단지 욕설을 주고받는 장으로 전락하는 것을 막고, 신생 약소국들을 위한 방패 역할을 강화하며, 그 권한이 미치는 지역을 넓혀 갈 수 있도록 하겠다.

마지막으로, 우리와 적대하려는 나라들에게, 우리는 결의를 보여 주는 것이 아니라 요청을 하고자 한다. 과학이 가능케 한 암울한 파괴의 힘이 고의든 실수든 모든 인류 공동체를 삼켜 버리기 전에, 두 진영이 나서서 평화를 위한 모색을 새롭게 시작하자.

우리의 약함을 내보여 그들을 유혹하려는 것이 결코 아니다. 오직 우리의 군사력이 의심의 여지 없이 충분할 때만, 군사력을 사용할 일이 없으리라는 것을 의심의 여지 없이 확신할 수 있기 때문이다.

하지만 거대하고 강력한 두 진영의 국가들 모두 현 상황에 안심하지 못하고 있다. 두 진영은 과중한 무기 현대화의 부담으로 고통받고 있다. 치명적인 핵무기의 점진적 확산을 심각하게 걱정하고 있다. 그러면서도 인류 최후의 전쟁을 가져올지도 모르는 공포의 불확실한 균형uncertain balance of terror을 타파하기 위해 경쟁하고 있다.

그러니 우리 다시 시작하자. 정중함은 나약함의 표시기 아니다. 진정성은 늘 입증되어야 한다. 이 두 사실을 두 진영은 기억하자. 두려움 때문에 협상하지는 말자. 그보다는 협상하는 것을 두려워하지 말자.

서로를 분열시키는 문제로 고심하는 대신 서로를 단결시킬 수 있는 문제를 찾아 나가자. 우리 두 진영 모두 처음이겠지만, 진지하고 구체적인 군비 조사 및 군비 통제 방안을 제안해 보기로 하자. 다른 나라들을 파괴할 수 있는 절대적인 힘을 모든 나라들의 절대적인 통제 밑에 놓이게 하자.

두 진영 모두 과학의 경이를 불러일으키려 노력함으로써, 그것이 과학의 공포를 대신할 수 있게 하자. 함께 별을 탐험하고, 사막을 정복하고, 질병을 퇴치하고, 깊은 대양을 개발하고, 예술과 상업을 장려하도록 하자.

두 진영이 함께 지구 구석구석에서 들려오는 이사야의 명령(「이사야서」 58장 6절)에 귀를 기울이자. "무거운 짐 진 자들의 멍에를 끌러라. …… [그리고] 억압받는 자들을 자유케 하라."

협력의 교두보가 불신의 정글을 밀어낼 수만 있다면, 두 진영 모두 새로운 노력에 동참하기로 하자. 그것은 새로운 힘의 균형을 만드는 일이 아니다. 그보다는 강대국은 정의롭고 약소국은 안전을 보장받으며, 평화가 지켜지는 새로운 세계 질서를 만드는 데 있다.

이 모든 일이 취임 100일 안에 이룩되지는 않을 것이다. 1000일이 지나도, 이 행정부가 끝나도, 어쩌면 이 지구에서 우리의 삶이 끝날 때까지도 이루어지지 않을 수 있다. 하지만 시작하자.

친애하는 동료 시민 여러분, 나보다는 여러분의 손에서 우리 미래의 성공과 실패가 결정될 것이다. 이 나라가 건국된 이래, 각 세대의 미국인들은 그들의 애국심을 증명하도록 부름을 받았다. 그 부름에 응한 젊은 미국인들의 무덤이 전 세계를 뒤덮고 있다.

이제 나팔 소리가 다시 우리를 부르고 있다. 무기가 필요한 것은 맞지만, 무기를 들라는 부름이 아니다. 전투 준비를 하고 있어야 하겠지만, 전투에 나서라는 부름이 아니다. 폭정·빈곤·질병·전쟁이라는 인류 공동의 적에 맞서는, 해가 지나도 이어질 긴 투쟁의 짐을 지라는 부름이다. [「로마서」 12장 12절에 있듯] "소망 중에 기뻐하며, 환난 중에 견디"라는 부름이다.

이러한 적들에 맞서, 우리는 남과 북, 동과 서를 아우르는 웅대하고 전 지구적인 동맹을 구축해서, 인류에게 좀 더 유익한 삶을 보장해 줄 수 있게 될까? 여러분은 이 역사적인 노력에 동참하시겠는가?

긴 세계사를 돌아볼 때, 오직 소수의 세대만이 자유가 큰 위험에 처했을 때, 그것을 지키는 역할을 부여받았다. 나는 결코 의무감 때문에 위축되지 않겠다. 나는 기꺼이 나의 의무를 받아들인다. 나는 우리 중 어느 누구도, 다른 사람들, 다른 세대에 이 역할을 넘기지 않을 것이라 믿는다. 우리를 그 노력으로 이끄는 열정, 믿음, 헌신이 우리의 나라와 그에 봉사하는 모든 이를 밝게 비춰 줄 것이다. 그리고 그 불길로부터 나온 불빛은 진실로 세상을 밝힐 것이다.

그러니 존경하는 나의 동료 미국 시민 여러분! 나라가 여러분에게 무엇을 해줄 것인가를 묻지 말고, 여러분이 나라를 위해 무엇을 할 수 있는가를 물으시라. 나의 동료 세계 시민 여러분, 미국이 여러분에게 무엇을 해줄 것인가를 묻지 말고, 인간의 자유를 위해 우리가 무엇을 함께할 수 있는가를 물으시라. 마지막으로, 여러분이 미국의 시민이든 세계의 시민이든, 우리가 이 자리에서 여러분에게 요구했던 똑같은 수준의 높은 힘과 희생을 우리에게 요구하시라.

선한 양심을 우리의 하나뿐이고 확실한 보상으로 삼자. 역사를 우리 행동의 최종 심판자로 삼자. 신의 축복과 도움을 구하되, 이 땅에서 일어나는 일이 진실로 신의 작품이라는 사실을 믿고, 우리가 사랑하는 이 땅을 이끌고 나가자.

우리 모두는 베를린 시민이다

— 베를린 연설(1963년 6월 26일) —

냉전이 한창인 시기에 케네디가 베를린에서 했던 연설도 유명하다. 1963년 6월 26일 케네디는 장벽으로 둘러싸인 베를린을 방문했다. 그는 붉은 천이 걸려 있는 브란덴부르크 장벽 앞 루돌프 빌데 광장에서 "케네디!"를 연호하는 100만 명이 넘는 인파를 향해 연설을 했다. 비록 짧았지만 공산권과의 경계선에서 행한 이 연설은 케네디 최고의 연설로 꼽힌다. 특히 "Ich bin ein Berliner"를 독일어로 말한 대목이 압권이었다.

고대의 자부심이 '나는 로마 시민이다'^{Civis Romanus sum}였다면 오늘날 그 자부심은 '나는 베를린 시민이다'^{Ich bin ein Berliner}에 있다는 대조법으로, 연설의 전체 구조를 단순화해서 이끄는 것이 백미다. "자유란 불가분의 것이다. 누구 한 사람이 노예 상태에 있어도 모든 사람은 자유롭지 못하다."는 것을 근거 삼아 공산주의 진영에 대한 비판을 다음과 같이 반복어를 통해 감정을 점증시키는 수사학 기법도 주목할 만하다.

이 세상에는 자유세계와 공산 세계 사이에서 무엇이 가장 큰 쟁점인지를 정말 모르는 사람들도 있고, 모르는 체하는 사람들도 있다. 그들을 베를린에 와보게 하자. 세상에는 공산주의가 미래의 흐름이라고 말하는 이들도 있다. 그들도 베를린에 오게 하자. 공산주의자들과 손잡고 일할 수 있다고 말하는 이들도 있다. 그들도 베를린으로 데려오자. 공산주의는 악마의 제도이지만, 경제적 진보를 가능하게 하는 제도라고 말하는 이들도 일부 있는 모양인데, 그들도 베를린으로 오게 하자.

전체 연설이 길지 않으니 본문을 읽어 보는 것만으로 두 세계의 대조를 어떻게 이끌고 가는지 금방 알 수 있다. 확실히 케네디의 연설은 수사학적으로 화려하다. 이제 연설의 주요 부분을 읽으면서 이를 확인해 보자.

......

2000년 전 가장 큰 자랑은 'Civis Romanus sum'(나는 로마 시민이다)이었다. 오늘날, 자유세계에서 가장 자랑스러운 말은 'Ich bin ein Berliner'(나는 베를린 시민이다)이다. [사람들의 환호에 답하며] 내 독일어를 잘 옮겨 준 통역자에게 감사해야겠다.

이 세상에는 자유세계와 공산 세계 사이에서 무엇이 가장 큰 쟁점인지를 정말 모르는 사람들도 있고, 모르는 체하는 사람들도 있다. 그들을 베를린에 와보게 하자. 세상에는 공산주의가 미래의 흐름이라고 말하는 이들도 있다. 그들도 베를린에 오게 하자. 공산주의자들과 손잡고 일할 수 있다고 말하는 이들도 있다. 그들도 베를린으로 데려오자. 공산주의는 악마의 제도이지만, 경제적 진보를 가능하게 하는 제도라고 말하는 이들도 일부 있는 모양인데, 그들도 베를린으로 오게 하자.

자유란 많은 어려움을 동반하며, 민주주의가 완벽한 것도 아니다. 그러나 우리가 높은 담을 쌓아 사람들을 가두고, 그들이 거기서 벗어나지 못하게 한 적은 없다. 나는 비록 대서양 반대편에 멀리 떨어져 있지만, 그 먼 곳에서나마 지난 18년의 역사를 여러분과 공유하며, 그것을 자랑스럽게 생각해 온 미국인을 대신해서 이야기하고 싶다. 서베를린은 18년 동안이나 포위되어 있었으면서도, 여전히 활력과 힘, 희망과 결의를 잃지 않고 살아가고 있다. 지구상 어느 곳에도 이런 도시는 없다.

베를린장벽은 공산주의 체제의 실패를 가장 생생하고 분명하게 세계에 보여 주고 있지만 그렇다고 우리는 거기에 만족할 수 없다. 가족을 뿔뿔이 흩어지게 하고, 남편과 아내, 형제자매들을 갈라놓고, 함께 살려는 사람들을 떼어 놓는 것은 역사에 반하는 일일 뿐만 아니라 인류애에도 어긋나는 일이기 때문이다.

베를린에서 진리인 것은 독일에서도 진리이듯, 네 명 중 한 명의 독일인이 자유인으로서의 기본권, 즉 자유로운 선택권을 누리지 못하고 있는 한, 유럽에서 지속적이고 진정한 평화가 이뤄지기는 어렵다. 평화와 선한 신념을 18년 동안 유지하면서, 독일의 현세대는 자유로울 수 있는 권리를 얻었다. 지속적인 평화 속에서 가족과 조국을 통일할 권리를 얻었다. 여러분은 자유의 섬을 지키며 살고 있다. 그러나 여러분의 삶은 위험한 세상의 중심에 있다. 여러분에게 부탁하고 싶은 것은, 오늘의 위험을 넘어 내일의 희망을 바라보라는 것이다. 단순히 베를린의 자유, 독일의 자유를 넘어서서 모든 곳에서의 자유의 전진을 생각하라는 것이다. 베를린장벽 저 너머까지의 정의로운 자유를, 너와 나를 넘어서서 전 인류를 생각하라는 것이다.

자유란 불가분의 것이다.Freedom is indivisible. 누구 한 사람이 노예 상태에 있다면 모든 사람이 자유로울 수 없다. 모든 이들이 자유로울 때, 우리는 비로소 이 도시가, 그리고 이 위대한 유럽 대륙이, 평화롭고 희망에 찬 지구의 한 부분이 되기를 기대할 수 있을 것이다.

마침내 그날이 오면, 서베를린 시민들은 20년 가까이 최전방에 있었다는 사실에 대해 제대로 된 자부심을 느낄 수 있게 될 것이다. 자유민이라면 누구든 어디에 있든 그들은 베를린 시민이다. 그러므로 나 또한 한 사람의 자유민으로서 "Ich bin ein Berliner"(나는 베를린 시민이다)라고 말한 것에 자부심을 느낀다.

현대
정치 연설의 모델
: 버락 오바마

10장

오바마 연설의
정치적 힘

오바마는 민주정치가 무엇인지를 말해 주는, 좋은 교과서의 역할을 한 정치가였다.
흑인을 포함해 인간 사회의 가장 낮은 위치에 있는 사람들에게 '정치를 통해 변화가
가능하다'는 희망을 갖게 하고, '민주주의는 당신의 참여를 필요로 한다'는
부름(소명)을 끊임없이 말해 준 정치가였다.

3부에서는 버락 오바마^Barack Obama(1961~)의 정치 연설을 별도로 다룬다. 오늘날과 같은 동시대를 기준으로 할 때, 정치적 말의 가치를 잘 활용한 현대적 모델이 있다면 단연 오바마를 들 수 있다. 그는 정치적 말의 힘을 자유자재로 구사할 줄 알았던 특별한 정치가였다.

왜 오바마인가? 한 사례를 들어 보겠다. 2005년 미국 루이지애나주에서 흑인 거주자 비율이 높은 대표적인 지역인 뉴올리언스에 거대한 허리케인이 덮쳐 2000명이 넘는 흑인이 사망하고 50만 명의 흑인들이 이재민이 되는 비극적 사태가 발생했다. 그때 미국의 10대 일간지 중의 하나이자, 대표적인 중도 보수 신문『시카고 트리뷴』은 제시 잭슨 목사를 포함한 흑인 인권 운동 지도자와, 오바마 당시 상원 의원을 포함한 흑인 정치가들을 인터뷰한 기사를 여러 차례 실었다. 이들은 모두 뉴올리언스에 다녀온 뒤였다.*

사회운동가들은 "나는 뉴올리언스에서 거대한 노예선을 보았

• 흑인 진보파와 오바마 사이의 갈등을 좀 더 자세히 다룬 설명은 다음 글에서 볼 수 있다. 멘델, 데이비드, 『오바마, 약속에서 권력으로』, 윤태일 옮김, 한국과미국, 2008, 289~303쪽. 여기에는 『시카고 트리뷴』이 오바마를 편드는 기사를 계속 연재하는 것에 대한 제시 잭슨 목사의 신경질적인 반응이 잘 나타나 있다. 『시카고 트리뷴』에 실린 기사는 다음을 참조. "Critics and bias delayed relief to disaster area," *Chicago Tribune*, 2005/09/03; "Katrina's racial storm," *Chicago Tribune*, 2005/09/08. 이때의 논쟁과 관련해서는 아이리스 영의 글도 좋은 참고가 된다. Young, Iris, *"Katrina: Too Much Blame, Not Enough Responsibility," Dissent,* Winter, *2006.*

다."라고 말했다. 이 비극을 자연재해가 아니라 인종차별이 만든 사회문제로 그 성격을 정의한 것이다. 인종차별이라는 미국의 원죄 때문에 결국 신의 심판을 받게 될 거라며 격렬한 언어로 비판하기도 했다. 미국 사회가 안고 있는 가장 부정의한 문제를 지적한 것은 틀린 이야기가 아니었다. 다만 분노에 그친 것이 문제였다.

오바마는 "나는 뉴올리언스에서 거대한 가능성을 보았다."라는 내용의 인터뷰를 했다. 그는 다르게 말했다. 뉴올리언스의 비극을 슬퍼하며 그날 밤 아이들의 손을 잡고 기도한 미국인들 가운데는 흑인들만 있지 않았다. 이들을 돕기 위해 뉴올리언스로 달려온 자원봉사자는 흑인들만이 아니었다. 백인도 있었고 히스패닉도 있었고 아시아인도 있었고, 일본인도 한국인도 있었다. 그들 사이에는 깊은 연대감이 있었고, 이것이 미국 민주주의의 미래라고 오바마는 생각했다. 우리가 문제를 어떻게 접근하느냐에 따라 비극은 우리를 막다른 골목으로 데려갈 수도 있고, 새로운 가능성으로 이끌 수도 있다는 것이었다.

오바마는 '민주 대 반민주', '개혁 대 기득권', '진보와 보수', '흑인과 백인'과 같은 막다른 이분법을 사용하지 않는다. 이견과 차이를 더 키우고 확대하는 것이 정치의 역할이 아니라, 이견과 차이에도 불구하고 공동의 기반이 있는지를 발견하려 노력하고 더 넓은 협력의 기초를 모색하는 일을 정치의 역할로 여긴다. 전쟁이나 혁명, 운동의 관점에서 생각한다면, 좌와 우든 진보와 보수든 백인과 흑인이든, 서로 협동하고 연대할 수는 없을 테지만,

정치란 그렇지 않다는 것을 보여 주고자 했다.

바로 그것이 오바마의 정치 언어가 갖는 가장 큰 특징이고, 이 때문에 많은 이들로부터 '현대판 키케로'Modern Cicero나 '새롭게 등장한 키케로'New Cicero 같다는 평가를 받을 수 있었다.[35] 정치에 대한 좋은 관점을 가졌다는 것만으로 다 설명될 수는 없다. 그렇지만 오바마가 확실히 수사학의 힘을 이해하고 사용했다는 것은 분명하다.

그는 로스앤젤레스에 있는 옥시덴탈 칼리지에서 학생운동을 하다가 뉴욕에 있는 컬럼비아 대학으로 편입했으며, 독서와 사색을 통해 자신의 세계관을 형성해 갔다. 국제정치학을 전공하고 셰익스피어의 영문학을 부전공했는데, 그 영향이 컸다. 국제정치학은 힘에 대한 학문이고 셰익스피어는 수사학을 문학으로 승화시킨 작가다. 이 시기부터 그는 정치의 본질을 이해하는 문제와 함께 수사학의 가치에 대해 많은 생각을 했다.

오바마의 정치 연설이 수사학에 있어 특별히 새로운 측면을 발전시킨 것은 아니다. 그보다는 오래된 것의 가치에 충실했다고 할까? 학자들이 주목한 것은 오바마가 고대 그리스와 로마 시대 수사학에 가장 가깝게 연설을 했다는 사실이다. 혹자는 이를 가리켜 (로마에서 정치가들이 걸쳤던 옷인) '토가toga를 입은 연설가'로 표현하기도 했다.[36] 다시 말해 오바마가 지금까지 없던 새로운 수사학을 개척한 것이 아니라, 중세 이후 단절된 고대 민주정의 수사학과 공화정의 수사학의 장점을 인터넷과 소셜 미디어 그리고 빅

데이터가 압도하는 최첨단의 시대에 맞게 불러들였다는 것이 좀 더 사실에 가깝다는 것이다.

미국 대통령들의 정치 언어를 비판적으로 분석한 엘빈 T. 림은, 오바마의 정치 연설을 가리켜 '반지성주의적 대통령'으로의 퇴락 경향을 벗어나기 시작한 계기로 평가하기도 했다.[37] 어떤 관점에서 보든 오바마는 고대 수사학을 현대적으로 부활시킨 대표적인 정치가가 아닐 수 없다.

그는 주로 점증적으로 강도가 높아지는 삼중 콜론을 자주 사용했다. 오바마도 "오늘 밤 우리는 우리나라의 위대함을 확실히 하기 위해 모인 것이지, 고층 빌딩의 높이, 군사력의 크기, 경제의 규모 때문에 모인 게 아니다."라든가, 의도적으로 숫자를 "100년, 10년, 1년"처럼 나열한다거나 "미국의 노동자, 미국의 가정, 미국의 중소기업"처럼 세 번의 표현을 통해 감정의 고조를 이끄는 수사법을 즐겨 사용했다.[38]

문장 속에서 앞에 나온 단어를 가리키거나 그것을 대신하기 위해 다른 단어를 쓰는 어구 반복법anaphora도 즐겨 사용했다. 긴 설명을 생략하고 상징적인 단어만 말하고 넘어가는 암시적 생략법praeteritio은 물론, 잘 알려진 이름 대신 인물의 특징을 돌려서 말하는 암시적 은유법antonomasia의 사용도 익숙했다. 대표적으로 마틴 루서 킹 주니어 목사라고 부르지 않고 "조지아에서 온 한 젊은 목사가 자신의 꿈에 대해 하는 말을 온 국민이 듣게 한 약속"과 같이 표현한 것이 대표적이다.

은유를 또 다른 은유로 이어 가기 위해 각 문장의 앞이나 끝에 단어나 구절을 반복하는 '은유의 전이'epiphora 기법도 즐겨 사용한다. 이 모든 수사학의 기법을 오바마는 자신의 연설문을 통해 잘 보여 주었다. 대표적으로 이런 부분도 있다.

만일 누군가 미국에서는 모든 일이 가능하다는 걸 아직도 의심하는 사람이 있다면, 건국자들이 가졌던 꿈이 지금의 우리 시대에도 살아 있는지에 대해 여전히 궁금해하는 사람이 있다면, 우리의 민주주의가 가진 힘에 대해 아직까지도 의문을 제기하는 사람이 있다면, 오늘 밤이 바로 여러분이 보내는 대답이다.

이 나라에서 그 전에는 절대로 볼 수 없었던 것, 투표를 위해 학교와 교회를 넘어 뻗은 그 긴 줄, 그것이 그 대답이다. 이번에는 달라야 한다는 신념으로, 투표하기 위해 생전 처음 서너 시간을 서서 기다렸던 그 많은 이들, 그들이 그 대답이다. 왜냐하면 그들은 다음과 같은 사실을 믿고 있기 때문이다. 이번에는 달라야 하며, 자신들이 목소리를 내는 것이 바로 그 변화일 수 있음을 말이다.

젊은이와 나이 든 이, 부자든 가난한 이든, 민주당원이든 공화당원이든, 흑인이든 백인이든 라틴계든 아시아계든 원주민이든, 동성애자든 비동성애자든, 장애인이든 비장애인이든 상관없이 우리는 절대로 붉은 주나 푸른 주의 컬렉션인 적이 없었다는 사실을 세상에 외치고 있는 것, 그것이 바로 그 대답이다. 우리는 지금도 미합중국이고 앞으로도 늘 미합중국일 것이다.

우리가 무엇을 성취할 수 있는지에 대해 너무 오랜 세월 동안 너무 많은 이들로부터 냉소적이고, 두려워하고 의심에 찬 말을 들어왔던 사람들, 그들이 이제 자신의 손을 역사의 정점으로 내밀고 있다는 것, 그것이 그 대답이다. 그 역사의 활을 당겨서 좀 더 나은 날들에 대한 희망 쪽으로 돌리고 있다는 것, 그것이 그 대답이다.

이 연설을 듣고 있노라면 감정이 물 흐르듯 고조되는 느낌을 받게 된다.

오바마 연설의 특별함

미국의 많은 정치학자들은 오바마의 연설 스타일에 대해, 전례를 찾기 어렵다고 말한다.[39] 케네디를 닮은 것 같지만 두 사람은 다르다. 케네디가 훨씬 상층 엘리트직인 세련됨이 있는 반면, 오바마는 전체 사회 계층은 물론 다양한 인종 집단과도 교감할 만한 언어 감각을 갖고 있다.

링컨의 정치관을 많이 닮았지만, 문체는 물론 말하는 스타일도 많이 다르다. 루스벨트와도 닮지 않았고 린든 존슨의 연설을 많이 참조했지만 역시 느낌이 다르다. 오바마 연설의 중요한 특징 가운데 하나는 자신의 '삶의 경험'을 전체 줄거리로 삼고 그 위에 자신의 가치관과 비전을 자연스럽게 얹어서 말한다는 점이다. 이 점에서 그의 연설은 문학적이다. 아리스토텔레스의 『시학』이 말하는 바, 즉 내용과 줄거리의 단단함이 표현의 힘을 통해 더 큰 전달력을 갖기 때문이다. 한편으로 대중적이면서, 다른 한편으로는 지적인 언어의 힘을 억제하지 않는 것도 특별한 점이다.

누구나 오바마가 매우 지적인 면모를 가진 사람이라고 생각한다. 지금이야 오바마의 지적인 면모 때문에 거리감이 느껴진다고 말하는 사람은 없다. 하지만 오바마가 처음 정치를 할 때 많은 민주당 정무 보좌관들은 바로 그 점을 단점으로 지적했다.* 보통 사람들이 볼 때는 "교육받은 흑인이 잘난 척하는 느낌을 준다"는 것이었다. 이 때문에 오바마 참모 진영 안에서도 작은 논란이 있었다. 결론은 미셸이 냈다. 그녀는 왜 흑인은 교육을 통해 얻은 성취를 표현하면 안 되는가를 물으며, 자신의 부모는 가난하고 못 배웠지만 자식들이 학교에서 공부를 통해 지적으로 성장하는 모습을 보여 줄 때마다 기뻐했다고 말했다.[40]

더 중요했던 것은, 오바마의 지적인 어투나 언어가 이상하게

---

* 대표적인 보좌관으로 댄 쇼몬이 있다. 그가 오바마에게 한 충고와 그 때문에 발생한 갈등에 대해서는 멘델, 『오바마, 약속에서 권력으로』 8장에 잘 나타나 있다.

도 사회 하층의 청중들에게 깊은 인상을 준다는 사실이었다. 민중적이고 대중적인 것과 지적인 것이 얼마든지 같이 갈 수 있다는 것을 보여 준 대표적인 사례가 오바마의 연설이다. 결국 참모들은 이를 인정하지 않을 수 없었다. 이런 과정을 거쳐 오바마의 연설 스타일은, ① 사람들을 자연스럽게 웃게 만드는 유머로 시작해 심리적 무장 해제를 도모하고, ② 자신이 말하고자 하는 이슈를 깊이 있는 지적인 주제로 다루면서도, ③ 인간적인 공감을 불러올 감성적 언어를 다양한 표현법을 통해 이끌어 가는 것으로 자리 잡게 되었다. 이 역시 미국 정가의 상식을 바꾼 계기로 작용했다.[41]

이렇게 보면 오바마는 키케로나 쿠인틸리아누스가 강조했던 것, 즉 "철학적인 주제를 수사학적으로 잘 다뤄야 한다"는 원칙을 모범적으로 구현한 사람이라고 볼 수 있다. 하나 더 지적할 것이 있다. 그것은 그가 '부분 부정'과 '형용모순'을 잘 사용한다는 점이다. 달리 말하면 절대적 부정의 느낌을 거의 주지 않는다. 우리 정치인들은 '결코', '절대', '당장' 등 센 부사를 습관처럼 동원하는 경향이 있는데, 그런 태도는 자신이 옳기 위한 것일 뿐 문제를 진짜로 다루면서 실체적 변화를 이끄는 노력을 경시하게 만든다.

오바마는 그렇게 하지 않는다. 예를 들어 "나는 모든 전쟁을 반대하지 않는다. 내가 부정하는 것은 잘못된 전쟁, 경솔한 전쟁, 무책임한 전쟁이다."와 같은 식이다. 누군가에 대한 찬사를 보낼 때도, "그는 인간이 가진 위대함과 함께 인간적 한계 또한 보여 주었다."고 표현했다. 무조건 좋은 말만 사용하는 것은 자칫 상투적

인 느낌을 주기 쉽다.[42]

완전한 칭찬, 완전한 반대, 완전한 대안은 정치에서 불가능하다. 모두를 위한 정책은 존재하기 어렵다. 때로 이율배반적인 결정을 해야 할 때도 있고, 예기치 않은 갈등을 감수해야 할 때도 있다. 변화는 전체와 연결된 '부분'에서 발생하며, 그렇기에 성치란 전체 정책을 구성하는 '부분들 사이'에서 우선순위를 조정하는 방식으로 이루어진다. 부분 부정과 형용모순의 언어가 필요한 것은 그 때문이다.

오바마가 그런 언어가 갖는 힘을 익숙하게 다루게 된 것은, 앞서 언급한 대로 컬럼비아 대학에서 셰익스피어 문장을 연구한 덕분이다. '달콤한 슬픔'sweet sorrow 같은 표현에서 알 수 있듯이, 셰익스피어는 누구보다도 인간 삶의 다면성과 형용모순적인 측면을 잘 이해했기 때문이다. 오바마는 그런 언어를 창조와 변화의 정치 에너지로 사용할 줄 알았다.

연설의 능력을 자각한 오바마

"내 안에 연설의 능력이 있다는 것을 느꼈다."

오바마의 자전적 책, 『내 아버지로부터의 꿈』에 나오는 이야기인데, 이는 오바마가 로스앤젤레스에 있는 옥시덴탈 칼리지에 다니면서 학생운동을 했을 때의 한 일화다.[43] 오바마와 그의 선배들 및 동료들은 학생운동이나 시위에 관심이 없는 대학 내 분위기 때문에 고심했다. 그래서 인권 운동을 탄압하는 남아프리카의 상황을 알리기 위해 퍼포먼스 형식으로 시위를 해보기로 했다.

오바마에게는 인권 운동가의 역할이 맡겨졌고, 연설 도중 경찰과 기관원 역할을 맡은 선배와 동료들에 의해 제압당하고 연행되는 장면을 연출하면 되었다. 선배들은 오바마에게 별것 아니니 연설하는 척만 하면 된다며 긴장하지 않게 했다. 준비했던 퍼포먼스 스타일의 시위가 시작되었고 오바마가 등장했다.

오바마의 표현에 따르면, 그때 그는 "자기도 모르게 진짜로 연설을 했다." 오바마가 연설을 하자, 풀밭에서 원반던지기를 하던 남학생들도 던지던 원반을 손에 쥔 채 오바마를 향해 돌아섰다. 벤치에 앉아 입을 맞추던 커플도 얼굴을 돌려 오바마의 연설에 눈과 귀를 열었다. 경찰과 기관원 역할을 맡은 선배들에게 연행되면서, 오바마는 역할극을 한 것이 아니라 진짜로 저항했다. 이런 경험을 통해 오바마는 그때 자신에게 주변 사람들을 귀 기울이게 만드는 말의 능력이 있음을 자각했다.

하지만 정작 그날 밤 그는 깊은 고민에 빠지게 된다. 시위를 마치고, 우리식으로 말하면, 뒤풀이가 있었다. 오바마의 선배들은 새로운 형식의 시위에 반응이 좋았다며 즐거워했다. 오바마에게도 "버락! 잘했어, 너 오늘 진짜처럼 연설하던데."라고 칭찬을 했고, 그렇게 오랫동안 술자리가 이어졌다.

진짜로 인권 상황을 고발했고, 진짜로 부당하게 끌려갔던 감각을 기억하고 있던 오바마에게 그날 뒤풀이는 낮에 있었던 자신들의 행동을 기만하는 일 같았다. 퍼포먼스는 그저 하게 되어 있는 연기였을 뿐, 시위를 통해 말하고자 했던 실체적 진실은 사라져 버린 느낌이 들었다. 그런 고민 속에서 오바마의 방황이 시작되었다. 대학 생활을 술과 마리화나, 담배로 보냈고, 긴 방황과 번민 끝에 학생운동을 그만두겠다는 결심을 한다. 그러고는 뉴욕의 컬럼비아 대학으로 편입을 했다.

영문학 수업 중에는 셰익스피어 관련 과목을 열심히 들었다. 적나라한 힘이 부딪히는 현실주의의 학문인 국제정치학을 전공하면서, 온갖 형용모순적인 표현을 통해 인간의 내면세계가 가진 복잡한 측면을 밝혀 준 셰익스피어의 문장을 익혔다. 이때 오바마는 학과 수업에 충실했을 뿐만 아니라, 틈틈이 라인홀드 니부어의 『도덕적 인간과 비도덕적 사회』[44]와 같은 중요 고전들을 열심히 읽으면서 시간을 보냈다.

졸업 후에는 뉴욕, 로스앤젤레스와 함께 미국 3대 흑인 공동체 도시인 시카고로 옮겨 가 '지역공동체 조직가', 즉 흑인 빈민 지역 활동가로 3년간 헌신했다. 그 뒤 "가난이나 불평등과 같은 구조적 문제를 개선하기 위해서는 그간 가졌던 권력에 대한 나의 태도를 바꿀 필요가 있다."는 자각과 함께 정치의 길을 준비하게 된다.[45] 하버드 대학 로스쿨에 입학했고, 흑인 최초로『하버드 법률평론』*Harvard Law Review* 편집장으로 선출됨으로써 전국적으로 유명인이 되었다. 학업 성적도 뛰어났다. 최종적으로 차석 졸업을 한 뒤 시카고로 돌아왔다. 운동가로서가 아니라 정치가로서 제2의 시카고 인생을 시작한 것이다.

로스앤젤레스와 뉴욕을 거쳐 시카고로 옮겨 간 것도 인상적이다. 버락 오바마는 케냐 출신 흑인 아버지와 캔자스 출신 백인 어머니 사이에서 태어났다. 인도네시아에서 엄마와 함께 어린 시절을 보냈다. 하와이에서 중고등학교를 마친 뒤, 로스앤젤레스에서 대학 생활을 시작해 뉴욕에 있는 컬럼비아 대학을 거쳐 시카고에 정착할 때까지 그가 거친 긴 여정은 마치 운명에 이끌리듯 그를 정치가의 길에 들어서게 했다. 학생운동가에서 빈민 운동가를 거쳐 정치가로의 변신이었다. 그의 연설에는 그가 살아온 삶이 들어 있다.

현대 정치 연설의 새로운 모델

수사학에 대한 오바마의 이해 수준은 꽤 높다. 아리스토텔레스의 수사학에서부터 현대 수사학에 이르기까지 끊임없이 발전해 온 수사학의 풍부한 유산을 이어받았다고 할 수 있다.[46] 로마공화정의 수사학을 대표하는 키케로의 기준에서 보더라도, 오바마 연설은 제대로 수사학적이다. 키케로는 그가 후마니타스^{Humanitas}라고 부른 인문학적 교양을 강조했고, 그 기초 위에서 말과 글의 힘을 발전시킬 것을 중시했다. 그런 점에서 키케로의 수사학을 가장 가깝게 구현한 정치가라 할 수 있는데, 그것을 오바마만의 연설 스타일로 구현했다고 할까, 아무튼 오바마는 '정치 연설의 수준'을 잘 보여 준 정치가다.[47]

굳이 아리스토텔레스를 인용하지 않더라도, 우리 인간은 공동체와 국가의 일원으로 태어났고 또 그 일원으로 살 때만 '목적을 가진 존재'가 될 수 있다. 국가 공동체를 갖지 못한 난민의 삶을 권장하는 정치학은 없다. 정치는 국가 공동체의 운영과 통치에 참여함으로써 이루어진다. 이를 통해 공화주의자들이 '오피시움'officium이라고 정의하는, 공직자다움을 실천하는 것이 정치가다. 그런 공적 의무와 책임감을 실천해야 하는 정치가가 말과 언어의 힘을 갖추지 못한다면 그것은 비극이다.

키케로만큼 공직자다움을 강조한 철학자도 없었다. 키케로는 수사학을 공익 내지 공공선을 위한 실천적 학문으로 이해했고, 아리스토텔레스의 정치학과 수사학을 계승 발전시키는 일에 헌신했다. 실제 정치가로서 공화정을 지키려 한 그의 정치적 이상은, "말이 자유롭고 풍부한 나라"에 있었다. 그것이야말로 좋은 정치의 기초라고 보았으며, 반대로 독선이나 일방적인 주장이 지배하는 나라에서는 필연적으로 폭력과 억압이 커질 수밖에 없다고 보았다.

정치가라면 누구나 나의 말이 합리적 설득에 기초한 것인지 아니면 분열과 적대를 위한 것인지 돌아봐야 한다. 오바마는 당파적이기만 한 연설은 하지 않았다. 당파적인 내용을 말할 때도 그것이 공익의 증진과 병행할 수 있다는 확신 없이는 말하지 않았다. 상대 정당이나 정치인을 야유하거나 냉소하는 언어는, 적어도 오바마의 연설에서 찾아볼 수 없다. 그는 정치적 예의를 실천하고, 연대와 협력을 말하며, 공익에 헌신하는 자세에 있어서 안정감을 보여 준 정치가였다.

오바마의 연설은 인용, 반복, 대조, 비유, 직유, 환유를 통해 때에 따라 차분하게, 때에 따라 정서적 점증으로 이어 간다. 어떤 때는 열정을 불러일으키고 어떤 때는 감정의 공유를 경험하게 한다. 연설의 내용과 기법 모두 그를 진실한 사람으로 느끼게 만든다는 것이야말로 그의 연설이 갖는 진정한 힘이다.

말을 가치 있게 만든 정치가

미국의 노예제 역사와 인종 문제를 빼고, 왜 오바마인가를 말할 수는 없을 것이다. 미국 자본주의 발전을 흑인 노예제 없이 설명할 수 없다는 것은 우리 모두 잘 아는 사실이다. 지금도 여전히 흑인의 검은 신체는 백인 인종주의자들에게는 물론 공권력에 의해서도 함부로 파괴되곤 한다. 아프리카를 포함해 비서구 지역 전반에 드리웠던 식민주의와 인종주의의 상처를 그대로 안고 있는 미국의 인종 문제, 흑인 문제는 결코 간단한 사안이 아니다.

지금 미국의 전체 시민 가운데 흑인 시민은 얼마나 될까? 약 8분의 1이다. 12퍼센트 정도 된다고 할 수 있겠다. 그런 미국에서,

게다가 흑인 시민에 대한 인종차별이 심한 곳에서 오바마는 소수 인종 대표로서만이 아니라 다수 시민의 지지를 얻어 최고 통치자의 자리에 올랐다. 민주주의가 아니고서는 이룰 수 없는 놀라운 정치적 성취임에 틀림없다.

오바마는 말을 가치 있게 만든 정치인이다. 말과 연설을 정치적 흥기가 아니라 시민적 힘으로 승화시킨 사람이다. 그는 가난한 약자들을 대표하는 정치가가 민주주의의 언어 혹은 '정치적 이성'을 갖춘 말을 통해 어떻게 성장할 수 있는지를 보여 주었다. 정치라는 인간 활동이 아름다울 수 있다는 사실을 이야기하고자 한다면, 추상적인 내용의 정치학 책보다는 오바마 연설을 참고하는 것이 좋다. 이를 통해 민주정치가 가진 놀라운 가능성을 말할 수도 있고, 이어서 정치철학과 정치 이론을 어렵지 않게 이해할 수도 있다.

오바마는 민주정치가 무엇인지를 말해 주는, 좋은 교과서의 역할을 한 정치가였다. 흑인을 포함해 인간 사회의 가장 낮은 위치에 있는 사람들에게 '정치를 통해 변화가 가능하다'는 희망을 갖게 하고, '민주주의는 당신의 참여를 필요로 한다'는 부름(소명)을 끊임없이 말해 준 정치가였다.

11장

오바마의
연설

냉소의 정치인가, 희망의 정치인가. …… 그것은 모닥불 앞에 둘러앉아 자유의 노래를
부르는 노예들의 희망이며, 머나먼 이국땅을 향해 떠나는 이민자들의 희망이고,
용감하게 메콩강 삼각주를 순찰하는 젊은 해군 중위의 희망이다. 그것은 불가능에
도전하는 공장 노동자 아들의 희망이며, 빼빼 말랐고 이름도 이상하게 들리지만
미국에 자신의 자리도 있다고 믿는 아이의 희망이다. 그 담대한 희망! 그것이야말로
신이 우리에게 주신 최고의 선물이자, 이 나라의 확고한 기반이다.
보이지 않는 것에 대한 믿음! 더 나은 날들이 다가올 것이라는 믿음!

'냉소의 정치' 대 '희망의 정치'

― 민주당 전당대회 연설(2004년 7월 27일) ―

오바마를 대표하는 연설을 꼽으라면 2004년 민주당 전당대회 연실을 이야기하지 않을 수 없다. 이 연설은 일리노이주 상원 의원을 하고 있던 젊은 오바마를 전국적 스타로 만들었다. 이 연설을 한 뒤 이듬해 연방 상원 의원에 당선되었고, 2007년 대통령 출마 선언을 한 뒤, 드디어 2008년 대통령이 되었으니 말이다.

오바마에 대한 다큐멘터리 영상을 통해 안 사실이지만, 이 연설 직전 오바마는 자신의 차례가 오기 전 무대 뒤에서 친구들과 함께 있었다. 드디어 차례가 되자 사람들과 가볍게 포옹하고 무대 위로, 마치 마장용 말이 가볍게 걷듯이 경쾌하게 연단으로 나아갔다. 고등학교 농구 선수 출신답게 긴 팔을 뻗고 큰 손을 높이 든 채 무대의 중심에 섰다. 연설이 시작되었다.

사람들이 천천히 그의 말에 빨려 들었고, 점차 환호하기 시작했다. 맨 앞쪽에 앉아 있던 민주당 대선 후보 존 케리는, 뭔가에 홀린 듯 입을 벌린 채, 연설 중인 오바마를 올려 보고 있다. 그 모습이 카메라에 고스란히 담겼다. 이 대목에서 나는 영화 〈빌리 엘리어트〉의 마지막 장면이 떠올랐다.

광부의 아들로 태어나 발레리노로 성장한 주인공 소년 빌리. 그를 보러 탄광 노동자인 아버지와 형 그리고 어린 시절의 친구가 왔다. 무대 뒤에서 그들이 왔다는 이야기를 전달받은 빌리, 드디어 무대가 열리자 멋진 등 근육을 움직여 긴장을 풀고는 가볍게 무대를 가로질러 달려가며 높이 도약한다. 최고의 발레리노로 성장한 빌리의 비상, 그 아름다운 장면을 지켜보는 늙은 광부 아버지의 벌어진 입과 글썽이는 눈, 그야말로 경탄 그 자체였다.

오바마가 연설을 마치자 청중석 맨 뒤에서 한 여성이 깡충깡충 뛰는 듯 보일 정도로 있는 힘껏 박수를 오래도록 쳤다. 한동안 카메라가 그녀를 잡아 주었다. 힐러리 클린턴이었다. 민주당의 젊은 스타 정치인의 등장을 누구보다도 환영하던 그때 그녀는 상상이나 했을까? 4년 뒤 저 오바마가 자신을 꺾고 민주당 대선 후보가 되고 또 대통령이 될 거라는 사실을 말이다. 연설의 첫 부분을 보자.

감사한다. 여러분. 정말 감사한다. 딕 더빈 상원 의원님. 당신은 우리 모두를 자랑스럽게 해준다. 미국의 중심을 가로지르는 교차로이자, 링컨의 땅, 위대한 일리노이주를 대표하여, 전당대회에서 연설할 수 있는 특별한 권리를 갖게 된 것에 대해 진심으로 감사한다. 나에게 오늘 저녁은 대단히 영광스러운 순간이다. 솔직히 말해, 내가 오늘 이 연단에 서 있는 것 자체가 놀라운 일이다.

나의 아버지는 유학생이었다. 그는 케냐의 작은 마을에서 나고 자랐다. 아버지는 염소를 치면서 컸고, 양철 지붕의 판잣집에서 학교를 다녔다. 아버지의 아버지, 그러니까 나의 할아버지는 영국인 가정에서 일하는 요리사였다. 하지만 할아버지는 자신의 아들에 대해서만은 큰 꿈을 품었다. 아버지는 노력과 인내 끝에 기적의 땅에서 공부할 수 있는 장학금을 받았다. 바로 미국이다. 미국은 아버지 이전의 수많은 이민자에게도 자유와 기회의 빛을 비춰 준 등대였다.

이곳에서 공부하는 동안 아버지는 어머니를 만났다. 어머니는 케냐의 지구 반대편 캔자스주에서 태어난 분이었다. 어머니의 아버지는 대공황 시기 내내 석유 시추 공장과 농장에서 일했다. 진주만 사태가 발발한 다음 날, 외할아버지는 군에 입대했고, 패튼 장군의 지휘 아래 유럽 대륙을 누볐다. 본토에 남은 외할머니는 폭격기 조립 라인에서 일하면서 아이를 돌보았다. 전쟁이 끝난 이후 두 분은 참전군인지원법GI Bill의 도움으로 학업을 마쳤다. 연방주택국의 대출을 받아 집을 샀다. 나중에는 서쪽의 머나먼 하와이로 기회를 찾아 떠났다. 그 두 분역시 딸에 대해 큰 꿈을 품었다. 멀리 떨어진 두 대륙에서 품은 꿈이었지만, 그것은 하나의 같은 꿈이었다.

연설의 첫 번째 주제는 꿈dream이다. 그런데 꿈은 꿈이되, 하나의 같은 꿈이다. 케냐 출신 아버지와 미국 남부 출신 어머니, 그리고 그들의 부모들이 꾼 꿈. 더 넓히면 이민자들로 이루어진 미국이라는 나라의 꿈을 다뤘다. 흔히 '아메리칸드림'이라고 불리는 이 주제를 가장 감각적으로 잘 다룬 대표적인 연설이 아닐 수 없다.[48] 이어지는 내용을 보자.

나의 부모님은 불가능한 사랑을 나눴다. 이 나라의 가능성에 대해 굳건한 신념도 나눴다. 부모님은 내게 버락이라는, '축복받은'이라는 의미의 아프리카어 이름을 지어 주셨다. 미국이라는 관용적인 나라에서는 그 이름이 성공의 장애물로 작용하지 않을 것이라 믿으셨기 때문이다. 부모님은 부자가 아니었음에도 내가 이 땅에서 최고의 학교에 갈 것이라는 상상을 하셨다. 미국이라는 이 관대한 나라에서는 부자여야만 잠재력을 발휘할 기회가 주어지는 것이 아니기 때문이다. 지금은 두 분모두 돌아가셨다. 하지만 오늘 밤만큼은 하늘에서 자랑스럽게 나를 내려다보고 계시리라.

오늘 여기에 서있는 나는 내가 물려받은 유산의 다양성에 대해 감사한다. 나는 부모님의 꿈이 소중한 나의 두 딸을 통해 지속될 거라는 사실을 알고 있다. 이 자리에 서있는 나는 나의 이야기가 나보다 더 큰 미국의 이야기를 구성하는 일부라는 사실, 이는 앞서 살았던 모든 선조들 덕분이라는 사실, 이 지구상의 다른 나라에서라면 나의 이야기가 불가능했으리라는 사실을 알고 있다.

오바마는 개인사 이야기story를 좋아한다. 개인사를 곧 미국의 역사history와 연결시키는 데 탁월한 능력을 갖고 있다. 이민자 개인의 역사는 곧 전체로서 미국의 이야기를 구성하는 부분이고, 그것이 미국의 장점이자 자랑거리라는 것이 오바마의 일관된 메시지다. 오바마는 알렉스 헉슬리의 『뿌리』를 연상시키는 자신의 이야기, 이민 가정의 이야기가 미국이 가진 다양성과 발전의 원천이라는 사실을 늘 강조한다. 이어지는 연설 내용을 보자.

오늘 밤, 우리는 이 나라의 위대함을 확인하기 위해서 모였다. 우리가 위대한 것은 높은 빌딩을 갖고 있어서가 아니다. 우리의 군대가 강해서도 아니다. 우리의 경제 규모가 커서도 아니다. 우리가 가진 자부심의 원천은 다음과 같은 아주 간단한 명제에 있다. 그것은 200년 전의 어느 한 선언문[1776년의 미국 독립선언문]에 집약되어 있다. "우리는 다음의 것들을 자명한 진리로 받아들인다. 모든 인간은 평등하게 창조되었다. 창조주는 양도할 수 없는 불가침의 권리를 인간에게 주었다. 그 가운데 생명, 자유 그리고 행복을 추구할 권리가 있다."

바로 여기에 미국이 가진 진정한 특별함이 있다. 소박한 소망들에 대한 신념, 그리고 작은 기적들에 대한 확신이 그것이다. 그것은 밤에 아이들을 편안히 잠재울 수 있다는 것이다. 그것은 아이들을 먹이고 입히며 위험으로부터 안전하게 지킬 수 있다는 것이다. 그것은 우리의 생각을 자유롭게 말하고 자유롭게 쓰더라도 갑작스레 누군가 우리 집에 들이닥칠까 봐 두려워하지 않아도 된다는 것이다. 그것은 좋은 아이디어가 생겼을 때 뇌물을 바치지 않고도 사업을 시작할 수 있다는 것이다. 그것은 정치적 의사 결정 과정에 참여하면서 보복을 당할지 모른다는 두려움을 갖지 않을 수 있다는 것이다. 그것은 우리의 가진 표 하나하나가, 늘 그렇지는 않을지 몰라도, 대체로 선거 결과에 반영되리라는 것이다.

올해 선거에서 우리 모두는 우리가 가진 가치와 그에 대한 헌신을 재확인하라는 부름을 받았다. 오늘의 현실과 냉정하게 견줘 보고, 과연 우리가 선조들의 유산과 후대의 기대에 얼마나 부응하고 있는지 확인해야 할 것이다.

이 부분에서 오바마는 자신의 장기 가운데 하나인 '반복을 통한 감정의 점증'을 사용하고 있다. "That we can"을 여섯 번 반복하면서 "그것은 우리가" 다음과 같은 일들을 할 수 있다는 데 있음을 강조하는 대목이다. 실제 연설 영상을 보면 앞서 조용히 오바마의 개인사를 듣던 청중이 이때부터 열광적으로 화답하기 시작한다. 젊은 오바마의 패기 넘치는 연설이다.

대통령이 된 다음에는 중저음의 톤으로 바뀌었지만, 이때 오바마는 확실히 젊고 도전적인 태도를 보이고 있다. 내용 면에서도 훌륭하다. 미국의 전통과 가치, 그 위대함에 대한 매우 인상적인 해석이 잘 드러난다. 그것은 흑인 진보파와 백인 진보파 사이의 갈등과 차이를 효과적으로 통합하는 시각이자, 히스패닉과 무슬림을 포함해 다양한 집단의 존재와 그들의 정체성을 분열이 아니라 공존하게 하는, 일종의 '다원주의적 가교'의 역할을 하는 정치론이라 할 수 있다.

이 때문에 오바마는 "흑인 맞아?" 혹은 "진보 맞아?"와 같은 의심을 받기도 했지만, 결과적으로 보면 그의 정치론은 최대 다수의 인종 연합을 가능하게 만들었다고 볼 수 있다. 그에게서 '오바마다움'이라고 부를 만한 특별함이 있다면, 개인과 집단의 차이를 넘어 사회를 통합으로 이끄는 가치에 대한 그의 확고한 믿음이다. 그것은 인종과 계급의 차이와 상관없이 평등한 자유와 권리를 존중하자고 요청하고 격려하는 그의 연설에서 잘 나타나 있다.

동료 미국 시민 여러분, 민주당 지지자 여러분, 공화당 지지자 여러분, 무당파 시민 여러분, 감히 말씀드리건대 아직 우리에게는 해야 할 일이 더 있다. 일리노이주 게일즈버그시에서 만난 노동자들을 위해 해야 할 일이 더 있다. 멕시코로 이전하는 메이텍사 공장에서 근무하다가 갑자기 실직하고 나서는 시급 7달러 일자리를 두고 자식들과 경쟁해야 하는 그 노동자들을 위해 해야 할 일이 더 있다. 일자리를 잃고 나서 한 달에 4500 달러나 하는 아들의 약값을 의료보험 없이 어떻게 대야 하나 눈물을 삼키며 걱정하던 아버지를 위해 우리가 해야 할 일이 더 있다. 세인트루이스시 동쪽에 사는 어느 젊은 여성의 경우처럼 학점도 좋고 추진력과 의지도 있지만 학비가 없어서 대학에 가지 못하는 수천 명의 사람들을 위해 우리에게는 해야 할 일이 더 있다.

　오해하지 말길 바란다. 내가 만난 그 사람들, 그곳이 작은 마을이든, 큰 도시이든, 동네 식당이든, 사무실이 들어선 지역이든, 내가 만난 그들은 정부가 모든 문제를 해결해 주길 기대하지 않았다. 성실하게 일해야만 앞으로 나아갈 수 있다는 것을, 그들은 알고 있다. 그럴 준비도 되어 있다. 시카고 근교의 소도시들에 가보라. 시민들은 복지 기관이나 국방부가 자신들의 세금을 낭비하는 게 싫다고 말한다. 도심 한복판의 동네에 가보라. 시민들은 정부 혼자서는 아이들을 가르칠 수 없다고 말한다. 부모가 부모 역할을 해야 한다는 것을 그들도 알고 있다. 아이들에 대한 기대 수준을 높여야 하고, 텔레비전을 끄게 해야 하며, 책 읽는 흑인 아이가 백인인 척한다는 냉소적 비아냥거림을 듣지 않게 해야 하며, 그래야 아이들이 잘해 낼 수 있다는 것을, 그들은 분명히 알고 있다.

　시민들은 정부가 모든 문제를 해결해 주기를 기대하는 것이 아니다. 다만 뼛속 깊이 느끼고 있다. 정책의 우선순위만 조금 바꿔도 미국의 모든 아이에게 공정한 인생의 출발을 보장해 주고, 기회의 문을 열어 줄 수 있다. 우리가 지금보다 나아질 수 있다는 것을 시민들은 알고 있다. 그리고 시민들은 바로 그런 변화, 그런 선택을 원한다.

이곳 역시 반복을 통한 감정의 점증이 잘 나타나는 곳이다.

이 부분의 주제는 미국 정치에서 가장 어려운 일 가운데 하나인 정부의 적극적인 역할을 강조하는 것이다. 미국이라는 나라의 기원 자체가 유럽에서 정부의 박해를 피해 종교적 자유를 누리고자 건너온 사람들에게서 시작되었고, 미국의 독립 혁명과 헌법 제정 역시 정부에 대한 깊은 의심을 전제로 이루어졌기 때문이다.

정부의 역할을 최소화해서 자유주의의 가치를 최대화할 수는 있겠지만 민주주의는 그럴 수가 없다. 정부 역할의 증대를 개인 자유의 침해와 동일시하는 미국적 전통에서 어떻게 긍정적이고 적극적인 정부 역할을 옹호할 수 있을까? 이는 미국 민주주의에서 가장 민감한 주제인데, 오바마만큼 이 문제를 잘 다루는 사람도 드물다.

"정부는 해결책이 아니라 문제의 원인"이라는 로널드 레이건의 주장이 설득력을 갖는 미국에서, 그는 이런 논변을 끊임없이 발전시켜 왔다. 정부가 완전한 해결책이라 말하는 사람은 없다. 다만 정책의 방향이나 예산 사용의 우선순위에 있어 작은 변화가, 도움이 필요한 사람들에게 가져다주는 기회와 가능성은 크다. 개인의 자조와 자립을 도와줄 수 있고 개개인을 더 책임감 있게 만들 수도 있다. 정부의 역할과 개인의 자율성은 배타적이 아니라 문제를 어떻게 보느냐에 따라 얼마든지 양립될 수 있다. 그러니 다시 '변화의 선택'을 이어 가자. 이런 내용의 오바마 연설을 계속해서 보자.

이번 선거에서 우리는 변화의 선택을 제안하고 있다. 민주당이 이번 대선 후보로 내세운 사람은 이 사회가 추구해야 하는 최고의 가치들을 두루 지닌 사람이다. 바로 존 케리다. 존 케리는 공동체, 믿음, 봉사의 삶을 살아왔다. 베트남에서 용감하게 군 복무를 하던 시절부터, 검사 생활을 하고 부지사로 일하고, 미국 상원 의원에 이르기까지 지난 20년간 그는 이 나라를 위해 헌신해 왔다. 우리는 그가 매번 쉬운 선택을 마다하고 어려운 선택을 하는 모습을 봐왔다. 그가 추구해 온 가치와 지난 이력들은 우리가 이뤄 가야 할 최상의 가치가 무엇인지를 확인시켜 주고 있다.

성실함이 보상받는 미국이 되어야 한다고, 존 케리는 믿고 있다. 일자리를 해외로 돌리는 기업보다 국내에서 일자리를 창출하는 기업에게 세금 혜택을 주어야 한다는 것을, 존 케리는 믿고 있다. 워싱턴의 정치인들이 누리는 것과 같은 의료보험의 혜택을 전 국민이 누려야 한다는 것을, 존 케리는 믿고 있다. 석유 회사들의 이윤이나 해외 유전의 갑작스러운 생산 중단에 우리가 볼모 잡히지 않도록 에너지 자립을 이루어야 한다는 것을, 존 케리는 믿고 있다. 전 세계가 부러워하는 우리 헌법에 보장된 자유를, 존 케리는 믿고 있다. 그는 결코 우리의 이 기본적인 자유가 희생되거나 우리를 분열시키기 위해 종교적 신념을 악용하지 않을 것이다. 험한 세상에서 때로는 전쟁을 선택할 수밖에 없지만, 전쟁은 절대로 첫 번째 선택이 되어서는 안 된다는 것을, 존 케리는 믿고 있다.

얼마 전에 일리노이주의 이스트몰린에 있는 해외 참전 용사 회관에서 샤머스라는 청년을 만났다. 그는 훤칠한 젊은이였다. 190센티미터 정도의 키에 또렷한 눈, 편안한 미소를 가진 사람이었다. 그는 해병대에 입대했고 다음 주에 이라크로 파병된다고 말했다. 그의 이야기를 들으면서, 우리나라와 지도자들에 대한 절대적인 신뢰, 임무에 대한 헌신과 봉사의 자세를 볼 수 있었다. 이 젊은이야말로 우리 모두가 자식을 키우면서 자라 주기를 바라는 바로 그 모습이 아닐까 생각했다. 하지만 나 자신에게 물어보았다. 과연 샤머스가 우리를 위해 헌신하는 만큼 우리도 샤머스를 위해 헌신하고 있는가?

고향으로 돌아오지 못하는 900명의 남녀 군인들, 그들의 아들과 딸, 남편과 아내, 친구와 이웃들을 떠올려 보았다. 이들 사랑하는 사람의 소득이 없어진 뒤 어렵게 살아가고 있는 많은 가족이 떠올랐다. 또는 신체 일부가 절단되거나 신경이 손상되어 귀국했는데도 예비역이라는 이유로 장기 의료보험 보장이 안 되는 이들의 가족이 떠올랐다. 우리의 젊은이들을 사지에 보낼 때는, 적어도 통계를 조작하거나, 그들이 그곳에 가야 하는 이유에 관해 진실을 숨기지 말아야 한다. 그들이 떠나 있는 동안 그들의 가족들을 돌봐 주고, 그들이 돌아온 뒤에는 돌아온 그들을 보살펴 주어야 한다. 전쟁에서 승리하고, 평화를 쟁취하고, 세계인의 존경을 받을 만큼의 충분한 병력을 갖추지 못하는 한, 절대로 전쟁에 나서지 말아야 할 신성한 의무가 우리에게 있다.

분명히 해둘 것이 있다. 세상에는 우리가 맞서야 할 적이 있다. 이 적들을 반드시 찾아내야 한다. 이들을 추적해야 하며 응징해야 한다. 존 케리는 이 점을 알고 있다. 케리 중위가 베트남에서 함께한 부하들을 보호하고자 목숨을 거는 데 주저하지 않았던 것처럼 존 케리 대통령 또한 미국을 안전하게 지키기 위해서라면 군사력을 사용하는 것을 한순간도 주저하지 않을 것이다.

이는 전당대회의 본래 목적, 즉 민주당 대통령 후보 존 케리에 대해 이야기하는 부분이다. 찬조 연설이라는 측면에서 보면 이 부분이 연설의 하이라이트라고 할 수 있다. 그런데 그는 존 케리에 대한 지지를 말하면서 그 이유를 자신의 정치관으로 채운다. 그것도 반복을 통해 열정을 고조하는 자신의 방식으로 말이다.

그는 사람들의 예상을 넘어 민주당 후보와 공화당 후보 사이의 선택이 아닌, 지금까지의 정치와는 다른, 자신이 하고자 하고 청중에게 함께하자며 '변화의 정치'를 말한다. 즉, 이번 선거는 민주당과 공화당 사이의 선택, 진보와 보수 사이의 선택, 남부와 북부 사이의 선택이 아니어야 한다는 것, 그렇지 않으면 '양극화 정치' 혹은 '적대와 분열의 정치'를 지속하게 될 것이라고 말이다.

우리의 선택은 변화를 추구하는 것이다. '다원주의 속에서의 연대와 협력의 정치'로 나아가는 선택이 그것이다. 변화의 정치인가 정체의 정치인가, 냉소의 정치인가 가능성의 정치인가, 미국 민주주의의 미래는 이 선택에 달려 있다. 오바마는 이런 정치관을 그가 대통령이 된 뒤에도, 퇴임하고 나서도 계속 견지해 왔다. 그리고 언제나 이 부분에서 가장 열심히 말했고 또 가장 많은 청중의 반응을 얻었다. 이제 오바마가 청중의 파토스를 최고조로 이끌며 주고받는 단어의 매력을 감상해 보자.

존 케리는 미국을 믿는다. 오직 소수의 몇몇만 잘 사는 것으로는 충분하지 않다는 것을 알고 있다. 왜냐하면 미국의 가치 안에 깊이 자리 잡은 개인주의의 다른 한편에 또 다른 요소가 합쳐져 미국이라는 웅장한 전설이 완성되기 때문이다. 그것은 바로 우리 모두가 하나로 연결되어 있다는 믿음이다. 만약 시카고 남부 지역에 글자를 읽지 못하는 아이가 있다면, 그가 내 아이가 아니더라도 그건 내 아이의 문제다. 어딘가에서 어떤 노인분이 약값을 낼 돈이 충분치 않아서, 약값과 집세 중에 하나만 선택해야 한다면, 그가 내 조부모가 아닐지라도 그건 내 삶이 궁핍해지는 일이 된다. 아랍계 이민자 가족이 법적 도움이나 적법한 절차도 거치지 않은 채 구속된다면, 그것은 나의 인권이 침해당하는 일이다. 이러한 근본적인 믿음, 우리가 서로의 어려움을 돌봐 주어야 할 형제자매라는 그 믿음 때문에 이 나라가 존재한다. 그 믿음 때문에 각자가 개인의 꿈을 추구하는 동시에 미국이라는 더 큰 가족의 울타리 안에서 함께 모이게 되는 것이다. 에 플루리부스 우눔.^{E pluribus unum.}* '여럿으로 구성된 하나!'

지금 이렇게 말하고 있는 순간에도 우리를 분열시키고자 하는 사람들이 있다. 여론을 호도하고자 하는 사람들, 흑색선전을 퍼뜨리는 사람들, 이들은 분열의 정치로 치닫는 일을 한다. 바로 지금, 그들에게 말해 두고 싶은 게 있다. 진보적인 미국, 보수적인 미국이 따로 있는 것이 아니다. 오직 미합중국이 있다. 흑인들의 미국과 백인들의 미국과 라틴계의 미국, 아시아계 미국이 따로 있지 않다. 오직 미합중국이 있다.

정치 평론가들은 우리나라를 붉은 주와 파란 주로 잘게 썰고 나누길 좋아한다. 붉은 주는 공화당, 파란 주는 민주당을 나타낸다고 말한다. 그들에게도 말해 둘 것이 있다. 파란 주에 사는 사람들도 위대한 신을 경배한다. 붉은 주에 사는 사람들도 연방 수사 요원들이 도서관에 기웃거리는 것을 싫어한다. 파란 주에 사는 사람들도 어린이 야구단 코치로 활동하고, 붉은 주에 사는 사람들도 동성애자 친구 하나쯤은 있다. 애국자 중에는 이라크 전쟁을 반대한 사람도 있고 이라크 전쟁을 지지한 사람도 있다. 우리는 하나의 인민이다.^{We are one people.} 우리

---

* 미합중국을 상징하는 문장紋章 속에 새겨져 있는 라틴어 문구.

모두 성조기를 보며 충성을 맹세하고 있고, 우리 모두 미합중국을 지키고 있다.

이번 선거의 의미가 바로 여기에 있다. 냉소의 정치인가, 희망의 정치인가. (청중들 'Hope! Hope!' 연호) 존 케리는 여러분을 희망의 정치로 부르고 있다. [부통령 지명자인] 존 에드워즈가 희망의 정치로 여러분을 부르고 있다. 나는 지금 근거 없는 낙관주의를 말하고 있는 것이 아니다. 마치 실업자 문제를 못 본 척하면 문제가 없어지는 것처럼, 마치 의료보험 위기에 눈감고 있으면 저절로 해결되기라도 하는 것처럼 문제를 회피하려는 것이 아니다.

그게 아니라, 그게 아니라, 나는 좀 더 실질적인 것들에 대한 희망을 이야기하고자 한다. 그것은 모닥불 앞에 둘러앉아 자유의 노래를 부르는 노예들의 희망이며, 머나먼 이국땅을 향해 떠나는 이민자들의 희망이고, 용감하게 메콩강 삼각주를 순찰하는 젊은 해군 중위의 희망이다. 그것은 불가능에 도전하는 공장 노동자 아들의 희망이며, 삐삐 말랐고 이름도 이상하게 들리지만 미국에 자신의 자리도 있다고 믿는 아이의 희망이다. 그 담대한 희망!

그것이야말로 신이 우리에게 주신 최고의 선물이자, 이 국가의 확고한 기반이다. 보이지 않는 것에 대한 믿음! 더 나은 날들이 다가올 것이라는 믿음! 중산층의 어깨에서 짐을 덜어내고 노동자 가정에 기회를 열어 줄 수 있다는 것을 나는 믿는다. 실업자들에게는 직업을, 집 없는 사람들에게는 집을 제공하고, 전국의 각 도시에 사는 젊은이들을 폭력과 절망으로부터 구해 낼 수 있다는 것을, 나는 믿는다. 지금 우리가 역사적인 기로에 서있다는 것, 여기서 우리는 올바른 선택을 할 수 있으며, 우리 앞에 놓인 도전에 대처할 수 있다는 것을, 나는 믿는다. 아메리카!

오늘 밤, 내가 느끼는 에너지, 내가 느끼는 절박함, 내가 느끼는 열정, 내가 느끼는 희망을 당신도 똑같이 느끼고 있다면, 그래서 우리가 해야 할 일을 우리가 한다면, 나는 다음과 같은 사실을 믿어 의심치 않는다. 이 나라 모든 곳에서, 플로리다주에서 오리건주까지, 워싱턴주에서 메인주까지, 11월에 모두 일어설 것이다. 존 케리가 대통령으로 취임하고 존 에드워즈가 부통령에 취임할 것이다. 약속의 땅인 이 나라는 정치적암흑기에서 벗어나 더 밝은 날을 맞을 것이다. 감사한다. 신의은총이 여러분과 함께하기를.

오바마의 연설이 끝난 뒤 방송사들은 앞다퉈 전당대회 청중의 반응을 담는 인터뷰 영상을 찍었다. 청중은 한결같이 흥분해 있었다. 민주당에 "스타가 출현했다"는 것이었다. 4년 뒤 미국 내통령으로 당선되는 드라마의 예고편 같았다.•

• 멘델은 연설 직후의 상황을 이렇게 묘사했다. 연설이 끝나고 난 뒤, 오바마가 상원 의원에 출마하는 데 반대했던 미셸의 볼에 눈물이 흘렀으며, 이를 본 참모들도 전율을 느꼈다. 미셸은 연단으로 뛰어올라 남편의 등을 가볍게 두드려 줬고 연단 뒤로 함께 이동하며 환호하는 관중을 향해 손을 흔들었다. 예정이나 계획에 없던 일이었다. 한 방송국의 앵커는 '몸서리쳐질 정도로 훌륭한 연설이었다'고 소리쳤다. 다음 날 민주당 전당대회 건물의 에스컬레이터를 타고 움직이는 오바마를 알아보는 사람 가운데 이렇게 외치는 사람도 있었다. "당신이 대통령이 될 때까지 기다릴 수가 없어요." 멘델, 데이비드,『오바마, 약속에서 권력으로』, 윤태일 옮김, 한국과미국, 2008, 349, 350쪽.

민주주의를 지켜야 한다

― 대통령 고별 연설(2017년 1월 10일) ―

청년의 모습으로 시작한 정치가의 길이었지만 대통령 임기 8년 동안 너무 늙어 버린 오바마의 모습을 보면서, 정치가라는 직업이 정신적으로 얼마나 고된 일인가를 생각한 적이 있다. 그렇기에 오바마가 자신의 정치적 경력 가운데 최고의 위치를 마무리하는 고별 연설에서 보여 준 인식은 특별했다. 50분에 걸친 긴 연설이지만 인내심을 갖고 주요 내용을 살펴보자.

안녕, 시카고! (박수) 고향을 찾기 좋은 때다. (박수) 모두들 고맙다. (박수) 고맙다. (박수) 고맙다. (박수) 고맙다. 고맙다. 고맙다. (박수) 고향에 오니 기분이 좋다. 고맙다. (박수) 그런데 지금 우리는 텔레비전으로 생중계되고 있다. 이제 내 역할을 시작할 차례다. (박수) 이렇게 아무도 따라 주지 않으면 사람들이 나를 '레임덕'이라고 하지 않겠는가. (웃음) 자, 모두 자리에 앉아 주길 바란다.

이 짧은 서두만으로도 열기를 느낄 수 있다. 연실은 2만 명이 모일 수 있을 만큼, 미국에서 가장 큰 실내 집회장인, 일리노이 매코믹 플레이스에서 야간에 열렸다. 입장권은 무료였으나 일찍이 표가 동났다. 그 때문에 암표가 온라인에서 거래되고 있다는 보도가 있었다.

　나의 동료 시민 여러분, 미셸과 나는 지난 몇 주간 우리가 받은
모든 축복의 인사에 너무나 큰 감동을 받았다. 하지만 오늘 밤
은 내가 고맙다고 말할 차례다. 우리가 같은 의견을 가졌든, 전
혀 달랐든, 거실과 학교에서, 농장과 공장 바닥에서, 그리고 머
나먼 군사 기지에서 미국 시민 여러분과 나누었던 대화는, 내
가 계속 정직하고 영감을 갖고 전진해 나갈 수 있도록 해주었
다. 여러분은 나를 가르쳤고, 나를 더 나은 대통령으로, 더 나
은 사람으로 만들었다.

　　20대 초반, 시카고에 처음 왔을 때 나는 내가 누구인가를
알아내고자 노력했다. 지금도 여전히 내 삶의 목적이 무엇인
지를 찾고 있지만 말이다. 그리고 여기에서 멀지 않은, 폐쇄된
제철소 그늘에서 나는 교회 단체와 함께 일하기 시작했다. 나
는 이곳에서, 투쟁과 상실에 직면한 노동자들의 조용한 위엄
과 신앙의 힘을 목격했다. (청중 "4년 더!"를 외침.) 그럴 수 없
다. (웃음) 바로 이곳에서 나는 보통 사람들이 참여하고 연대
하고 함께 요구할 때만 변화가 일어난다는 것을 배웠다. 여러
분의 대통령으로서 이미 8년을 보냈지만, 나는 아직도 그 사실
을 믿는다.

　"여러분이 나를 더 나은 사람으로 만들었다."라는 부분은 연설

자에 대한 권위와 신뢰를 강조하는 에토스를 드러냄과 동시에 청중과의 유대를 강화하는 형식을 취한다. '파토스로부터 끌어낸 에토스'라고나 할까. 혹은 고전적인 수사학의 여러 요소를 '서로가 공유하는 이야기 구조'narrative로 더 강하게 집약하는 효과를 갖게 하는, '오바마만의 스타일'이라 할 수 있다. 연극 〈레미제라블〉에 나오는 "나는 누구인가"Who am I, 이 부분을 활용한 점도 특별하다. 즉, 나는 늘 내가 누구인가를 찾고자 노력했고, 여러분이야말로 내가 누구인가를 더 깊이 자각하게 만들었다는 대목에서 연설자와 청중의 일체감은 극대화되었다. 계속 보자.

이것이 나만의 믿음은 아니다. 그것은 가슴을 두근거리게 하는 우리 미국인들의 이상 즉, 스스로 통치한다는, 그 대담한 실천에 기초하고 있다. 우리 모두가 평등하게 창조되었고, 창조주에 의해 생명과 자유, 행복 추구라는 양도할 수 없는 권리를 부여받았다는 확신이 있다. 이러한 권리는 자명하지만 한 번도 저절로 실현된 적은 없다. 우리 시민들은 민주주의의 도구를 이용해 더 완벽한 공동체를 만들 수 있다. 얼마나 급진적인 생각인가. 건국의 시조들이 우리에게 준 위대한 선물이다. 우리의 땀과 노력과 상상력으로 각자가 자신만의 꿈을 좇을 자유와, 더 큰 공공선을 성취하기 위해 함께 노력해야 한다.

240년 동안 시민의 권리에 대한 새로운 요청은 새로운 세대에게 새로운 임무와 목표를 부여하곤 했다. 그것은 애국자들을 폭정에 대항해 공화정을 선택하도록 이끌었다. 개척자들을 서부로 향하게 했다. 노예들에게 철도를 타고 자유를 찾을 용기를 갖도록 인도했다. 이민자와 난민을 대양과 [미국 남부와 멕시코 사이를 흐르는] 리오그란데강을 가로질러 오도록 이끌었다. 여성으로 하여금 투표용지를 향해 손을 뻗게 했다. 노동자들이 조직을 결성하도록 힘을 주었다. 군대가 오마하 해변과 이오지마, 이라크와 아프가니스탄에서 목숨을 바칠 수 있었던 이유이기도 했다. 그것은 [흑인 민권운동의 상징인] 셀마에서 [동성애자 인권의 상징인] 스톤월까지 남성들과 여성들이 자신의 목숨을 던질 각오를 하게 했던 이유였다.

우리가 미국을 특별하다고 말할 때 우리가 의미하는 바는 이것이다. 우리 국민nation이 처음부터 완벽한 존재였던 것은 아니다. 그러나 우리는 변화의 힘을 보여 줬고 우리를 뒤따르는 사람들에게 더 나은 삶을 살도록 했다. 물론 우리의 전진은 평탄치 않았다. 민주주의의 역사는 항상 어려웠다. 논쟁은 늘 있었다. 때로는 피를 흘렸다. 앞으로 두 걸음 나아가는 동안 우리는 한 걸음 뒤로 물러서는 느낌이 들 정도였다. 그러나 긴 시간을 돌이켜보면 미국은 앞으로 나아갔다. 일부가 아닌 모두를 껴안겠다는 건국의 이념을 지속적으로 확대해 갔다.

자치와 민주주의, 시민적 평등에 대한 아름다운 해석이다. 개인의 자유와 공동의 이익을 결합할 수 있는 민주주의의 도구를 노예와 여성, 이주민, 노동자, 동성애자 등이 활용할 수 있게 한 것이야말로 미국이 자랑하는 전통이다. 수많은 소수로 이루어진 다수 a majority of minorities, 이를 향한 미국인의 꿈, 끊임없는 전진과 변화 등 민주주의에 대한 진보적 해석을 귀에 거슬리지 않게 표현하는 것이야말로 그의 큰 능력이 아닐 수 없다.

만약 8년 전에 내가, 극심한 경기 침체에서 미국을 구해 내겠다고 말했다면, 자동차 산업을 재생시키고 역사상 가장 많은 일자리를 창출할 것이라고 말했다면, 그리고 쿠바 국민에게 새로운 시대를 열어 주겠다고 말했다면, 무력을 사용하지 않고 이란의 핵무기 프로그램을 중단시키겠다고 말했다면, 9·11의 주모자들을 찾아내 제거하겠다고 말했다면, 양성 모두 평등한 혼인의 권리를 갖게 하고 2000만 명의 시민들이 건강 보험의 권리를 갖게 해주겠다고 말했다면, 이 모든 것을 그때 여러분에게 말했더라면 여러분은 목표가 너무 높게 설정되었다고 반대했을지 모른다. 그러나 그것은 우리가 해낸 일이다. 여러분이 한 일이다. 여러분이 그 변화, 그 자체였다. 여러분이 사람들의 소망에 응답한 것이었다. 여러분 덕분에 거의 모든 분야에서 미국은 우리가 시작했을 때보다 더 훌륭하고 너 선강해졌다.

소망과 부르심 그리고 응답이라고 하는 기독교적 정의론을 효과적으로 활용한 부분이다. 오바마의 연설이 전형적인 수사학과 다른 점은 흑인 교회의 설교 언어를 적절할 때 효과적으로 결합하는 그의 연설 기법에 있다. 그는 시카고에서 제레미아 라이트 목사의 설교를 들으며 흑인 교회의 설교 양식이 가진 강점을 유심히 관찰하고 받아들였다. 실제로 『내 아버지로부터의 꿈』에 보면 흑인 교회의 찬송가 속에서 그는 노예 출신 흑인들의 피를 타고 흐르는 종교적 믿음과, 슬픔을 딛고 솟아오르는 긍정적 힘에 진정으로 감동받는 대목이 나온다. 그 경험을 통해 오바마는 비로소 기독인이 되었다. 이어지는 내용을 보자.

[새로운 미국 대통령이 취임하는] 10일 후면 세계는 민주주의의 분수령이 될 한 장면을 목격하게 된다. [도널드 트럼프의 대통령 당선을 인정할 수 없다는 청중들의 외침이 시작된다.] 아니, 아니, 아니, 아니, 그건 아니다. 자유로이 선출된 한 대통령이 다음 대통령에게 평화적으로 권력을 이양하는 것. 부시 대통령이 나를 위해 그랬던 것처럼 나는 대통령 당선인 트럼프에게 최선을 다해 가능한 한 가장 친절한 권력 이양을 보장할 것이다. 우리 정부가, 우리가 직면한 많은 어려움에 대처하도록 도울 수 있는가는 우리 모두에게 달려 있다.

　　우리는 우리가 해야 할 일이 있을 뿐이다. 우리는 도전에 맞서는 데 필요한 모든 것을 갖고 있다. 여전히 우리는 지구상에서 가장 부유하고 가장 강력하며 존경받는 국가다. 우리의 젊음, 우리의 투지, 다양성과 개방성, 위험을 감수하고 새로운 변화를 만들려는 우리의 무한한 능력은 미래가 우리 것임을 의미한다. 그러나 그 잠재력은 민주주의가 작동할 때만 실현될 것이다. 우리의 정치가 우리 국민의 품위를 더 잘 반영할 경우에만 가능할 것이다. 우리 모두가 당파성이나 특수 이익을 넘어 지금 당장 절실히 필요로 하는 공동의 목적을 갖고 있다는 의식을 회복할 때만 실현될 것이다.

우리가 패자일 때도 민주주의는 가치가 있다. 민주주의는 패자도 여전히 기회와 가능성을 갖는 체제다. 당파성 이전에 민주주의 자체에 대한 존중이 있어야 한다. 선거 결과에 승복할 수 없다는 일부 시민들의 태도에 오바마가 단호하게, 원치 않는 결과라 할지라도 민주주의 원칙을 존중하는 것이 중요하다는 점을 강조한 대목은 참으로 인상적이다. 선거에서 패배한 시민들의 품위를 높이는 데도 정치 지도자의 태도는 중요하다.

내가 오늘 밤 강조하고 싶은 것은 우리의 민주주의가 처한 상황에 대해서이다. 우선 민주주의는 획일성을 요구하지 않는다는 사실을 이해해야 한다. 우리 건국자들은 논쟁을 벌이며 싸웠고 결국 합의에 도달했다. 그들은 우리가 그들처럼 하기를 기대했다. 그들은 민주주의가 기본적으로 연대감을 필요로 한다는 것을 잘 알고 있었다. 그것은 우리가 가진 외관상의 차이에도 불구하고 우리 모두는 함께이며, 함께 일어서고 함께 넘어질 수밖에 없다는 신념이었다.

우리가 살아온 역사에서 그 연대를 위협했던 순간들이 있다. 지금의 21세기가 그렇게 시작되었다. 좁아진 세계, 커지는 불평등, 인구통계학적 변화와 테러의 공포가 그것이다. 이 힘들은 우리의 안전과 번영만이 아니라 민주주의도 시험에 들게 하고 있다. 민주주의에 대한 이 도전에 어떻게 대처할 것인가. 이 문제가 우리 아이들을 잘 교육하고 좋은 일자리를 창출하고 이 나라를 보호하는 우리의 능력을 결정할 것이다. 우리의 미래를 결정할 것이다.

'다양성'과 '차이', 그럼에도 불구하고 '연대'와 '함께함', 나아가 모든 것을 '미래'와 연결하는 것은 오바마의 장기다. 그는 늘 정치적 과업을 아이들(미래 시민) 세대의 변화와 희망, 가능성에 관한 주제로 표현함으로써 당파적 관점을 보편적인 것으로 만드는 효과를 만들어 낸다.

무엇보다 모든 사람이 경제적 기회를 가져야 한다는 인식이 없다면 민주주의는 작동하지 않을 것이다. ……

우리가 이뤄 낸 모든 진보에도 불구하고 우리는 그것으로 충분하지 않다는 것을 안다. 중산층과 중산층에 들기를 원하는 사람들을 위한 사다리를 차버리고 소수만 부유해지는 한,

우리 경제는 잘 작동하지도, 빠르게 성장할 수도 없다. 경제적으로 논쟁적인 주제라는 것을 잘 안다. 그러나 명백한 것은, 불평등이 우리의 민주적 사고를 잠식한다는 사실이다. 상위 1퍼센트가 더 많은 부와 소득을 누리고 있지만, 도심부와 농촌 지역의 많은 가정이 뒤처진 삶을 살고 있다. 해고당한 공장 노동자, 식당 종업원, 보건 의료 종사자는 간신히 생활비를 벌며 살아야 하는 어려움을 겪고 있다. 그들은 게임의 규칙이 자신들에게 불리하게 설정되어 있다고 믿고 있다. 자신들의 정부가 힘 있는 사람들의 이익만을 위해 봉사한다고 생각한다. 이것이 우리 정치에서 냉소주의와 양극화를 가중하고 있다.

오래 지속돼 온 지금의 이런 상황에서 벗어날 획기적인 방법은 없다. 나는 우리 무역이 자유로울 뿐만 아니라 공정해야 한다는 점에 동의한다. 그러나 경제적 파급의 물결은 해외에서만 오는 것이 아니다. 그것은 중산층의 수많은 일자리를 쓸모없게 만드는 자동화의 끊임없는 흐름에서도 비롯된다. 그래서 우리는 아이들에게 필요한 교육을 보장하는 새로운 사회 협약을 만들어야 한다. 노동자들에게 힘을 주기 위해서! 더 나은 임금을 위해 노조를 설립할 수 있도록! 지금과 같은 우리 삶의 방식을 반영할 수 있게 사회 안전망을 개선하기 위해서! 그리고 이 새로운 경제에서 가장 많은 이익을 거두는 기업과 개인이 그들의 성공을 가능케 한 국가에 대해 해야 할 의무를 회피하지 않도록 세법을 더 개혁하기 위해서!

경제적 불평등으로 인한 사회적 냉소와 정치 양극화가 민주주의를 위협하고 있음을 강조하는 대목이다. 방법론을 둘러싸고 이루어지는 진보-보수 간의 논쟁은 의미가 있다. 하지만 목표 자체를 당파적으로 분열시키는 것은 상황을 개선하는 데 도움이 되지 못한다. 중산층은 물론 노동자와 약자들에게 공정한 기회를 가져다주는 경제여야 한다. 자유기업도 상업적 성공을 가능하게 해준 국가와 사회에 책임성을 가져야 정의의 원칙에 부합한다.

우리 민주주의에 대한 두 번째 위협이 있다. 그것은 미국 국가의 역사만큼이나 오래된 문제다. 내가 당선된 이후 미국에서 인종적 차이가 사라질 것이라는 전망이 있었다. 그러한 전망은 아무리 좋은 의도였다고 해도 결코 현실적이지 않았다. 인종 문제는 여전히 강력하며, 우리 사회를 자주 분열로 이끄는 힘이다.

인종 간의 관계가 10년, 20년 혹은 30년 전보다는 더 개선되었고, 나는 그 점을 알 수 있을 정도로는 오래 살았다. 이는 통계로만 알 수 있는 사실이 아니다. 정치적 스펙트럼에 관계없이 표출되는 젊은 미국인들의 태도에서 우리는 그것을 본다.

그러나 아직은 아니다. 아직 우리 모두가 해야 일이 더 많다. 모든 경제적 문제가 근면한 백인 중산층과 무가치한 소수 인종 사이의 다툼으로 규정된다면, 부유층이 자신들의 조세 피난처로 더 많은 돈을 가져가는 동안, 그늘 속에 있는 노동자들은 부스러기만을 위해 싸우게 될 것이다. 우리가 모습이 다르다는 이유로 이민자 자녀들에게 투자하기를 꺼린다면, 우리 자신의 아이들이 발전할 수 있는 기회를 줄이게 된다. 그 갈색 피부의 아이들이 결국 미국 노동력의 큰 부분을 제공할 텐데도 말이다.

그간 우리는 경제가 반드시 제로섬게임인 것은 아니라는 사실을 보게 되었다. 작년에는 모든 인종, 모든 연령층, 남성 및 여성의 소득이 올랐다. 인종차별에 대해 앞으로도 진지하게 접근한다면 고용, 주택 및 교육, 그리고 형사 사법 제도에서 차별을 금지하는 법률을 준수해야 할 것이다. 그것이 우리의 헌법과 가장 고결한 이상이 요구하는 바이다. 그러나 법률만으로는 충분하지 않다. 마음이 바뀌어야 한다. 하룻밤 사이에 바뀌지는 않을 것이다. 사회적 태도가 바뀌는 데는 몇 세대가 걸리기도 한다. 그러나 점점 더 인종적으로 다양해지는 상황에서 우리의 민주주의가 제대로 작동하려면 우리 각자는 미국 소설 속 위대한 등장인물의 하나인 애티커스 핀치[『앵무새 죽이기』의 주인공]의 충고에 유의해야 한다. 그는 말했다. "누구든 그의 살갗 안으로 들어가 그를 느낄 때까지 …… 그의 관점에서 사물을 생각하기 전까지는 결코 진실로 그 사람을 이해하지 못한다."

……

경제적·문화적·기술적 변화가 난민이나 이민자, 농촌 빈곤충 혹은 트랜스젠더, 나아가 중년의 백인 남성에게도 자신의 세계가 거꾸로 처박히는 것을 목도하게 만들었다. 우리는 관심을 갖고 그들의 이야기를 들어야 한다.

…… 소수자 그룹이 불만을 표명할 때 그들은 단지 인종차별에 반대하는 활동에 참여하거나 정치적 올바름을 실천하는 것이 아니다. 평화로운 시위를 할 때도 그들이 요구하는 것은 특별한 대우가 아니다. 그들이 요구하는 것은 우리의 건국자들이 약속한 평등한 대우다.

…… 미국은 이 새로운 이주자들의 존재 때문에 약해지지 않았다. 새 이주자들은 이 나라의 신조를 받아들였고 이 나라는 더 강해졌다.

그래서 각자가 처한 상황과 관계없이 우리 모두는 더 열심히 노력해야 한다. 이 나라를 사랑하는 만큼, 동료 시민들도 이 나라를 사랑한다는 전제에서 출발해야 한다. 우리가 그러듯이 그들도 근면의 가치와 가정을 소중하게 여긴다고 전제해야 한다. 우리의 자녀들처럼 그들의 자녀들도 마찬가지로 호기심이 넘치고, 희망을 품고 있으며, 사랑받을 가치가 있다는 전제에서 출발해야 한다.

마키아벨리의 다음과 같은 문장이 생각나는 대목이다. "민중은 지배해야만 자신의 지위를 지키는 귀족과 달리, 불평등하게 지배당하지 않기를 원할 뿐이다." 인종 문제의 해결을 요구한다고 해서, 특별한 대우를 받고자 하는 것이 아니며 그저 평등하게 대우받고자 한다는 것, 소수 인종도 다른 모든 이들과 마찬가지로 아이를 사랑하고 애국심, 동료애, 호기심을 가지며 사랑받을 만한 존재라는 것을 말하는 대목에서, 왜 약자들은 자신들의 부당한 처지를 설명하고 이해를 구해야 하는지가 슬플 뿐이다.

그렇게 하는 것은 쉽지 않다. 우리 중 많은 이들은 이웃이나 대학 캠퍼스, 예배당, 소셜 미디어에서 우리와 비슷하게 생겼고, 정치적 전망도 같으며, 우리의 생각에 결코 도전하지 않는 사람들로 둘러싸인 자신의 세계로 도피하는 것이 더 안전하다고 느끼기 쉽다. 적나라한 당파성의 정치, 경제적·지역적 계층화, 취향대로 쪼개진 우리의 언론 매체, 이 모든 것은 편 가르기를 자연스럽고 심지어 불가피한 것처럼 보이게 만든다. 그리고 점점 더 그런 허상 속에 머무르는 것을 안전하게 여기면서 우리는, 실재하는 증거를 바탕으로 의견을 말하는 대신, 그것이 사실이든 아니든 우리의 의견에 맞는 정보만을 받아들이기 시작한다. 우리 민주주의에 대한 세 번째 위협은 바로 이것이다.

정치는 이념과 생각의 싸움이다. 이것이 우리의 민주주의가 설계된 방식이다. 건강한 토론의 과정에서 우리는 서로 다른 목표와 그 목표를 달성하기 위한 다양한 방법의 우선순위를 정한다. 그러나 사실에 대한 어떤 공통된 기준선이 없고, 새로운 정보를 인정하지 않으려 하고, 상대방의 지적이 타당할 수 있다는 것과, 과학과 이성이 중요하다는 점을 인정하지 않는다면 우리는 서로 과거만 이야기하게 될 것이며, 그 결과 공통점을 찾는 것도 타협도 불가능해진다.

이것이 바로 정치를 종종 힘 빠지게 만드는 부분 아니겠는가? 선출된 공직자가 어떻게, 기업을 위해 세금을 삭감하려는 것에 분노하는 것이 아니라 아이들을 위해 유치원에 돈을 쓰는 것이 적자를 가져온다고 분노할 수 있단 말인가? 우리 당의 윤리적 과실을 눈감아 주면서 어떻게 다른 당의 같은 실수를 공격할 수 있는가? 그것은 단순히 정직하지 않은 것의 문제가 아니다. 그것은 사실facts을 선별적으로 분류하는 것일 뿐만 아니라 자멸하는 길이다. 어머니께서 종종 말씀했듯이, 그렇게 되면 사실facts이 우리의 발목을 잡고 결국 우리를 무너뜨린다.

이 부분에서 민주주의의 세 번째 위협으로 양극화 정치를 다룬다. 적대와 증오의 정치, 서로 다른 사실만 말하는 정치, 그 결과 사회를 냉소와 분열로 이끄는 정치 말이다. 자신들만 알고 있는 사실이 있다고 여기게 되면 협력은 어렵다. 합의할 수 있는 미래 의제가 있는데도 양극화 정치 때문에 그 의제들을 다루지 못하면 그 부담은 미래 세대에게 떠넘겨질 수밖에 없다. 이어지는 주제는 이것이다.

우리 모두 기후 변화의 도전을 받아들이자. 불과 8년 만에 우리는 외국 석유에 대한 의존도를 절반으로 줄였다. 우리는 재생 가능한 에너지를 두 배로 늘렸다. 지구를 구하기 위한 약속에 합의하도록 세계를 이끌었다. 과감한 조치가 없으면 우리 아이들은 기후 변화의 문제를 토론할 겨를도 갖지 못한 채, 그로 인한 결과를 처리하기에 급급해질 것이다. 더 많은 환경 재해, 더 많은 경제적 혼란, 피난처를 찾는 난민들의 파도.

이제 우리는 문제를 해결하기 위한 최선의 접근 방식에 대해 논의할 수 있고 또 논의해야 한다. 문제를 단순히 부인하는 것은 미래 세대를 배반할 뿐만 아니라 이 국가의 근본정신, 즉 우리의 건국자를 인도했던 혁신과 실용적인 문제 해결의 근본정신을 배반하는 것이다.

핵심은 바로 그 정신이다. 계몽주의에서 탄생한 그 정신은 우리를 경제 강국으로 만들었다. 그 정신은 [라이트 형제의 첫 비행 장소인] 키티 호크Kitty Hawk, [케네디 우주 센터가 있는] 케이프커내버럴Cape Canaveral에서 날아올랐다. 질병을 치유하고 모든 사람의 주머니에 컴퓨터를 넣게 했다. 이성과 기업가 정신에 대한 믿음, 그리고 [힘이 곧 권리가 아니라] 힘보다 권리가 우선한다는 믿음은 대공황 기간 동안 파시즘과 폭정의 유혹에 저항할 수 있게 해주었다. 이 때문에 우리는 다른 민주주의국가들과 함께 제2차 세계대전 이후의 질서를 만들 수 있었다. 질서는 군사력이나 국가 간 관계에 기초한 것이 아니라 법의 지배, 인권 그리고 종교·언론·집회의 자유와 독립 언론에 기초하고 있다.

　그 질서가 지금 도전받고 있다. 먼저는 이슬람을 대변한다고 주장하는 폭력적인 광신자들에 의해, 좀 더 최근에는 자유시장과 열린 민주주의, 시민사회 자체를 그들 권력에 대한 위협으로 간주하는 전제적인 해외 자본에 의해 도전받고 있다. 이들이 민주주의에 가하는 위험은 자동차 폭탄이나 미사일보다 훨씬 크다. 그들은 변화에 대한 두려움, 모습이 다르거나 말과 기도하는 법이 다른 사람들에 대한 두려움, 지도자들에게 책임을 묻는 것을 뜻하는 법의 지배에 대한 경멸, 다른 의견과 자유로운 생각에 대한 불관용, 무엇이 사실이고 무엇이 옳은지를 결정하는 궁극적 중재자는 칼이나 총이나 폭탄 또는 선전, 선동이라는 믿음을 나타낸다.

　……

　우리 삶의 방식을 보호하는 것은 군대만의 일이 아니다. 민주주의는 두려움에 굴복할 때 흔들릴 수 있다. 그래서 시민으로서 우리가 외부의 침략에 경계해야 하는 것처럼, 우리는 지금의 우리를 있게 만든 가치의 약화를 경계해야 한다. 그래서 지난 8년 동안 나는 테러와의 전쟁을 좀 더 확고한 법적 근거 위에 두려고 노력했다. 그래서 우리는 고문을 끝내고 관타나모 수용소를 폐쇄하고 사생활과 시민의 자유를 보호하기 위해 감시 관련 법률을 개정했다. 나는 이슬람 미국인에 대한 차별을 거부한다. 그들은 우리와 마찬가지로 애국심을 가지고 있다.

그래서 우리는 민주주의와 인권, 여성의 권리와 성 소수자의 권리를 확대하기 위한 커다란 세계적 싸움에서 물러설 수 없다. 우리의 노력이 아무리 불완전하더라도 그러한 가치를 존중하는 것이 당장 무슨 이익이 있냐는 회의적 견해에도 불구하고, 그것은 미국을 방어하는 일의 한 부분이다. 극단주의와 편협함, 종파주의와 국수주의에 맞선 싸움은 곧 권위주의와 민족주의의 공격에 맞선 싸움이다. 자유와 법의 지배에 대한 존중의 범위가 전 세계적으로 줄어들면 국가 내부는 물론 국가 간 전쟁의 가능성이 높아져 결국 우리 자신의 자유가 위협받게 될 것이다. 그러니 경계하되 두려워하지 말자. ISIL(이라크·레반트 이슬람국가)이 무고한 사람들을 죽이려고 하겠지만, 우리가 이 싸움에서 우리의 헌법과 원칙을 배반하지 않는 한 그들은 미국을 굴복시킬 수 없다. 우리를 대변하는 가치들을 포기하지 않고, 작은 이웃 국가들을 괴롭히는 대국처럼 굴지 않는다면, 러시아나 중국 같은 우리의 경쟁 국가들이 전 세계에서 우리의 영향력에 맞설 수는 없다.

언론의 자유를 포함한 기본권이야말로 미국 사회를 안전하게 만드는 민주적 보루다. 미국은 전시에도 반전 집회를 할 수 있는 나라다. 베트남전쟁 중에도 반전 집회가 열릴 수 있었고, 버락 오바마도 이라크 전쟁에 반대하는 집회에서 인상적인 연설로 주목받았다. 그렇기에 테러에 대응하는 문제 역시 악과 싸우는 문제이기 전에 기본권 보호와 법의 뒷받침을 더 단단히 하는 것이어야 한다는 것, 무슬림을 잠재적 테러 분자로서가 아니라 보호되어야 할 인권을 가진 존재로 이해해야 한다는 것을 짚고 넘어간다. 그들의 인권이 침해되면 나의 인권이 약해신나. 이런 기소 위에서, 두려움과 공포를 동원함으로써 기본권을 침해하는 양극화 정치에 대한 비판이 이어진다.

내가 말하려는 것의 마지막 요점은, 우리의 민주주의는 우리가 그것을 당연하게 여길 때마다 위협받는다는 점이다. 우리 모두는 지지 정당에 관계없이 민주주의를 제도적으로 굳건히 세우는 일에 헌신해야 한다. 미국의 투표율이 선진 민주주의 국가 중 가장 낮은 나라 중 하나일 때 우리는 투표를 하기 쉽게 만들어야지 더 어렵게 만들어선 안 된다. 우리 공적 기관에 대한 신뢰가 낮을 때 우리는 돈이 정치에 미치는 부정적인 영향을 줄이고, 공공서비스의 투명성과 윤리의 원칙을 고수해야 한다. 의회가 제 기능을 하지 못할 때 우리는 자신의 지역구에서 극단적인 발언을 하는 정치인의 기세를 꺾고 상식을 따르는 정치인을 격려해야 한다.

그러나 이 모든 일이 저절로 일어나지 않는다는 것을 기억하라. 이 모든 것은 우리의 참여에 달려 있다. 권력의 추가 어느 방향으로 흔들리는지와 관계없이 시민권에 따르는 책임을 우리 각자가 받아들이는 것에 달려 있다.

헌법은 놀랍고 아름다운 선물이다. 그러나 실제로는 양피지에 불과하다. 그것 자체로는 힘이 없다. 우리, 인민^{We, the People}*이 거기에 힘을 부여하는 것이다. 우리, 시민이 헌법에 의미를 부여한다. 우리의 참여와 선택, 그리고 우리가 만들어낸 단결을 통해서다. 우리가 자유를 옹호할 것인지 말 것인지, 우리가 법의 지배를 존중하고 이를 집행할 수 있을지는 우리에게 달려 있다. 미국은 깨지기 쉬운 나라가 아니다. 그러나 자유를 향한 우리의 오랜 여정이 가져올 성과는 보장된 것이 아니다.

고별 연설문에서 조지 워싱턴은 자치^{self-government}가 우리의 안전, 번영 및 자유의 토대라고 했지만, "각기 다른 원인 때문에, 또 각기 다른 영역에서 많은 고통이 생겨나 우리 마음속에 있는, 이 진실에 대한 믿음을 약화할 수 있다."라고 썼다. 그래서 우리는 이 진실을 "우리 자신의 자랑스러운 열망"으로 지키고 보존해야 한다. "우리 조국을 분열시키려는 모든 시도", 우리를 하나로 만드는 "그 신성한 유대 관계를 약화하려는 모든 시도에 대해 시작부터 거부해야 한다."

우리의 정치적 대화가 너무 소모적이이시 싱실한 사람늘

---

* 미국 헌법의 첫 문장^{We the People of the United States}에서 따왔다.

이 공직에 들어오려고 하지 않는 상황을 우리가 용납할 때, 우리의 정치적 대화가 너무 적대적이고 거칠어서 이견을 가진 동료 미국인을 판단이 틀린 사람이 아니라 악의적인 사람으로 간주할 때, 그러한 유대 관계가 약해진다. 우리 가운데 일부를 다른 사람들보다 더 미국적이라고 정의할 때, 전체 시스템이 필연적으로 부패할 수밖에 없다고 깎아내릴 때, 그리고 그들을 선출하는 데 있어 우리 자신의 역할이 무엇인지는 검토하지 않은 채, 우리가 선출한 지도자들을 가만히 앉아서 비난할 때, 그런 유대는 약해진다.

우리의 민주주의를 지키기 위해 애쓰고 수호하는 일은 우리 각자의 몫이다. 이 위대한 나라를 더 좋게 만들기 위해 끊임없이 노력하라는, 우리에게 주어진 이 즐거운 임무를 기꺼이 껴안자. 우리의 모든 외형적인 차이에도 불구하고, 우리는 모두 민주주의에서 가장 중요한 직책이자, 자랑스러운 같은 직함을 공유하고 있기 때문이다. 그것은 바로 '시민'이다.

시민, 그것은 여러분도 알다시피 우리 민주주의가 요구하는 것이다. 민주주의는 여러분을 필요로 한다. 선거가 있을 때만이 아니라, 여러분 자신의 소소한 이해관계가 걸려 있을 때만이 아니라 일생의 전 기간에 걸쳐, 시민의 역할이 필요하다. 여러분이 인터넷에서 낯선 사람과 논쟁하는 것에 지쳤다면, 실제 생활에서 그들 중 한 사람과 이야기해 보라. 뭔가를 고쳐야 할 필요가 있다면 신발 끈을 매고 조직을 결성하자. 선출직 공무원에게 실망한다면 클립보드를 들고 서명을 받고, 그 공직에 직접 출마하자. 보여 주자. 뛰어들자. 거기서 계속 노력하자.

때로는 이기겠지만 때로는 질 수도 있다. 상대의 선의에 의존하는 것이 위험한 상황을 만들 수도 있다. 그 과정에서 실망할 때도 있을 것이다. 그러나 운 좋게도 이런 일에 참여하면서 활력과 새로운 자극을 얻을 수도 있다. 종종 미국과 미국인에 대한 당신의 믿음을 확인할 수도 있을 것이다. 내 경우에는 확실히 그랬다.

…… 평범한 미국인들에게 변화를 만들 힘이 있다는 그 믿음, 여기서 멀지 않은 곳에서 몇 년 전 내가 갖게 된 그 믿음 덕분에 나는 내가 상상조차 할 수 없었던 방식으로 보상을 받았다. 나는 여러분에게도 그런 믿음이 있기를 희망한다. 오늘 밤 이곳에 있는 분들이나 집에서 지켜보고 있는 분들 가운데에는 2004년과 2008년, 2012년에 우리와 함께한 분들이 있을 것이다. 아마도 여러분은 우리가 이 모든 것을 해냈다는 것을 여전히 믿을 수 없을지도 모르겠다. 당신만 그런 것이 아니라 나도 안 믿긴다.

이제부터는 사적인 이야기가 이어진다. 그리고 희망, 담대한 희망으로 끝을 맺는다. 요약하자면 이렇다. 우리는 할 수 있고, 해냈고, 앞으로도 할 수 있다는 것을 믿어야 한다, 우리 스스로 중요한 사람이라는 사실을 잊지 말자, 희망은 가능의 정치가 필요로 하는 최고의 시민 정신이다.

미셸, 사우스 사이드의 미셸 라본 로빈슨. 지난 25년 동안 당신은 나의 아내였을 뿐만 아니라 우리 아이들의 엄마였고 나의 가장 친한 벗이었다. 당신은 당신이 원치 않은 역할을 맡아야 했다. 그리고 당신은 우아함과 투지, 그리고 아름다움과 유머로 그것을 당신 자신의 것으로 만들었다. 당신은 백악관을 모두를 위한 곳으로 만들었다. 그리고 새로운 세대는 당신을 역할 모델로 삼아 그 시야를 더 높은 곳으로 설정하고 있다. 당신은 나를 자랑스럽게 했고, 이 나라를 자랑스럽게 만들었다.

말리아와 사샤. 아주 낯선 상황에서도 너희들은 놀라운 젊은 여성으로 자랐다. 너희들은 현명하고 아름답다. 그러나 더 중요한 것은 너희가 친절하고 사려 깊으며 열정으로 가득 차 있다는 것이다. 너희는 몇 년 동안 스포트라이트를 받는 부담을 잘 견뎌 냈다. 내 인생에서 가장 자랑스러운 일은 내가 너희 아빠라는 것이다.

조 바이든, 스크랜턴 출신의 시골 사람. [그의 지역구인] 델라웨어가 가장 좋아하는 남자가 된 사람. 당신은 내가 대통령 후보 지명자로서 내린 첫 번째 결정이었고, 최고의 결정이었다. 당신이 위대한 부통령이었기 때문만이 아니다. 그와 더불어 내가 형제를 얻었기 때문이다. 우리는 당신과 [바이든의 아내인] 질Jill Biden을 가족처럼 사랑한다. 당신이 보여 준 우정은 우리 삶의 큰 기쁨 중 하나였다.

　나의 뛰어난 직원들에게. 8년 동안, 그리고 여러분 중 일부는 훨씬 더 오랫동안, 나는 여러분에게서 힘을 얻었다. 매일 나는 여러분이 보여 준 것, 여러분의 진심 어린 열정과 여러분이 가진 인격의 힘 그리고 여러분이 견지해 온 이상을 잊지 않고 되돌아보려고 노력했다. 나는 여러분이 성장하고 결혼하고 아이를 낳고, 멋진 삶의 여정을 시작하는 것을 지켜봤다. 상황이 힘들고 답답할 때도, 여러분은 워싱턴 D.C.의 나쁜 모습에 길들여지지 않았다. 여러분은 냉소주의에 맞섰다. 그간 우리가 이뤄 낸 모든 성취보다 나를 더 자랑스럽게 만드는 유일한 것은, 여러분이 이제부터 성취해 낼 모든 놀라운 것들에 대해 생각할 때이다.

　그리고 여기 있는 여러분 모두에게, 익숙하지 않은 마을로 이사한 모든 선거 조직원 여러분, 이들을 환영해 준 모든 가족 여러분, 호별 방문을 위해 문을 두드린 모든 자원봉사자 여러분, 투표권을 처음 행사한 모든 청년 여러분, 변화의 시기를 살면서 열심히 일하고 있는 모든 미국인 여러분, 여러분이야말로 누구나 희망하고 바라는 최고의 지지자이자 최고의 조직원이다. 나는 영원히 감사할 것이다. 여러분이 세상을 바꾸었기 때문이다. 여러분이 해냈다. 그래서 나는 오늘 밤, 우리가 시작했을 때보다 더 낙관적인 마음으로 이 무대를 떠난다. ……

　나의 동료 미국 시민 여러분, 여러분을 섬기는 것이야말로 내 삶의 영예였다. 나는 멈추지 않을 것이다. 나는 남은 삶 동안 한 사람의 시민으로서 여러분과 함께할 것이다. 그러나 지금으로서는 마지막 부탁을 하고자 한다. 여러분의 대통령으로서, 여러분이 실제로 젊든 혹은 마음이 젊든 들어주길 바란다. 여러분이 8년 전 내게 기회를 줬을 때와 똑같은 요청이다. 나는 여러분이 믿음을 갖기를 간청한다. 변화를 가져오는 것은 나의 능력이 아니라 여러분의 능력이라는 것을 믿어 달라.

우리의 나라를 세운 여러 문서들 속에 적혀 있는 그 신념을 지켜 주기를 부탁한다. 노예들과 노예제 폐지론자들이 서로 속삭였던 그 생각, 이민자들과 정착민들, 정의를 위해 행진했던 사람들이 함께 노래 불렀던 그 정신, 외국의 전장에서부터 달의 표면에 이르기까지 깃발을 꽂았던 이들이 재차 확인했던 그 신조를 말이다. 그것은 아직 쓰이지 않은 이야기를 가진 모든 미국인의 가슴 깊은 곳에 있는 신념이다. 예스, 우리는 할 수 있다!^{Yes, we can!} 예스, 우리가 해냈다!^{Yes, we did!} 예스, 우리는 할 수 있다! 고맙다. 신의 축복이 있기를. 계속해서 미국을 축복해 주시기를 바라며. 감사한다.

전쟁 그 자체가 아니라, 어리석은 전쟁에 반대한다[49)
— 시카고 반전 집회 연설(2002년 10월 2일) —

시간을 되돌려 2002년 시카고에서 열린 반전 집회에서 오바마가 한 연설을 살펴보자. 오바마의 연설 가운데 공식적으로는 최초의 연설이다. 앞서 살펴본 보스턴 민주당 전당대회보다 2년 전에 있었다. 당시는 9·11 테러의 충격이 미국 사회를 뒤덮고 있던 때라 유권자의 절대다수가 참전을 지지하고 있었고 민주당의 대선 후보들도 이라크 전쟁 지지를 천명했다. 힐러리 클린턴도, 존 케리도 지지했었다. 그때 그는 시카고 진보 단체들이 조직한 반전 집회에서 연설해 줄 것을 요청받았다.

오바마의 참모들은 반전 집회장에서 연설하는 것에 반대했다. 정치가로서 너무 위험한 자리라는 게 그 이유였다.* 오바마는 어쩔 수 없다고 생각했다. 자신의 고향도 아닌 시카고에서 정치적으로 성공하려면 시카고 진보파들, 특히 백인 진보파들의 지지가 절실했다. 연설 요청을 거절한다면 그들은 자신에게 기대를 걸지 않

---

* 오바마가 반전 집회에 초대된 과정과 이를 둘러싼 참모들 사이의 걱정과 긴장에 대해서는 멘델, 『오바마, 약속에서 권력으로』, 215~217쪽을 참조할 수 있다. 나중에 오바마는 이때의 연설에 대해 "그것은 내가 가장 자랑스럽게 여기는 연설이었고, 가장 하기 어려웠던 연설이다. …… 그것은 잘 짜인 연설문이었다. 나는 특히 첫 부분이 마음에 든다. 왜냐하면 거긴 음조가 있다. 다시 말하자면 여느 전형적인 반전 연설문과는 다른 것이었다."라고 회고했다. 같은 책, 218, 219쪽.

을지 모른다. 따라서 정치가로서 그 제안을 거절할 수 없다고 말했다. 걱정하는 참모를 안심시킨 뒤, 오바마는 자신에게 맡겨 보라며 서재로 들어갔다.

며칠 후 오바마는 집회에 나가 "나는 모든 전쟁에 반대하지는 않는 사람으로서" 이 자리에 나왔다는 이야기로 시작하는 연설을 했다. 집회 분위기는 갑자기 긴장감에 휩싸였다. "역시 정치가를 부르는 게 아니었어."라고 말하는 사람도 있었다. 그러나 그가 연설을 마치자 사람들 사이에서 이런 말이 터져 나왔다. "저 사람은 진짜 이라크 전쟁을 반대하는 사람이다!" 훗날 오바마는 자신의 연설 가운데 이날의 연설을 가장 자랑스럽게 생각한다고 평가했다.

그 핵심은 부분 부정에 있다. 어려운 문제일수록 완전한 대안이 존재하지 않을 때가 많다. 그때마다 쟁점을 회피하거나 내용 없이 미지근한 중간 길을 선택할 수는 없을 텐데, 오바마는 이런 문제를 잘 다룬다. 즉, 반전이냐 참전이냐가 아니라, 어떤 전쟁에 반대하고 어떤 전쟁에서 기꺼이 손에 무기를 들 것인가로 쟁점을 새롭게 정의하면서 더 강력하고 설득력 있는 대안을 구체화할 수 있었기 때문이다.

누구도 모든 것에 반대할 수는 없다. 완전한 대안은 있을 때보다 없을 때가 더 많다. 그럼에도 불구하고 분명하고 책임 있는 결정은 내려질 수 있다. 이것이야말로 적극적 정치론의 핵심이 아닌가 한다. 이제 연설 내용을 보자.

반전 집회로 알려진 자리이지만, 이렇게 이야기를 시작하겠다. 나는 모든 상황의 전쟁에 반대하지는 않는 사람으로서 여러분 앞에 서 있다. 남북전쟁은 역사상 가장 잔인한 전쟁 가운데 하나였다. 하지만 무력의 도가니와 다중의 희생을 통해서만 우리의 연방을 완성할 수 있었고, 노예제도라는 재앙을 이 땅에서 몰아낼 수 있었다.

나는 모든 전쟁에 반대하지 않는다. 나의 할아버지는 진주만 폭격 다음 날 입대해 패튼 장군의 군단에서 싸웠다. 유럽의 전장에서 할아버지는 죽은 사람, 죽어 가는 사람들을 보았다. 아우슈비츠와 트레블린카에 처음 들어갔던 동료 부대의 이야기도 들었다. 할아버지는 좀 더 많은 이들의 자유를 위해 싸웠다. 그것이야말로 민주주의가 악과 싸워 승리할 수 있게 해주는 힘의 한 원천이었다. 할아버지의 싸움은 헛되지 않았다.

나는 모든 전쟁에 반대하지 않는다. 9월 11일 이후, 대학살과 파괴, 숱한 먼지와 눈물을 목격한 뒤 나는 이교도에 대한 불관용을 명목으로 무고한 사람들을 살육한 자들을 끝까지 추적해 그 뿌리를 뽑겠다는 정부의 약속을 지지했다. 그런 비극이 다시 일어나지 않도록 하기 위해서라면 나는 기꺼이 내 손으로 무기를 들 것이다.

나는 모든 상황의 전쟁에 반대하지 않는다. 오늘 여기 모인 군중을 보면서, 우리에게 애국심이 부족한 것도 애국자가 모자란 것도 아니라는 사실을 깨닫는다. 내가 반대하는 것은 어리석은 전쟁이다. 내가 반대하는 것은 경솔한 전쟁이다. 내가 반대하는 것은 리처드 펄과 폴 월포위츠 같은 탁상공론에만 열중하는 이 정부의 몇몇 인사들이, 인명 손실이나 감당해야 할 고통에 대해서는 고려하지 않고 자기들의 이념에 맞게 짜 맞춘 의제를 우리에게 강요하려 했던 그 냉혹한 시도에 대한 것이다.

내가 반대하는 것은 칼 로브와 같은 정치꾼들이 무보험자 증가, 빈곤율 증대, 중위 소득 감소, 그리고 대기업들의 추문과 대공황 이래 최악의 수준으로 떨어진 주식시장 등의 문제로부터 우리의 관심을 다른 곳으로 돌리려는 시도에 대한 것이다. 내가 반대하는 것은 바로 이런 것이다. 어리석은 전쟁, 경솔한 전쟁, 이성이 아닌 정념에 근거한 전쟁, 원칙이 아닌 정략에 근거한 전쟁 말이다.

분명히 말하지만. 나는 사담 후세인에 대해 환상을 갖고 있지 않다. 그는 잔인한 인간이다. 그는 무자비한 인간이다. 자신의 권력을 위해 자신의 국민을 학살하는 자다. 그는 유엔의 결의안을 계속 위반했고, 유엔 사찰단이 들어가지 못하게 막았으며, 생화학 무기를 개발했고 핵 능력을 갖고자 했다.

그는 나쁜 사람이다. 그가 없다면 세계와 이라크 사람들은 더욱 나아질 것이다. 그러나 나는 그가 미국이나 주변국에 즉각적이고 직접적인 위협을 주지 못한다는 사실, 이라크 경제가 혼란에 빠졌다는 것과 이라크 군대의 힘이 예전 같지 않다는 것 또한 알고 있다. 나아가 국제사회와의 협력을 통해 사담 후세인도 여타의 모든 시시한 독재자들과 마찬가지로 역사의 쓰레기통에서 폐기 처분되는 그날까지 제어할 수 있다는 것을 알고 있다.

이라크 전쟁에서 승리한다 해도 미국은 불확실한 기간, 불확실한 비용, 불확실한 결과를 무릅쓰고 이라크를 점령해야 한다는 것을, 나는 알고 있다. 분명한 근거와 강력한 국제적 지지 없이 이라크를 침공한다면, 중동의 불씨를 부채질하는 격이 될 것이며, 아랍 세계에 최선이 아니라 최악의 충동을 부추기게 될 것이고, 끝내는 알카에다의 신입 대원 모집에 힘을 보태 줄 뿐임을, 나는 알고 있다.

나는 모든 전쟁에 반대하지 않는다. 어리석은 전쟁에 반대한다. 경솔한 전쟁에 반대한다. 그래서 아이들이 좀 더 공정하고 안전한 세상에 살기를 바라는 우리는 대통령에게 분명한 메시지를 전달하고자 한다.

부시 대통령, 당신은 싸우길 원하는가? 그렇다면 효과적이고 잘 조율된 정보, 테러리즘을 지원하는 금융 네트워크의 폐쇄, [적색경보, 녹색경보처럼 단지 색으로만 구분된] 코드 경보 이상의 국토 안보 프로그램을 통해 빈 라덴 및 알카에다와의 싸움을 끝내자.

부시 대통령, 당신은 싸우길 원하는가? 그렇다면 다음과 같은 변화를 확고하게 만들기 위해 싸우자. 유엔 사찰단이 할 일을 하게 하자. 핵확산금지조약을 적극적으로 시행하자. 과거의 적이자 현재의 동맹인 러시아 같은 국가들이 핵물질 저장고를 안전하게 보호하고 궁극적으로는 제거하게 하자. 파키스탄이나 인도 같은 나라들이 이미 보유하고 있는 살상 무기들을 절대 사용하지 못하게 하자. 우리나라 무기상들이, 전 세계에서 맹위를 떨치고 있는 수많은 전쟁에 무기를 제공하지 못하게 하자.

부시 대통령, 당신은 싸우길 원하는가? 그렇다면 이른바 우리의 동맹국이라고 하는 사우디아라비아와 이집트 등의 중동 국가들이 자국민에게 압제를 가하고, 이견을 억압하며, 부패와 불평등을 용인하고, 경제 파탄을 불러와 자국의 청소년들이 교육도 꿈도 희망도 없이 자라서 테러 조직의 신병으로 가담하는 상황을 막기 위해 싸우자.

부시 대통령, 당신은 싸우길 원하는가? 그렇다면 엑손모빌사의 이익만을 보장하는 것이 아닌, 새로운 에너지 정책을 통해 중동 석유에서 벗어나기 위해 싸우자. 우리가 싸워야 할 대상은 바로 그런 것들이다. 무지와 편협, 부패와 탐욕, 빈곤과 절망과의 전쟁, 우리가 기꺼이 동참하고자 하는 전투는 바로 이런 것들이다.

전쟁이란 그 결과는 끔찍하고 치러야 할 희생은 막대한 법이다. 물론 일생을 살아가는 동안 언젠가 한 번은 자유를 수호하고자 떨쳐 일어나 전쟁을 감행해야 하는 상황이 올 수 있다.

그러나 우리는 그 지옥 같은 길에 맹목적으로 들어서서는 안 된다. 우리는 그렇게 하지 않을 것이며, 우리를 전쟁의 길로 행진하게 하는 자, 끝없이 희생을 치르게 하는 자, 헌신의 정도를 피로 증명하려는 자, 그런 끔찍한 희생을 헛되이 치르게 하는 자를 결단코 방관하지 않을 것이다.

민주주의는 왜 옹호되어야 하는가
— 미시간 대학 졸업식 연설(2010년 5월 1일) —

여러분이 정치가라고 해보자. 그리고 학생들에게 민주주의를 주제로 강연을 하게 되었다고 해보자. 어떻게 할 것인가? 이번 연설이 좋은 예가 될 수 있다. 이 연설은 정치학자들도 쉽게 다루기 어려운, 민주주의를 다루고 있다.

늘 그렇듯 유머로 시작한다. 이어서 지금의 정치에 대해 생각해 볼 문제를 끄집어낸다. 핵심은 민주정치를 병들게 하는 것은 중상과 비방에 있다는 사실, 이 때문에 사람들이 정치에서 희망과 가능성을 점점 더 찾지 못하게 되었다는 사실을 강조한다.

그리고 이는 정치인들만이 아니라 시민들 사이에서도 쉽게 전염될 수 있다면서, 이견 속에서도 공존하고 협력할 수 있는 민주적 덕성이 필요함을 강조한다. 갈등과 차이를 부정하지 않지만, 이를 잘 다룬다면 좀 더 풍요로운 공동체가 될 수 있다는 가능성에 대해서도 이야기한다. 이제 연설을 보자.

여기 [미시간 대학 풋볼 경기장] 빅하우스에 오게 되어 참 기쁘다. 여기서는 이렇게 해야겠죠? [미시간 대학 풋볼 팀 응원 구호인] "Go Blue!" 사실은 연설을 시작할 때 쉽게 박수를 받을 요량으로 미리 준비했다. ……

여러분의 졸업을 축하한다. 그리고 이런 기쁨을 같이 나눌 수 있게 초대해 준 것에 감사한다. 오늘처럼 좋은 날에 여러분과 함께할 수 있다는 것은 큰 기쁨이다. 이렇게 한 번씩 워싱턴을 벗어날 수 있는 것은 즐거운 일이다. 그러나 오해하지 말길 바란다. 워싱턴은 아름다운 도시다. 일터 바로 위층에 사는 것도 참 좋다. 출퇴근이 정말 편하기 때문이다.

하지만 워싱턴에서 계속 듣는 거친 정치 논리나 정치적 소음은 애초 우리를 워싱턴에 보낸 사람들의 목소리를 듣기 어렵게 만든다. 그래서 내가 취임했을 때 결심한 것이 있는데, 바로 매일 밤, 하루에도 수만 통씩 배달되어 오는 평범한 미국인들의 편지 가운데 10통을 읽겠다는 것이었다. 이것은 내가 처음 대통령에 왜 출마했는지 내 자신을 일깨우기 위한 작은 노력이다.

어떤 편지는 마음의 고통과 힘겨운 상황을 이야기하고, 어떤 편지는 감사나 분노를 표현하기도 한다. 그중 최소한 3분의 1은 나를 바보라고 부른다. 그 때문에 나는 이 편지들이 민심을 적절히 대변하고 있다는 것을 알게 된다. 어떤 편지들은 생각에 잠기게 한다. 지난달에 버지니아주의 유치원생들로부터 받은 편지가 그렇다. 이 유치원의 선생님은 아이들에게, 나에게 하고 싶은 어떤 질문이라도 해도 된다고 했단다. 그래서 한 학생이 물었다. "어떻게 일을 하세요?" 또 다른 친구는 "일을 많이 하세요?"라고 물었다. 어떤 학생은 내가 검은 양복을 입었는지, 수염을 기르는지를 물었다. 아마 그 학생은 나를 일리노이 출신의 키 큰 누군가[링컨]와 혼동했음이 틀림없다. 재미 있게 생각한 질문 중 하나는 내가 화산 근처에 사는지 알고 싶 어 했던 아이의 질문이다. 나는 아직도 그 질문이 나오기까지 그 아이가 가졌던 생각의 흐름을 어떻게든 연결해 보려고 노 력하고 있다. 사랑스러운 편지들이다. 그런데 마지막 유치원 생이 던진 한 질문이 나를 생각에 잠기게 했다. "사람들은 친 절한가요?" 사람들은 친절한가요?

오늘, 어제, 지난주 혹은 한 달 전 뉴스를 보면, 여러분은 왜 유치원생조차 이런 질문을 하는지 알 수 있다. 정치가들은 늘 상대방을 헐뜯고 깎아내린다. 전문가들, 그리고 말하기 좋 아하는 사람들이 서로를 향해 고함을 지른다. 언론은 갈등의 기미만 있어도 과장하는 경향이 있다. 그렇게 해야 더 자극적 인 이야기를 만들 수 있기 때문이다. 사실 신문의 1면을 장식 하고 싶은 욕심을 가진 사람들이라면 누구나 자신의 주장을 가능하면 충격적이고 선동적으로 만들고 싶은 욕구에서 벗어 날 수 없다.

이런 자극적인 논쟁 중 일부는 우리나라가 처한 매우 어려 운 상황에서 기인하기도 한다. 사실 여러분이 졸업하는 이 순 간, 대공황 이후 최악의 경제 위기를 아직 완전히 극복하지 못 한 상황에서 여러분은 직장을 찾아야 한다. 미국이 이제껏 경 험하지 못했던 빠른 속도로 산업과 직업이 전 세계를 넘나드 는 세기에 여러분은 살고 있다. 여러분이 아이를 키울 때쯤에는 테러리즘이나 기후 변화와 같은 위험이 어느 한 국가의 국경 안에 국한되지 않을 것이다. 세계가 더 좁아지고 더 긴밀히 연결되면서, 여러분은 여러분과 다르게 생기고, 다르게 생각하고, 다른 곳에서 온 사람들과 함께 일하고 살게 될 것이다. …… 확실히 그건 엄청난 변화다. 이 모든 변화, 이 모든 도전은 필연적으로 정치체제에 긴장을 가져온다. 변화는 사람들로 하여금 미래를 걱정하게 만들고, 때로는 화나게도 한다.

하지만 나는 어느 정도 역사적인 안목을 갖는 것이 중요하다고 생각한다. 건국 이래, 미국의 정치가 특별히 점잖았던 적은 없다. 큰 변화의 시기에 정치는 더 그랬다. 반대파의 신문은 한때 [미국의 제3대 대통령인] 토머스 제퍼슨이 선출되면 "살인, 강도, 강간, 간음, 근친상간이 널리 장려되고 만연하게 될 것"이라는 기사를 싣기도 했다. 정말 노골적이었다. [제7대 대통령인] 앤드루 잭슨의 정적들은 그의 어머니를 '매춘부'라고 부르며 비난했다. 루스벨트 대통령과 존슨 대통령은 사회주의를 지원한다고 비난받았고, 때로 더 심한 말을 듣곤 했다. 예전에는 정치인끼리 논쟁이 있을 때 결투를 통해 논쟁을 끝냈던 시대도 있었다. 심지어 미국 상원에서는 체벌이 있었던 적도 있다. 불과 몇 년 전 내가 상원에 있을 때 그런 일이 일어나지 않아 정말 다행이다.

말하고자 하는 핵심은 이렇다. 정치는 예민하거나 심약한 사람들이 할 만한 일이었던 적이 없다. 그래서 만약 여러분이 정치의 장에 들어서고자 한다면, 여러분은 거칠게 다뤄질 것을 각오해야 한다. 더구나 3억 명 이상의 인구가 사는 나라의 민주주의란 본래 힘들기 마련이다. 항상 시끄럽고, 골치 아프고, 논쟁이 끊이지 않으며 복잡하다. [1787년] 필라델피아 헌법제정회의에서 헌법을 제정할 때부터 지금까지 우리는 적절한 정부의 크기와 그 역할을 두고 싸우고 있다. [수정 헌법 1~10조인] 권리장전이 작성된 이후로도 지금까지 개인의 자유와 평등의 의미를 두고 싸우고 있다. 우리의 경제가 농업에서 산업, 정보화, 기술로 그 중심이 전환됨에 따라, 각각의 전환점에서마다 우리는 모든 시민에게 기회를 부여하는 최선의 방법이 무엇인가를 두고 논쟁하고 싸워 왔다.

그래서 지금의 정치 상황을 두고 지나치게 우울해하기 전에, 우리의 역사를 되돌아보자. 과거에 있었던 대논쟁들은 한결같이 엄청난 열정을 불러일으켰다. 누군가를 화나게 하고, 적어도 한 번은 끔찍한 전쟁으로 이어지기도 했다. 놀라운 점은, 그 모든 갈등에도 불구하고, 그 모든 잘못과 좌절에도 불구하고 우리의 민주주의 실험이 지구상의 그 어떤 정부 형태보다 더 잘 작동해 왔다는 사실이다.

헌법제정회의 마지막 날, 벤저민 프랭클린은 다음과 같은 질문을 받았다. "그런데요, 박사님, 우리가 만든 것이 무엇입니까? 공화정입니까, 군주정입니까?" 이에 대한 프랭클린의 대답은 오랫동안 인용될 정도로 유명하다. 그는 말했다. "공화정입니다. 단, 당신이 그걸 지켜 낼 수 있다면 말입니다." 당신이 공화정을 지켜 낼 수 있다면.

어쨌든, 우리는 200년 넘게 공화정을 지켜 냈다. 혁명과 내전을 거치면서도 우리의 민주주의는 살아남았다. 대공황과 세계대전을 거치면서도 민주주의는 끝내 승리했다. 엄청난 사회적·경제적 불안정 속에서도, 시민의 권리에서 여성의 권리 획득에 이르기까지, 우리의 민주주의는 좀 더 완전한 연합을 향해 천천히, 때때로 고통스럽게 전진할 수 있었다.

그래서 지금 2010년 졸업생 여러분에게 묻고 싶다. 여러분은 어떻게 우리의 민주주의를 계속 지켜 낼 것인가, 우리가 직면한 도전은 너무나 크고 정치는 너무나 왜소해 보이는 이 시기에 여러분은 어떻게 우리의 민주주의를 생기 있고 활기찬 것으로 지켜 낼 것인가, 앞으로 한 세기 동안 여러분은 어떻게 민주주의를 잘 지켜 낼 것인가?

나는 어떤 거대 이론이나 상세한 정책 처방을 제안하려고 여기에 온 것은 아니다. 다만, 나의 경험 그리고 이 나라의 지난 두 세기 경험에 바탕을 두고, 몇 가지 소박한 생각을 말해 보고 싶다.

첫째, 미국의 민주주의가 번창할 수 있었던 것은 다른 무엇보다도, 변화하는 세상에 우리가 적응할 수 있도록 도울 수 있는 정부가, 제한적이나마, 필요하다는 것을 우리가 인식해 왔기 때문이다. 제퍼슨 기념관의 네 번째 패널에는 다음과 같은 문구가 적혀 있다. 기념관을 처음 방문했을 때 내 딸들에게 그 문구를 읽어 준 것이 기억난다. "나는 법이나 헌법을 자주 바꾸는 것에 찬성하는 것은 아니지만 …… 상황이 변하면 제도나 기관 또한 시대에 보조를 맞추기 위해 발전해야 한다."

제퍼슨과 그 밖의 다른 건국자들에 의해 설계된 민주주의는 모든 문제를 새로운 법이나 새로운 프로그램으로 해결하도록 고안된 것이 아니었다. 대영제국의 폭정을 벗어던진 최초의 미국인들이 정부에 회의적이었던 것은 이해할 만한 일이다. 그 뒤로도 우리는 정부가 모든 문제에 답을 가지고 있는 것은 아니라는 믿음을 고수해 왔고, 개인의 자유를 소중히 여기고 열렬하게 옹호해 왔다. 그것은 우리나라의 디엔에이DNA를 이루고 있는 한 가닥이다.

그러나 다른 가닥의 디엔에이도 있는데, 그것은 같은 국민으로서as one nation 우리가 함께해야만 할 수 있는 일들이 있다는 믿음, 그리고 우리의 정부가 시대와 보조를 맞춰야 한다는 믿음이다. 미국이 몇몇 식민지로 시작해서 전체 대륙으로 확장될 때, 그리고 우리가 태평양에 도달할 수 있는 방법이 필요했을 때, 정부는 철로를 깔아 서부 개척을 도왔다. 농장을 기반으로 한 경제에서 공장을 기반으로 한 경제로 전환되어 노동자들에게 새로운 기술과 훈련이 필요할 때 우리의 국가는 공립 고등학교 체계를 세웠다. 대공황으로 시장이 붕괴하고 사람들이 삶의 기반을 잃었을 때, 정부는 그 같은 위기가 다시는 발생하지 않도록 일련의 규칙과 안전장치를 마련했다. 그러고 는 노인들이 더는 전과 같은 빈곤 상황에 빠지지 않도록 사회 안전망을 만들었다. 그 이후 우리의 시장 시스템과 금융 시스템이 진화해 왔기 때문에 우리는 미국의 국민을 보호하고자 새로운 규칙과 안전장치들을 마련하는 중이다.

[정부에 대한] 이런 관념이나 이런 식의 사고 방법을 두고 우리가 항상 당파적으로 갈렸던 것은 아니다. 정부가, 사람들이 스스로 하기 힘든 것들을 해야 한다고 이야기한 사람은 첫 번째 공화당 대통령인 에이브러햄 링컨이었다. 그는 최초로 대륙 횡단 철로 건설을 시작했고, 정부의 보조를 받는 대학을 최초로 설립했다. 또 다른 공화당 대통령인 [시어도어] 루스벨트 대통령은 "정부의 목적은 인민의 복지"the welfare of the people 라고 말했다. 사람들은 그를 정부의 권력을 사용해 독점을 해체한 대통령, 국립공원 시스템을 구축한 대통령으로 기억한다. 민주당 출신의 린든 존슨 대통령이 이곳 미시간 대학 졸업식에서 '위대한 사회'Great Society를 선언했지만 주 횡단 고속도로로 알려진 대규모 정부 사업을 시작한 사람은 전임인 드와이트 아이젠하워 공화당 대통령이었다.

물론 정부의 그러한 노력에 반대하는 사람들은 언제나 있었다. 그들은 정부 개입이 대체로 비효율적이라고 주장한다. 정부의 간섭은 개인의 자유를 제한하고 개인의 자율성을 해친다고 그들은 주장한다. 경우에 따라 그런 주장이 맞을 때도 있었다. 오랜 기간 우리의 복지 시스템은 자신의 삶을 더 좋게 하는 데 있어서 개개인이 감당해야 할 책임감을 약하게 만들 때가 많았다. 때로 우리는 자녀 교육에 대한 부모의 역할을 정부보다 더 소홀히 하기도 했다. 때로 규제는 실패로 끝났고, 그로 인해 득보다 실이 많은 것을 정당화할 수는 없다.

하지만 사람들이 모든 정부란 본질적으로 나쁜 존재라고 말하는 것을 들으면, 마음이 불편하다. 의료 개혁 법안에 대한 논쟁 과정에서 내가 좋은 징후라고 생각했던 것 가운데 하나는 누군가가 "나의 메디케어*에 정부는 간섭하지 말라."고 말한 때였다. 그것은 다시 말해 "나의 정부가 운영하는 의료보험 구상에 정부는 간섭하지 말라."는 것과 필연적으로 같은 말이기 때문이다.

정부를 해롭고 위협적인 국외 단체쯤으로 여기는 것은 우리의 민주주의에서 정부는 곧 우리라는 사실을 무시하는 것이다. [미국 헌법의 첫 서두인] 우리, 인민We, the people이 곧 정부다. 우리, 곧 인민은 지도자를 뽑고, 법을 바꾸고, 우리 자신의 운명을 만들어 갈 수 있는 권력을 손에 쥐고 있다.

정부는 우리 공동체를 보호하는 경찰이자, 외국에서 우리

---

* 연방 정부에서 지원하고 운영하는 건강보험 제도. 65세 이상의 노인들과 65세 미만이더라도 특정한 장애나 질병에 걸린 사람들이 대상이다.

의 안전을 보호하는 군인이다. 정부는 여러분이 운전하는 도로이자, 그 길에서 여러분을 안전하게 지켜 주는 속도제한 같은 존재다. 정부는 탄광이 안전 수칙을 준수하도록 하며, 석유회사가 기름을 바다에 유출했을 때 그 회사로 하여금 기름을 치우게 하는 존재다. 정부는 생명을 살리고 경제성장을 촉진하는 연구를 수행하는 이곳[미시간 대학]과 같은 특별한 공립대학이고, 크든 작든 이 세상을 변화시킬 수 있는 졸업생들과 같은 존재다.

큰 정부냐 작은 정부냐를 두고 벌어진 지난 몇십 년의 논쟁은 지금 우리가 사는 이 시대에는 적합하지 않다. 우리는 정부가 지나치게 비대해져 경쟁을 제한하고 우리의 선택권을 박탈하고 정부 빚이 늘어날 수 있다는 것을 알고 있다. 하지만 한편으로 너무 작은 정부가 얼마나 위험한지도 분명하게 목격한 바 있다. 정부가 월스트리트에 충분한 책임성을 부과하지 못해 우리 경제 전체가 거의 붕괴할 뻔했던 사례처럼 말이다.

2010년 졸업생 여러분, 우리가 해야 할 질문은 '큰 정부'가 필요한가 아니면 '작은 정부'가 필요한가가 아니라, 어떻게 하면 우리가 더 현명하고 더 나은 정부를 만들 수 있는가이다. 아이팟과 티보의 시대에 우리는 그 어느 때보다 많은 선택권을 가지고 있다. 나는 사실 이런 것들을 잘 다룰 줄 모르는데, 물론 나 대신 잘 조작해 주는 23세의 보좌진이 있긴 하다. 아무튼 이런 시대에 정부가 여러분의 삶을 지배하려고 해서는 안

될 것이다. 그보다는 정부는 여러분의 성공에 필요한 도구를 제공해야 한다. 정부는 결과를 보장해서는 안 되지만, 열심히 노력하는 모든 미국인이 필요로 하는 기회를 보장해야 한다.

바로 그렇다. 우리는 우리 삶에서 정부가 해야 하는 역할에 대해 논쟁할 수 있고 또 논쟁해야 한다. 하지만 우리가 시대의 도전에 대처하도록 요청받았던 때를 돌아보자. 시대의 요구가 등장할 때마다 정부가 잘 대처할 수 있도록 우리는 능력을 발휘했고, 그 덕분에 건국 이래 우리의 민주주의가 잘 작동해 왔다는 사실을 기억하자.

둘째, 우리 민주주의를 건강하게 유지하는 두 번째 길은, 공개 토론에 있어 '시민적 정중함'civility의 기본을 준수하는 것이다. 정부와 의료보험, 전쟁, 세금 등 우리가 직면하고 있는 논쟁은 하나같이 중대하다. 논쟁은 시민의 열정을 불러일으켜야 한다. 모두가 열성적으로 논쟁에 참여하는 것이 중요하다. 그래야 우리가 하나의 자유로운 인민a free people이라는 사실을 지켜 낼 수 있다.

하지만 서로를 비난하고 무너뜨리려고만 하면 우리가 직면한 문제를 해결할 수 없다. 우리는 특정 정책을 찬성하는 사람을 악마화하지 않으면서도 그 정책에 반대할 수 있다. 우리는 누군가의 동기나 애국심을 의심하지 않고도 그의 견해나 판단에 의문을 제기할 수 있다. 상대에게 '사회주의자', '소비

에트식 권력 탈취’, ‘파시스트’, ‘우파 꼴통’과 같은 문구를 사용해 공격하는 것은, 그렇게 해서 신문의 1면을 장식할 수는 있겠지만, 결국은 정부나 정적을 권위주의 심지어는 살인 정권에 비유하는 것과 다름없는 일이다.

우리는 이런 종류의 정치를 이미 경험한 바 있다. 건국 이래 좌파와 우파의 이념적 스펙트럼의 양쪽 끝에 있는 사람들이 이런 식으로 행동하곤 했다. 그런 것들이 이제 우리 담론의 중심으로 슬금슬금 다가오기 시작했다. 비판을 받는 공직자들이 얻게 된 마음의 상처나 멍든 자존심이 문제는 아니다. 그들은 그런 일을 감수하겠다고 선서한 사람들임을 기억해야 한다. 미셸은 내가 상처받을 때마다 항상 이 점을 상기시킨다. 문제의 핵심은 이런 종류의 비방과 과장된 언사가 협상의 가능성을 없앤다는 것, 민주적 숙의를 어렵게 하며 서로에게 배우지 못하게 한다는 것이다. 그것은 결국 우리가 왜 ‘파시스트’, ‘사회주의자’, 또는 ‘우파 꼴통’, ‘좌파 꼴통’의 말을 들어야 하느냐는 것으로 이어진다.

문제의 핵심은, 각자 타당하면서도 서로 연결 가능한 차이를 가진 사람들이 같은 테이블에 앉아 문제를 해결해 나가는 것을 거의 불가능하게 만든다는 것이다. 그것은 이 나라가 당면한 큰 도전을 풀어 나가기 위해 요구되는 이성적이고 진지한 토론의 기회를 우리에게서 빼앗아 간다는 것이다. 우리의 문화를 거칠게 만들고 최악의 경우에는 폭력이 정당한 대응일 수 있다는 신호를 우리 사회의 극단적 세력들에게 보낼 수도 있다는 것이다.

그렇다면 우리는 무엇을 해야 할까? 백악관에서 지난 1년 동안 깨달은 것은, 이런 종류의 정치를 바꾸는 일이 쉽지 않다는 사실이다. 시금 우리에게 필요한 시민적 정중함이 무엇인지를 알기 위해서는 우리 대부분이 부모에게 배운 간단한 교훈을 떠올려 보면 된다. 너희가 남에게 대접받고자 하는 그대로 너희도 남에게 예의와 존경으로 대접하라. 지금 시대의 시민적 정중함에는 우리가 서로 사이좋게 지낼 수 있는지를 묻는 것 이상의 뭔가가 더 필요하다.

오늘날 연중무휴의 반향실echo-chamber 효과를 내는 미디어 환경은 자극적인 문구를 전례 없이 빠른 속도로 증폭한다. 물론 그런 미디어 환경은 전례 없는 선택권을 우리에게 제공하기도 한다. 예전에는 대부분의 미국인이 저녁 식사 시간에 3개 채널에서 제공하는 같은 뉴스를 보았고, 일요일 아침에는 권위 있는 신문을 읽곤 했다. 하지만 오늘날에는 수없이 많은 블로그나 웹사이트를 통해 혹은 케이블 뉴스쇼를 통해 정보를 얻을 수 있게 되었다.

이런 환경은 민주주의의 발전에 좋은 효과, 나쁜 효과를 모두 가질 수 있다. 만약 우리가 자신의 견해와 일치하는 것만을 선택해 정보를 얻는다면, 여러 연구가 보여 주듯이 우리는 더욱 양극화되고 자신의 방식에 더 고집스러워질 것이다. 그것은 이 나라의 정치적 분열을 강화하고 심지어 더욱 심화할 뿐이다.

하지만 만약 우리의 생각과 믿음을 위협하는 정보에도 적극적으로 귀를 기울인다면, 아마도 우리와 의견을 달리하는 사람들의 입장을 더 잘 이해하게 될 것이다.

우리는 서로 동의할 만한 일련의 사실에서 논쟁을 시작해야 한다. 왜 우리가 특정한 방향으로 여론을 조성하고 말을 만들어 내는 사람들로부터 거리를 둔, 활기차면서도 번성하는 언론을 필요로 하는지를 생각해야 한다. 왜 확실한 증거에 기반하되, 근거 없는 단언을 고집하지 않는 계몽된 시민educated citizenry을 필요로 하는지를 생각해야 한다. 예전에 대니얼 패트릭 모이니한 상원 의원이 했던 유명한 말이 있다. "모든 사람이 자신만의 견해opinion를 가질 권리가 있지만, 자신만의 사실 facts을 가질 권리는 없다."

여러분이 [진보 성향의] 『뉴욕 타임스』 사설만 읽는 사람이라면, 때론 [보수 성향의] 『월스트리트 저널』 사설도 읽어 보길 바란다. 만약 당신이 [우파 정치 평론가들인] 글렌 벡이나 러시 림보의 팬이라면 [진보 성향의] 〈허핑턴 포스트〉의 칼럼 몇 개도 읽어 보길 바란다. 피 끓는 분노를 느낄 수도 있고, 당신의 생각이 바뀌지 않을 수도 있다. 그렇더라도 반대쪽 견해를 경청하는 일은 효과적인 시민권effective citizenship을 위해 꼭 필요하다. 그것은 우리의 민주주의를 위해서도 꼭 필요한 일이다.

다양한 종류의 사람들과 다양한 경험을 함께하는 관행도

마찬가지다. 나는 졸업생 여러분이 지난 4년간 미시간에서 다양한 사상가, 학자, 교수, 학생 들을 만나 왔다는 것을 알고 있다. 이곳을 떠나더라도 그 넓은 지적 경험을 좁히지 않기를 바란다. 오히려 더 넓히려고 노력하기 바란다. 여러분이 대도시에서 자랐다면 시골 출신 친구와 시간을 보내려고 노력하길 바란다. 여러분이 같은 인종이나 같은 종교를 가진 사람들하고만 어울리고 있다는 것을 깨닫게 되면, 다른 배경과 인생 경험을 가진 이들도 친구의 범위 안에 포함하려고 노력하길 바란다. 다른 사람의 신발을 신고 걷는 것이 어떤 기분인지를 알게 되는 과정을 통해 여러분은 우리의 민주주의가 제대로 작동하는 데 기여하게 될 것이다.

셋째, 민주주의를 기능할 수 있게 하는 마지막 요소를 살펴볼 차례가 되었다. 아마도 가장 기본적인 요소일 텐데, 그것은 앞에서도 언급했듯이, 참여다.

2010년 졸업생 여러분, 오늘날과 같이 유해하기 짝이 없는 정치 환경이 사람들로 하여금 공적 활동에 참여하는 것을 꺼리게 하는 효과를 낳고 있다고 생각한다. 텔레비전을 켰을 때 보이는 것이 욕설뿐이라면, 특수 이익집단들의 로비와 당파적 행동이 어떻게 [미국 정치의 중심인] 워싱턴으로 하여금 어떤 일도 하지 못하게 막고 있다는 이야기만 들릴 뿐이라면, 여러분은 '우리가 관여한들 그게 무슨 의미가 있지?'라고 생각할 수 있다.

여기에 핵심이 있다. 우리가 지도자들이 내리는 결정에 세심한 주의를 기울이지 않는다면, 우리 시대의 중요 이슈에 대해 알고자 하지 않는다면, 우리의 목소리와 의견이 전달되도록 노력하지 않게 되면, 바로 그때 민주주의는 무너진다. 바로 그때 권력은 남용된다. 바로 그때 극단적인 주장들이 우리가 남기고 떠난 빈 공간을 채우게 된다. 바로 그때 강력한 이익집단과 그들의 로비스트들이 권력의 중심에서 영향력을 행사하게 된다. 우리 가운데 아무도 목소리를 높여 그들을 막아서지 않으면 그렇게 된다.

공적인 일에 참여한다고 해서 모두가 공직에 출마해야 하는 것은 아니다. 물론 어느 정도 새로운 얼굴이 워싱턴에 필요하긴 하다. 중요한 것은 공적인 문제에 관심을 기울이고 어떤 식으로든 기여를 해야 한다는 데 있다. 공적 이슈가 무엇인지 알고자 하길 바란다. 중요하다고 생각하는 이슈에 대해 편지를 쓰거나 전화를 하길 바란다. 선거에 나가는 일이 아니더라도, 많은 사람이 이곳 미시간에서 시작한 전통을 이어 가길 바란다. 여러분의 공동체와 여러분의 나라를 위해 봉사할 방법을 찾기를 바란다. 이런 행동은 동료 시민들과의 연결을 유지해 주고, 주변 사람들의 삶을 개선하는 데 도움을 줄 것이다.

50년 전 젊은 대통령 후보였던 존 F. 케네디는 이곳 미시간에 와서 미국 역사상 가장 성공적인 봉사 프로젝트 가운데 하나에 깊은 영감을 주는 연설을 했다. 나중에 미국평화봉사단 $^{Peace Corps}$ °이 될 그 프로젝트의 이면에 있는 이상 ^{ideals} 을 설명하면서 존 F. 케네디는 그해 10월 밤 이곳 앤아버에 모인 학생들에게 도전 의식을 갖게 했다. 그는 이렇게 말했다. "앞으로도 자유세계가 [자유가 억압된 세계에] 밀리지 않고 경쟁해 나갈 것인지는, 여러분이 삶의 일부를 이 나라를 위해 헌신할 수 있는지에 대한 의지에 달려 있다. 그리고 나는 여러분이 할 수 있다고 생각한다."

우리가 가진 이 민주주의는 소중한 것이다. 오늘날의 모든 논쟁과 의심 그리고 냉소에 앞서 우리는 미국인으로서 우리가 지구상의 어떤 국가의 시민들보다 많은 자유와 기회를 누리고 있음을 결코 잊어서는 안 된다. 우리는 우리의 생각을 자유롭게 말하고 우리가 경배하는 것을 자유롭게 믿는다. 우리는 우리의 지도자를 자유롭게 선택하고, 그들이 우리를 실망시키면 자유롭게 비판한다. 우리는 교육받을 기회와 일할 기회, 아이들의 더 나은 삶을 가능하게 만들 기회를 갖고 있다.

이 모든 것이 쉽게 얻어지지 않았다. 이 중 어느 것도 미리 예정된 것이 아니었다. 10년 전, 50년 전, 100년 전 여러분이 지금 앉아 있는 의자에 앉았던 사람들, 그들의 수고와 인내, 그

• 1961년에 창설된 개발도상국 지원 단체.

들의 상상력과 믿음이 미국의 가능성을 만들었다. 그들의 성공과 미국의 성공은 절대로 거저 주어진 것이 아니다. 10년 후, 50년 후, 100년 후 이 자리에 앉아 졸업할 학생들도 여러분이 지금 가진 것과 같은 자유와 기회를 누릴 거라는 보장은 없다. 여러분 또한, 미래의 자유와 기회를 위해 노력해야 한다. 여러분 또한, 가능성의 한계를 확장해야 한다.

사실, 우리나라의 운명은 한 번도 확실했던 적이 없었다. 확실한 것은 오로지 하나, 우리가 운명을 만들 수 있다는 것이다. 그것이 바로 우리를 다르게 만든다. 그것이 바로 우리를 남들과 구분되게 만든다. 그것이 바로 우리를 미국인으로 만든다. 그 모든 차이와 불일치에도 불구하고 그것을 넘어 결국에는 공동의 미래를 만들어 낼 수 있는 우리의 능력, 바로 그것 말이다. 그 과업은 이제 여러분의 손에 달려 있다. 반세기 전 이곳에서 [존 F. 케네디에 의해] 제기된 질문, 즉 앞으로도 자유 세계가 [자유가 억압된 세계에] 밀리지 않고 경쟁해 나갈 수 있을지에 대해 [당시 졸업생들이] 대답했던 것처럼 말이다.

과거 세대들이 그랬듯이 여러분 또한 삶의 일부를 이 나라를 위해 기꺼이 헌신하리라는 사실을 나는 믿는다. 케네디 대통령이 그랬듯이, 나 역시 우리가 할 수 있다고 믿는다. 내가 여러분을 믿기 때문이다.

졸업을 진심으로 축하한다. 감사한다. 하나님의 은총이 여러분에게, 그리고 미국에도 함께하기를.

갈등과 이견에 대한 정치적 접근[50]

― 필라델피아 연설(2008년 3월 18일) ―

이 연설은 2008년 대선 경쟁이 한창일 때 필라델피아에서 했던 인종 문제 연설이다. 많은 이들이 기억하셨지만, 당시 오바마가 다니는 교회의 제레미아 라이트 목사가 미국 사회의 인종차별을 격렬하게 비난하는 내용의 설교를 했다는 이유로 큰 이슈가 되었다. "빌어먹을 미국!"God Damn America!이라는 격한 표현을 쓴 부분만 방송에 집중 보도되었고, 그와 오바마의 관계를 둘러싼 정치적 논란은 일파만파로 퍼져 나갔다. 오바마는 백인들의 지지를 얻는 데 실패할 것이라는 해석이 지배적이었고 그것은 곧 오바마 후보의 몰락을 의미했다.

그런데 우리가 잘 알고 있듯이 오바마는 당당하게 민주당 후보가 됐고, 공화당 후보와의 경쟁에서 압승함으로써 미국의 제44대 대통령이 되었다. 어떻게 가능했을까? 다음 연설문을 보면 여러분도 그 이유를 알게 될 것이다.

그의 연설을 듣고 있노라면 정치에서 말이 갖는 힘이 얼마나 대단한 것인가를 두고두고 생각하지 않을 수 없다. 연설에 잘 나타나 있듯이 흑인의 삶 속에서 그가 획득한 정치적 인식은 흑인만이 아니라 이성적 판단력을 갖춘 백인들에게도 감동적이었다. 이연설 하나로 "역시 흑인이라서 안 된다"는 논란은 종결되었다. 중요 구절만 떼어서 옮겨 본다.

"좀 더 완전한 통합을 위하여, 우리 인민은 ……" 이 단순한 말로, 221년 전 길 건너편 주 의사당에 모인 한 무리의 사람들은 당시로서는 불가능해 보였던 민주주의 실험을 시작했다. 농부와 학자, 정치가와 애국자 등 폭정과 박해를 피해 바다를 건너온 이들은 마침내 1787년 봄 필라델피아 헌법제정회의에서 진정한 독립을 선언했다.

이들이 만든 헌법은 마침내 발효되었지만 궁극적인 완성은 아니었다. 헌법은 이 나라의 원죄인 노예제의 얼룩이 묻어 있었다. 노예제는 식민 주州들을 분열시키고, 헌법제정회의를 교착상태에 빠뜨렸던 문제였다. 그래서 건국자들은 노예무역을 적어도 20년 더 지속하도록 허용하고, 최종 결정을 미래 세대에게 넘기는 선택을 했다.

물론 노예제 문제에 대한 대답은 이미 우리 헌법에 포함되어 있었다. 헌법은 '법 앞에 평등한 시민권'이라는 이상을 핵심으로 삼았으며, 인민에게 자유와 정의, 그리고 시간이 지나면서 완전해질 수 있고, 또 그래야만 하는 통합을 약속했다.

그러나 양피지에 적힌 단어들만으로 충분하지 않았다. 그것만으로는 노예를 속박에서 벗어나게 할 수도, 피부색과 종교에 상관없이 모든 님너에게 미국 시민으로서의 완전한 권리와 의무를 제공할 수도 없었다. 그래서 이후 세대의 미국인들은 저항과 투쟁을 통해, 거리와 법정에서, 내전과 시민 불복종을 통해, 그리고 언제나 엄청난 위험을 감수하면서, 우리의 이상이 약속한 바와 그들 시대의 현실 간의 격차를 좁히기 위해 기꺼이 자신의 역할을 다하지 않으면 안 되었다. ……

나는 다음과 같은 믿음으로 대통령 선거에 나서고자 했다. 우리 모두 함께 문제를 해결하려 하지 않는 한 우리는 우리 시대의 도전에 맞설 수 없다. 우리는 비록 각기 다른 사연을 가졌지만, 모두 같은 희망을 갖고 있다. 생김새나 출생지는 달라도 자식과 손자들에게 더 나은 미래를 남겨 주고 싶어 한다는 점에서는 지향하는 바가 같다. 이를 이해한다면 우리는 좀 더 완벽한 통합을 이뤄 낼 수 있다. 이런 믿음은 미국 인민이 보여 준 품격과 관용에 대한 나의 신뢰, 그리고 미국에서의 나의 삶에서 비롯된 것이기도 하다. ……

이번 선거에서 인종에 관한 논쟁이 특히나 가열된 것은 최근 몇 주 동안이었다. …… 과거 나의 담임 목사였던 라이트 목사는 …… 백인과 흑인을 모두 불편하게 만드는 견해를 피력했다. 나는 이미 분명한 어조로, 이번 논란을 일으킨 라이트 목사의 발언을 비판한 바 있다. 그렇지만 일부 사람들에게는 여전히 의문이 남아 있는 모양이다. 라이트 목사가 종종 미국의 대내외 정책을 맹렬하게 비판한 것을 알고 있었느냐고? 물론이다. 라이트 목사가 교회에서 논란이 될 만한 발언을 하는 것을 들은 적이 있느냐고? 그렇다. 그의 정치적 견해에 반대하느냐고? 물론이다. 여러분이 여러분의 목사나 신부, 랍비가 여러분과 아주 다른 견해를 말하는 걸 들어 본 적이 있는 것처럼 말이다. ……

　라이트 목사의 발언은 잘못됐을 뿐만 아니라, 통합이 필요한 시기에 분열을 초래했다. 산적한 문제들을 해결하기 위해 우리 모두 힘을 합쳐야 할 때 인종 갈등에 우리를 얽매이게 했다. ……

　그러나 진실은 다른 곳에 있다. 내가 아는 라이트 목사의 모습은 그게 전부가 아니다. 20년도 더 전에 처음 만난 그는 나를 기독교 신앙으로 이끌었다. 서로를 사랑하며 약한 자를 보살피고 가난한 자를 돕는 게 우리의 의무임을 일깨워 주었다. …… 그는 30년 넘게 교회를 이끌며 지역사회에 봉사해 왔다. 노숙인을 재워 주고 가난한 이들을 보살폈다. 탁아 서비스를 제공하고 장학금을 지급했으며, 교도소 봉사를 했고, 에이즈로 고통받는 사람을 도왔다. 그는 이곳 지상에서 신의 사역을 실천했다. ……

　그가 비록 완벽한 사람은 아니지만, 내겐 가족과 같다. …… 내가 흑인 공동체를 버릴 수 없는 것처럼 라이트 목사와의 인연을 끊을 수 없다. 나의 백인 할머니를 버릴 수 없는 것과 마찬가지로 그를 외면할 수 없다. 할머니는 나를 키우셨고, 나를 위해 끊임없이 희생했으며, 나를 세상 그 무엇보다 사랑하는 분이다. 하지만 할머니는 언젠가 길에서 흑인 남자들이 옆으로 지나가는 것이 무섭다고 털어놓았고, 종종 인종적 편견을 드러냄으로써 나를 당혹스럽게 했다.

하지만 이들은 나의 일부다. 내가 사랑하는 미국의 일부다. 혹자는 내가 변명의 여지가 없는 발언을 합리화한다고 볼지 모른다. 결단코 그렇지 않다. 정치적으로 안전한 방법은 이 사건에서 멀찍이 떨어져 얼른 잊히기를 기다리는 것이다. ……

하지만 인종 갈등은 지금 이 나라가 무시해도 될 만한 쟁점이 아니다. 라이트 목사가 설교에서 미국을 언급하면서 사람들의 감정을 상하게 한 것과 같은 잘못을 우리도 범할 수 있다. 상대방을 단순화하고 정형화하고 부풀려서, 결국 현실을 왜곡할 수 있다. ……

몇 년째 우리는 인종적 교착상태에 빠져 있다. …… 단 한 번의 선거와 단 한 사람의 후보자, 특히 나처럼 불완전한 후보자로 인해 우리가 인종 갈등을 뛰어넘을 수 있으리라 믿을 만큼, 나는 순진하지 않다. 하지만 나의 신앙과 미국 국민에 대한 믿음에 뿌리를 두고 있는 굳은 확신이 있다. 함께 노력한다면 오랜 인종적 상처를 딛고 나아갈 수 있다. 좀 더 완전한 통합의 길로 계속 나아가기 위해선 사실 그것밖에 다른 선택의 여지가 없다. ……

라이트 목사의 설교가 갖는 근본적인 문제점은 그가 인종주의에 대해 언급했다는 사실에 있지 않다. 그보다는 마치 우리 사회가 변하지 않는 것처럼 말한 것, 마치 진보가 없었던 것처럼 말한 것에 있다. 자신의 신자가 대통령 선거에 출마해 백인·흑인·라틴계·아시아인, 부자와 가난한 자, 젊은이와 노인의 연대를 구축하고 있는데도 이 나라가 여전히 비극적인 과거에서 헤어나지 못하고 있는 것처럼 말한 것에 있다. 우리가 알고 있고, 우리가 눈으로 확인하듯 미국은 변할 수 있다. ……

이 나라에서라면 우리는 무엇이든 선택할 수 있다. 분열과 갈등, 냉소주의를 부추기는 정치를 용인할 수도 있다. …… 인종 문제를 단순히 구경거리로 다룰 수도 있다. …… 심야 뉴스의 소재로 취급할 수도 있다. 라이트 목사의 설교를 매일 모든 채널에서 방송할 수 있고, 지금부터 그에 관한 얘기만 하며, 이번 선거 캠페인의 쟁점을 내가 라이트 목사의 설교를 신봉하고 공감하는지로 좁힐 수도 있다. …… 우리는 그렇게 할 수 있다. 그러나 그렇게 하면, 다음 선거에서는 다른 얘기로 사람들을 혼란에 빠뜨릴 것이다. 그다음 선거에도, 그다음에도 또 그럴 것이다. 그러면 아무것도 변하지 않을 것이다.

이게 한 가지 선택이다. 그게 아니면, 바로 지금, 이번 선거에서, 우리는 함께 힘을 모아 "이번에는 아니다."Not this time. 라고 말할 수 있다. 이번에 우리는 흑인 어린이, 백인 어린이, 아시아계 어린이, 라틴계 어린이, 그리고 미국 원주민 어린이의 미래를 앗아가는 붕괴된 학교에 대해 이야기하기를 원한다. 이번에 우리는 …… 냉소주의를 거부하고자 한다. …… 이번에는 아니다.

이번에 우리는 자랑스러운 같은 깃발 아래 함께 봉사하고, 싸우고, 피 흘리는 각기 다른 피부색과 종교를 가진 이들의 이야기를 하고 싶다. ……

오늘 특별히 여러분에게 전하고 싶은 이야기가 있다. …… 23세의 백인 여성이 있다. 이름은 애슐리 바이아다. …… 그녀는 선거 캠페인 초기부터 주로 흑인 공동체를 조직해 왔다. 어느 날, 사람들이 모여서 왜 선거 캠페인에 참여하게 됐는지 이야기를 나누는 자리에 그녀도 함께 있었다.

애슐리는 자신이 아홉 살 때 어머니가 암에 걸렸다고 말했다. 어머니는 며칠 결근을 해야 했는데, 이 때문에 해고를 당했다. 그래서 건강보험도 상실했다. 애슐리 가족은 파산 신청을 할 수밖에 없었고, 애슐리는 그때 어머니를 돕기 위해 뭔가 해야 한다고 결심했다.

그녀는 생활비에서 식비가 가장 많이 든다는 걸 알고는, 거짓말로 어머니에게 자신이 가장 좋아하고 먹고 싶은 것은 겨자 소스가 들어간 샌드위치라고 말했다. 당시 그게 가장 저렴하게 끼니를 때우는 방법이었기 때문이다.

애슐리는 엄마의 병이 나을 때까지 1년 동안 그렇게 했다. 그녀는 토론회에 참석한 사람들에게, 자신이 선거운동에 동참한 이유는 자신처럼 부모를 돕고 싶고, 또 도와야만 하는 수백만의 어린이를 돕고 싶어서라고 말했다.

애슐리가 다른 선택을 할 수도 있었다. 누군가는 그녀에게, 네 엄마의 문제는 복지 혜택을 받으면서 일은 안 하고 게으르게 사는 흑인이나 라틴계 불법 이민자들 때문이라고 말했을

지 모른다. 하지만 그녀는 생각을 바꾸지 않았다. 그녀는 부당함에 맞서 싸울 연대를 찾아 나섰다.

　애슐리는 그렇게 자신의 이야기를 끝내고, 다른 사람들에게 왜 선거 캠페인에 참여하게 됐는지 물었다. 사람들에게는 저마다 다른 사연과 이유가 있었다. 많은 사람이 구체적인 정책 사안을 들어 이야기했다. 그리고 마지막으로 내내 조용히 듣고만 있던 중년의 흑인 차례가 됐다. 애슐리가 그에게 물었다. 그는 구체적인 사안을 들먹이지 않았다. 건강보험이나 경제적 사안을 얘기한 것도 아니다. 교육이나 전쟁에 대한 얘기도 아니었다. 버락 오바마 때문에 온 것이라고 말하지도 않았다. 다만 짧게 이렇게 말했다, "나는 애슐리 때문에 여기 있다."

　"나는 애슐리 때문에 여기 있다." 이 말만으로, 젊은 백인 여성과 나이 든 흑인 남성이 함께 느꼈던 그 짧은 인식의 순간이 모두 설명될 수는 없을 것이다. 아픈 사람에게 건강보험 혜택을 주고, 실직자에게 일자리를 주고, 우리 아이들에게 교육을 제공한다는 것으로 충분하지 않다.

　그러나 우리는 여기서 출발한다. 우리의 통합이 더 강해지는 지점이 바로 여기다. 한 무리의 애국자들이 필라델피아에서 헌법에 서명한 이래로 221년간 수많은 세대가 깨달았던 것처럼, 거기가 바로 완전한 통합의 출발점이다.

이 연설을 보면서 누군가는, 오바마가 정치적인 필요 때문에 흑인적 실존의 문제를 너무 희석했다거나, 아니면 역시 오바마는 흑인과 백인의 혼혈이기 때문에 흑인의 분노를 충분히 이해하지 못하고 문제를 합리적으로만 다룬 것이라고 생각할지도 모르겠다. 그런 사람을 위해 오바마의 책 한 부분을 인용하고 싶다. 그것은 오바마가 백인 여자를 사랑했을 때의 이야기인데, 오바마는 케냐 출신의 자기 누나에게 이렇게 말한다.[51]

여자가 한 명 있었어. 뉴욕에. 내가 사랑했지. 머리카락은 검고 눈동자는 초록이었어. 목소리는 뭐랄까. 바람이 만들어 내는 맑은 풍경 소리 같았지. 한 1년쯤 만났어. 주말마다 거의. 때로는 그 애 아파트에서 보고. 또 때로는 내 아파트에서 보고. 어떻게 하면 두 사람만의 세상에 빠져드는지 누나도 알지? 아무도 알지 못하는 두 사람만의 따뜻한 세상. 두 사람만의 언어. 두 사람만의 습관.

아마도 두 사람만의 만남이었다면 계속 그랬을 것이다. 그러나 결국 두 사람의 교제는 백인과 흑인이라는 서로의 세계와의 만남으로 이어진다. 오바마는 백인 여자 친구의 가족을 만나게 되고 서로 "각각 속한 세상이 엄청나게 멀다는 사실"을 깨닫게 된다. 그러고는 서로 다투기 시작했고, 어느 날 흑인 작가가 대본을 쓴 연극을 보고 나서 결정적으로 헤어지게 된다. 오바마는 이렇게 표현했다.

연극이 끝난 뒤에 그 애가 말했어. 왜 흑인은 늘 화가 나있느냐고. 나는 기억 때문이라고 하면서, 유대인이 왜 나치에게 당한 대학살을 기억하냐고 묻는 사람은 아무도 없다는 말도 했어. 그랬더니 그 애가 분노는 단지 막다른 길일 뿐이라고 했어. 우리는 극장 앞에서 그 문제를 놓고 대판 싸웠지. 그리고 차에 탔는데 그 애가 막 울기 시작하더라. 자기는 흑인이 될 수 없다고 했어. 할 수만 있으면 자기도 흑인이 되고 싶은데 그럴 수 없다면서 엉엉 울더라구. 자기는 그냥 자기일 뿐인데, 그것만으로 충분하지 않다고 했어. …… 그 애가 나한테 했던 말을 떠올릴 때마다, 그날 밤 극장 앞에서 말이야, 정말 부끄러운 생각이 든다는 거지.

이 대목을 보면서, 세상에서 가장 슬프고 불평등한 인간 현실에 대한 이야기를 듣는 것 같았다. 미국은 자신의 인종을 스스로 선언하는 것으로 결정된다는 점에서, 오바마는 분명 흑인이다. 하지만 그러는 동시에 자신을 흑인적 세계관에 가두지 않고 좀 더 넓고 보편적인 연대의 세계를 열고자 했다. 정치가 그것을 가능하게 할 수 있다는 것을 2008년 미국의 대통령 선거는 보여 주었다.

종교적 신념과 정치의 화해

— 노트르담 대학 연설(2009년 5월 18일) —

대통령 임기 초반인 2009년 버락 오바마는 인디애나주 노트르담 대학에서 명예박사 학위를 수여받으면서 졸업식 축사를 해달라는 요청을 받았다. 그런데 그 때문에 심각한 갈등이 벌어졌다.

가톨릭 계열인 노트르담 대학 학생들은 오바마 대통령의 배아 줄기세포 연구를 지지하고 낙태를 찬성하는 입장이 가톨릭 교리에 위배된다고 주장하며 반대하고 나섰다. 연일 반대 집회가 열렸고, 오바마를 초청한 존 젱킨스 총장의 퇴진을 요구하며 서명운동을 전개했다. 반낙태주의 단체들도 나섰다. 백악관 앞에서 시위를 벌이며 오바마의 노트르담 대학 연설을 반대한다고 목소리를 높였다.

시카고 가톨릭 대교구의 프랜시스 조지 추기경도 오바마 대통령을 졸업식에 초청한 노트르담 대학의 결정을 비판했다. 뉴욕 대교구의 티모시 돌란 추기경과 노트르담 대학이 있는 인디애나주의 사제들까지도 반대하고 나섰다. 로마 교황청은 교황청 주재 미국 대사 후보 3명에 대해 비공식적인 거부의 뜻을 전함으로써 이런 분위기에 일조했다. 졸업식 당일에도 당연히 시위가 있었다. 이 때문에 연설이 중단되기도 했고, 2명은 경찰에 연행되기도 했다.

하지만 결국 연설은 스무 번 넘게 기립 박수를 받으며 환호 속에 끝났다. 그 많던 논란도 순식간에 사려졌다. 연설을 살펴보자.

…… 여러분의 졸업식에 참여할 수 있게 된 것에 감사한다. 명예 학위를 받게 된 것에도 감사를 표하고 싶다. 내게 명예 학위를 수여하는 것을 둘러싸고 논쟁이 있었음을 알고 있다. 그런데 이 학위를 따는 것이 얼마나 힘들었는지 여러분이 알고 있는지 모르겠다.

2009년 졸업생 여러분이 이뤄 낸 성취를 축하한다. 왜냐하면 이곳 노트르담 대학교는, ["낙태는 살인이다! 유아 살해를 멈춰라!" 구호와 이를 야유하는 "우우" 등이 섞여 연설이 멈췄다.] 알겠다. 왜냐하면 [연설을 이어 가려 하자 다시 구호가 시작됐다. "여기는 노트르담이다! 여기는 노트르담이다!" 등의 반대 구호와 "예스 위 캔! 예스 위 캔!" 등 오바마를 지지하는 구호가 다시 섞였다.] 알겠어요. 좋아요, 여러분. 지금 우리는, 매사가 쉽게 이루어지는 것만은 아니라는 [연방 대법관을 지낸 법률가] 브레넌의 격언을 따르고 있는지도 모른다. 때때로 불편한 일을 마주치더라도 피하지 않기로 하자.

자, 이제, 이곳은 노트르담이기 때문에, 여러분이 강의실에서뿐만 아니라 경쟁의 장에서 이룬 성취에 대해 이야기해야 한다고 생각한다. [다시 낙태 반대 구호가 들린다.] 걱정 마라. 그에 대해서는 더 이야기하지 않을 것이다. 우리 모두는 노드르담 대학의 유서 깊은 미식 축구팀을 알고 있지만, 노트르담 대학이 세계에서 가장 큰 5 대 5 야외 농구 대회 북스토어 바스켓볼Bookstore Basketball을 주관하고 있다는 소식도 들었다.

이 소식이 나를 들뜨게 만든다. 올해 우승팀인 '할렐루야 홀라 백'에게 축하 인사를 전하고 싶다. 축하한다. 정말 잘했다. 솔직히 말해 개인적으로는 [자신의 이름과 비슷한] '버락 오벨러스'라는 이름을 가진 팀이 우승하지 못해 아쉽지만 말이다. 내년에 만약 멋진 점프력과 6피트 2인치[약 187센티미터] 신장을 가진 선수가 필요하다면, 여러분은 내가 어디에 살고 있는지 알고 있을 것이다. ……

우리의 생존을 위해 역사상 지금 이 순간보다 세상 모든 사람의 협력과 이해가 더 크게 필요했던 적은 없었다. 하지만 불행하게도 마틴 루서 킹이 말했듯이, '운명이라는 옷 한 벌' single garment of destiny로 우리가 서로 묶여 있음을 인식하게 해주는, 공통의 기반을 발견해 내는 일은 쉽지 않다. 물론 그 원인의 일부는 우리의 이기심, 우리의 완고함, 우리의 탐욕, 우리의 불안, 우리의 과도한 자아에서 보듯 우리 인간의 불완전성에서 발원한다. 기독교 전통 안에서 볼 때, 이 모든 참혹함은 그것이 크든 작든 우리의 원죄에 뿌리를 둔 것으로 이해된다.

우리는 너무 자주, 다른 사람들보다 더 큰 이득을 취하려고 한다. 우리는 낯선 사람들에 대한 낡은 편견을 고수하고, 그들을 두려워한다. 우리 중 너무 많은 이들이 눈앞의 자기 이익과 지독한 물질주의의 관점으로만 세상을 바라본다. 그 안에서 세상은 제로섬게임이 된다. 강자는 약자를 지배하고, 부를 가진 사람과 권력을 가진 사람들은 타인들이 겪고 있는 가난과 부정의를 외면하면서, 자신들이 누리는 특권을 정당화하기 위해 모든 수단과 방법을 찾을 때가 많다.

그래서 우리는 기술과 과학의 진보에도 불구하고, 마치 고대에서나 일어났을 법한 비극적인 폭력, 결핍, 분쟁을 이 나라와 전 세계에서 보게 된다. 우리는 이 사실을 알고 있다. 여러분이 여기 노트르담에서 받은 훌륭한 교육이 가져다준 혜택가운데 하나가, 세상의 이런 잘못된 일들에 대해 깊이 사색할 시간을 가질 수 있었던 것이기를 바란다. 아마 이미 여러분이 그런 인식을 가졌을지도 모른다. 여러분은 그것들을 각자 자신만의 방법으로 바로잡겠다고 결정할 수 있을 만큼 성장했다. 하지만 더 큰 상호 이해와 협력을 통해 서로 함께할 수 있도록 사람들을 격려하는 데 관심을 가진 우리에게도, 선의를 가진 사람들을 모으고 원칙과 목적을 가진 사람들을 찾아내는 것은 힘든 일이다.

군인과 변호사는 모두 같은 열정으로 이 나라를 사랑할 것이다. 그러나 위험으로부터 우리를 보호하기 위해 필요한 구체적인 단계에서는 매우 다른 결론에 도달하게 된다. 동성애 활동가와 복음주의 목사 모두 에이즈가 가져올 파괴적인 결과를 깊이 걱정한다. 하지만 그들은 서로 건널 수 없는 문화적 분열을 메울 방법을 찾지 못하고 있다. 줄기세포 연구를 반대하는 사람은 생명의 신성함에 대해 놀라울 정도로 강한 신념을 갖고 있다. 하지만 소아 당뇨병을 앓는 자녀를 둔 부모들은 줄

기세포 연구가 그들의 딸과 아들의 고통을 해결해 줄 수 있으리라 믿고 있다.

문제는 이것이다. 어떻게 하면 우리는 이런 갈등을 헤쳐 나갈 수 있을까? 서로 손을 맞잡고 공동의 노력을 할 수 있을까? 활기차고 다양한 민주주의의 시민으로서, 우리는 이렇게 이 격렬한 토론에 관여할 수 있을까? [노트르담 대학 이사장인] 존 신부님이 말한 대로 강한 신념을 가진 반대편 사람들을 악마화하지 않으면서도, 어떻게 하면 우리는 각자의 신념을 굳건히 지키며, 우리가 옳다고 믿는 바를 위해 싸울 수 있을까? 낙태 이슈만큼 이런 질문이 더 강력하게 제기되는 주제도 없다.

나를 초청하는 것을 두고 벌어진 논쟁을 지켜보며, 상원 의원 선거 캠페인 시절 겪었던 일이 떠올랐다. …… 민주당 후보자로 임명된 지 며칠 후, 예비 경선에서는 내게 투표했지만, 본선에서도 나를 뽑을지 심각하게 고민하고 있다는 한 의사에게서 메일을 받았다. 그는 자신이 생명 존중[낙태 반대]을 강력하게 지지하는 기독교인이라고 소개했다. 하지만 나를 찍을지 말지를 고민하는 것은 그 때문이 아니라고 했다.

그의 마음을 괴롭게 만든 것은 캠페인 참모가 내 웹사이트에 걸어 둔 문구 때문이었다. 그 문구는 "오바마는 여성의 선택권을 빼앗으려고 하는 극우 이데올로그들과 싸울 것이다."라고 쓰여 있었다. 그 의사는 내가 합리적인 사람이라고 생각해 왔다고 했다. 가난한 사람들을 돕고 교육 시스템을 개선하려는 나의 정책 계획을 지지했다고 했다. 하지만 정말로 내가 모든 낙태 반대론자들이 [원치 않은 임신으로] 고통받는 여성들에게 고통을 주기 위해 생명 존중을 주장하고 있다고 생각하는지, 만약 내가 정말 그렇게 생각한다면 나는 매우 합리적이지 못한 사람이라고 말했다. 그러면서 그는 편지에 이렇게 썼다. "나는 지금 당신에게 낙태 반대에 찬성해 달라고 이야기하는 것이 아니라, 단지 균형을 잃지 않은 공정한 말을 사용할 것을 요청하는 것이다." 균형을 잃지 않은 공정한 말.

그 편지를 읽고 나는 그에게 감사 편지를 보냈다. 낙태에 관한 내 기본 입장을 바꾼 것은 아니었다. 하지만 참모에게 홈페이지에 있는 문구를 바꾸라고 이야기했다. 그리고 그날 밤 나는, 그 의사가 내게 호의를 베풀어 주었던 것처럼 나 또한 다른 사람들의 신념에 같은 마음으로 다가설 수 있게 해달라고 기도드렸다. 우리가 그렇게 할 때, 즉 우리와 생각이 똑같지 않거나 우리가 믿는 것을 믿지 않는 사람들에게 마음과 생각을 열 때, 최소한 서로 공유할 수 있는 기반이 존재할 가능성이라도 발견할 수 있기 때문이다.

그때 우리는 이렇게 이야기를 시작할 수 있다. 우리는 낙태 문제에 대한 의견이 다를지 모른다. 하지만 낙태를 결정한 여성에게 그것은 도덕적으로나 영적으로 매우 고통스러운 일이었을 거라는 생각에는 서로 동의할 수 있다.

그러므로 원치 않은 임신으로 인해 낙태를 할 수밖에 없는 경우의 수를 줄이는 데 함께 노력하자. 입양을 좀 더 쉽게 할 방법을 찾자. 혼자 아이들을 키우게 될 여성들에게 돌봄과 지원을 제공하자. 낙태에 동의하지 않는 이들의 양심을 존중하자. [의료인의] 양심에 따라 낙태 시술을 거부할 수 있는 합리적 양심 조항을 담은 법안을 발의하자. 그래서 우리의 모든 의료 정책이 건전한 과학의 기반은 물론 명확한 윤리적 기반, 나아가 여성의 평등함에 대한 존중이 뒷받침될 수 있게 하자. 이는 우리가 할 수 있는 일이다. ……

열린 마음, 열린 생각, 균형을 잃지 않은 말. 이것은 언제나 노트르담 대학의 전통이었던 삶의 방식이다. 오랫동안 헤스버그 신부는 이 대학을 우리 사회의 등대이자 교차로라고 말해 왔다. 가톨릭 전통의 지혜로 빛나는 등대, 그리고 "문화, 종교, 신념의 차이가 우정, 예의, 환대 그리고 무엇보다 사랑과 공존할 수 있는" 교차로가 바로 이곳이다. ……

이런 협력과 상호 이해의 전통은 오래전 내 삶에서 배운 것들이며, 또한 가톨릭교회 덕분이기도 하다. 여러분도 알다시피, 나는 특별히 신앙심이 깊은 가정에서 자라지는 않았다. 그러나 어머니는 내게 봉사 정신과 타인의 아픔에 공감할 수 있는 성품을 길러 주셨다. 이것은 결국 대학 졸업 후 지역사회 빈민 활동가가 되도록 나를 이끌었다. 시카고의 가톨릭교회들은 '지역공동체 개발 프로젝트'에 재정 지원을 해주었고, 우리는 지역 철강 공장이 문을 닫아 큰 타격을 받은 시카고 남부 지역을 되살리는 데 함께 노력할 수 있었다.

　여기에는 다방면의 사람들이 함께했다. 가톨릭교회, 개신교, 유대인, 흑인 공동체 조직가, 노동자이자 주민인 흑인, 백인, 라틴계 사람들이 함께 힘을 모았다. 우리 모두는 다른 경험과 다른 믿음을 가지고 있었지만, 동네에서 일자리를 찾고 학교를 개선하는 데 우리의 도움을 필요로 하는 사람들이 있다는 것을 알았기 때문에, 나란히 함께 일하는 법을 배웠다. 우리는 다른 이들을 섬기는 과정에서 하나가 되었다. ……

　당시 조지프 버너딘 추기경은 시카고 대주교였다. …… 그는 친절하고 선하고 지혜로운 사람이었다. 그는 성자였다. 나는 시카고 남부 지역 모임에 처음 참석했을 때, 그가 했던 연설을 아직도 기억한다. 그는 빈곤과 에이즈, 낙태와 사형, 핵전쟁 문제에 이르기까지 도덕적 논란을 일으킬 주제에 대해 자신의 생각을 밝히는 것을 두려워하지 않았던 등대이자 교차로 같은 역할을 했다. 그렇지만 그는 상대방을 설득할 때는 부드럽고 온유했다. 항상 사람들을 하나 되게 하고, 서로 협력할 수 있는 공통의 기반을 찾기 위해 노력했다. 그가 죽기 얼마 전 한 기자가 그에게 사역하는 방식에 대해 질문을 했다. 그러자 그는 "복음은 사람들의 미음과 영혼을 삼동시키지 못하면 전해질 수 없다."라고 답했다.

　그는 내 마음과 영혼에 감동을 주었다. 시카고에서 함께 일했던 사람들의 말과 행동도 내 마음과 영혼에 감동을 주었다. 그리고 우리 역시 우리가 도왔던 시카고 남부 지역 사람들의 마음과 영혼에 감동을 주었다고 생각한다. 이것이 바로 내가 우리에게 주어진 최고의 소명이라고 나는 믿는다.

2009년 졸업생 여러분은 매우 불확실한 인생의 다음 단계에 이제 막 들어서고 있다. 여러분은 누구나 일하고 싶어 하는 공정하고도 자유로운 시장을 복원하는 일에 부름을 받게 될지 모른다. 여러분은 우리 지구를 살릴 수 있는 신재생 에너지를 개발하는 데 부름을 받을 수도 있다. 여러분이 받은 최고의 교육을 미래 세대도 동일하게 받을 수 있도록 하는 데 부름을 받을지 모른다. 공공 부문에서 일하든, 적극적인 시민으로 살든, 여러분은 이전에는 없던 수많은 커뮤니케이션 수단들을 통해, 예전에 비해 훨씬 많은 의견과 생각에 노출될 것이다. 여러분은 케이블 텔레비전에 나와 카메라에 대놓고 고함치는 사람을 보게 될 것이고, 블로그에서 확신에 찬 글을 읽게 될 것이다. 그리고 정치인들이 사안에 대해 제대로 알지도 못하면서 아는 것처럼 행세하는 것을 보게 될 것이다. 때때로 당신은 자신이 무슨 말을 하고 있는지 아는 사람들, 즉 서로에 대한 선의와 놀라운 지성을 가지고 중요한 주제를 토론하는 것을 보는 행운을 누리게 될지도 모른다. 추측컨대 여기 있는 여러분 중에서 스타들이 많이 나올 것이다.

무엇이 옳고 무엇이 진리인지를 두고 다투는 이 세계에서, 여러분이 성장하고 교육받는 과정에서 견지하게 된 가치들에 대해 확신을 갖기 바란다. 그 가치들이 위협받았을 때, 여러분의 생각을 말하는 것을 두려워하지 않길 바란다. 당신이 가진 믿음 위에 굳게 서고, 그것이 여러분의 삶을 이끌게 하라. 다시 말해 등대처럼 굳게 서있으라.

여러분도 교차로가 될 수 있음을 기억하라. 믿음이 가진 궁극적인 역설 또한 기억하길 바란다. 당신이 가진 믿음이 틀릴 수 있음을 반드시 인정해야 한다는 것 말이다. 보이지 않는다고 믿음을 저버릴 수는 없다. 신이 우리를 위해 계획하신 일이나, 그분이 우리에게 요구하는 것이 무엇인지를 확실히 아는 것은 인간인 우리의 능력을 넘어서는 것이다. 믿는 자들이라면 그분의 지혜가 우리의 지혜보다 더 크다는 것을 신뢰해야 한다.

이를 의심함으로써 우리를 믿음에서 멀어지게 해서는 안 된다. 오히려 그것이 우리를 겸손하게 만들도록 해야 한다. 우리의 열정을 절제하게 하고, 지나친 독선을 경계하도록 해야 한다. 노트르담 대학의 많은 이들이 시작했던 것과 같이, 열린 마음을 갖고 다른 이들과 도덕적이고 영적인 토론을 계속하는 것에 우리 모두 열의를 가져야 한다. 우리처럼 규모가 큰 민주주의 안에서, 이런 의심은 이성을 통해 상대방을 설득해야 한다는 것을 자각하게 해준다. 어떤 경우에도 편협하지 않은 보편적 시각으로 호소해야 한다는 것을 깨닫게 해준다. 무엇보다도 그것이 선행과 자선, 그리고 마음과 영혼을 움직이는 친절함과 봉사의 본보기를 견지함으로써 이루어질 수 있음을 알게 해준다.

우리가 가장 확신할 수 있는 한 가지 계율이 있다. 그것은 신자와 비신자 모두를 하나로 묶어 주는 계율이다. 기독교, 유대교, 이슬람교, 힌두교, 불교, 인본주의가 모두 이 계율을 가르치고 있다는 것은 우연이 아니다. 그것은 황금률이라고 불리는 것으로, 남에게 대접받고자 하는 대로 너희도 남에게 대접하라는 것이다. 사랑의 부름, 섬김의 부름, 이 세상에 잠깐 왔다 가면서 모두가 똑같이 짧은 순간을 공유하는 이들의 삶에 변화를 주기 위해 우리가 할 수 있는 일을 하라는 부름이 그것이다. 최근까지 집계한 자료에 따르면 노트르담 졸업생 가운데 80퍼센트 이상이 학교와 병원, 국제 구호단체, 지역 자선단체 등에서 이 사랑의 계율을 실천해 왔다고 한다. ……

이제 여러분이 그 전통을 이어 가야 한다. 사랑의 계율을 여러분의 삶의 방식이 되게 하라. 당신이 공동체를 섬길 때, 공동체가 성장하는 것뿐만 아니라, 당신이 그 공동체의 일부가 되게 한다.

그것은 벽을 허물고, 협력을 촉진한다. 그리고 그런 일이 일어날 때, 즉 사람들이 서로의 차이를 잠시 접고 공동의 목표를 향해 공동의 노력을 기울일 때, 함께 싸우고 함께 희생하고 서로에게서 배우게 될 때, 바로 그때 모든 것이 가능해질 것이다.

대법원이 '브라운 대 교육위원회' 결정을 내려 인종차별

정책을 폐지한 지 55주년을 맞아 오늘 저녁, 마침내 나는 대통령이자 아프리카계 미국인으로서 이 자리에 서있다. 브라운은 "분리는 하지만 평등한"* 분리 정책을 해체하는 첫걸음이었다. 하지만 신의 자녀들 모두 시민의 권리를 누리는 꿈이 실현될 때까지는, 그 뒤로도 긴 시간과 전국적인 운동이 필요했다. 자유 승차단 운동,** [흑인에게 밥을 팔지 않는 백인 전용 식당에 가서] 앉아서 버티는 운동, [흑인의 애환을 담아 노래했던] 빌리 홀리데이가 있어야 했다. 아이젠하워 대통령이 임명한 민권위원회가 있어야 했다. 이 위원회에서 제안된 12개의 결의안이 궁극적으로 1964년 민권법이 되어야 했다.

　　이 위원회는 총 6명의 위원으로 구성되어 있었다. 다섯 명은 백인이었고 한 명은 아프리카계 미국인이었다. 민주당과 공화당이 섞여 있었고, 남부 주지사 두 명, 남부 로스쿨 학장, 미드웨스턴 대학 총장, 그리고 여러분의 전 총장인 테드 헤스

• '분리하되 평등'은 흑인과 백인을 학교나 공공시설에서 분리하지만, 공식적으로 이용권은 평등하게 주어진다는, 100여 년 된 미국의 인종차별 정책을 가리킨다. 이 정책은 1954년 5월 17일 미국 연방 대법원의 결정으로 폐기되었다.

•• 인종 분리 정책에 반대하는 흑인과 백인이 함께 버스를 타고 차별이 심각한 미국 남부 전역을 돌면서 인종 분리 관행을 깨려고 했던 운동. 인종 분리 자체가 불법이었지만 그걸 당연시하는 사람들을 향해 행동으로 분리를 없애려 했다. 자유 승차단원들은 가는 곳마다 몰매를 맞았다. 항의 집회 후 대규모 체포가 이뤄진 뒤 경찰서장이 책상 앞에 줄지어 선 사람들의 이름을 받아 적고 있었는데 다음 차례로 아홉 살가량의 흑인 남자아이가 서있었다. 이름이 뭐냐고 묻자 아이는 "자유Freedom, 자유요."라고 답했다.

버그 신부가 참여하고 있었다. 그들은 2년 동안 함께 일했는데, 당시 남부 지역의 어떤 호텔과 음식점도 백인과 흑인이 섞인 이 위원회를 받아 주지 않아, 아이젠하워 대통령이 이 과정에 직접 개입해야 했다. 그리고 끝내 그들이 루이지애나에서 교착상태에 빠졌을 때, 테드 총장은 그들 모두를 위스콘신주 랜드 오레이크에 있는 노트르담 대학의 연수원으로 데리고 갔다. 거기서 그들은 서로의 차이를 극복하고, 최종 합의에 도달할 수 있었다.

몇 년 후 아이젠하워 대통령이 테드 총장에게, 그렇게 다른 배경과 신념을 가진 사람들 사이에서 어떻게 합의를 중재할 수 있었는지 물었다. 그러자 테드 총장은 간단하게 답했다. 위스콘신에서 처음 저녁 식사를 하는 동안, 그 자리에 있는 모든 사람이 어부의 아들임을 알게 되었다. 그 사실을 안 테드 총장은 재빨리 보트를 준비했고, 석양이 내리는 호수로 모두 함께 나갔다. 그곳에서 그들은 낚시를 하면서 많은 이야기를 나눴고, 결국 역사의 흐름을 바꾸었다.

나는 우리가 직면한 도전들이 쉽게 해결될 것이라거나, 해결책이 빨리 나올 것처럼 이야기하지 않겠다. 또는 우리가 가진 차이점과 분열이 다행히도 저 멀리 사라져 버릴 것처럼 이야기하지 않겠다. 인생은 그렇게 간단하지 않다. 결코 그런 적이 없다. 그러나 오늘 여러분이 이곳을 떠날 때, 버너딘 추기경과 헤스버그 총장이 추진했던, 사회의 크고 작은 변화를 만들어 냈던 운동이 남긴 교훈을 기억하길 바란다. 여기 모인 우리 모두는 신의 자녀로서 존엄성을 부여받고 태어난 존재라는 사실을 기억하길 바란다. 그래서 서로에게서 자신의 존재를 알아볼 수 있는 은총을 입었음을 기억하길 바란다. 우리 모두 가족의 사랑과 삶의 충만함을 똑같이 추구하는 존재임을 이해하길 바란다. 그리고 마지막으로 우리는 모두 어부임을 기억하길 바란다.

다른 무엇보다도 그것을 안다는 것이야말로 우리에게 믿음을 가져다줄 것이다. 우리들의 집단적 노력, 신의 섭리, 그리고 서로의 짐을 기꺼이 나눠 지려는 우리들의 의지가, 좀 더 완전한 연합을 위해 나아가는 미국의 소중한 여정을 계속하게 해줄 것이라는 믿음 말이다. 축하한다. 2009년 졸업생 여러분. 하나님의 축복이 여러분과 미합중국에 함께하기를.

비극 앞에서의 정치적 이성

— 애리조나 총기 사건 희생자 추모 연설(2011년 1월 12일) —

2011년 1월 8일, 미국 애리조나주 투손의 한 쇼핑센터에서 유권자들과 만남의 행사를 갖고 있던 개브리엘 기퍼즈 민주당 하원 의원이 제러드 리 러프너라고 하는 22세의 청년이 쏜 총에 머리가 관통되는 중상을 입었다. 또한 존 롤 연방 지방 판사와 기퍼즈 의원의 보좌관, 9세 아이 등 6명이 사망했고 13명이 부상을 입었다. 제러드 러프너는 불과 1미터 정도 거리에서 기퍼즈 의원을 향해 총을 발사하고 주변 사람들에게 무차별 난사를 시작했다. 러프너는 곧바로 달아나려다 시민 2명과 격투를 벌인 끝에 붙잡혔다.

범행 전 그는 자신의 범행을 예고하는 글과 영상을 인터넷에 올렸다. 그는 자신의 〈마이 스페이스〉에 "친구들아, 안녕. 내게 분노하지 말아 줘."라는 메시지를 남겼다. 그는 유튜브에 정부를 비판하는 동영상을 여러 차례 올렸으며, 애리조나 지역의 문맹률이 높다는 내용과 새로운 미국의 통화를 만들어야 한다는 주장 등을 하면서, "미국 정부가 문법grammar을 통제해 사람들의 마음을 조종하고 세뇌를 하고 있다."는 주장도 했다. 그는 유튜브에 올린 자기소개에 좋아하는 책으로 아돌프 히틀러의 『나의 투쟁』을 비롯해, 조지 오웰의 『동물농장』, 올더스 헉슬리의 『멋진 신세계』, 카를 마르크스의 『공산당선언』 등을 꼽았다.

당시 개브리엘 기퍼즈는 미국 남서부 정치권에서 '떠오르는 별'로 불렸다. 30세에 애리조나주 하원 의원으로 정치에 입문했으며, 그로부터 2년 뒤 애리조나주 최연소 상원 의원이 되었다. 유대인인 그는 보수 성향이 강한 애리조나주에서 2006년 민주당 바람을 타고 연방 하원 의원에 당선된 이후 지역에서 폭넓은 활동을 벌였다. 이날 참변이 발생한 유권자 만남 행사 '콩그레스 온 유어 코너'Congress on Your Corner도 그가 지역에서 벌이는 수백 개 이벤트 가운데 하나였다.

2010년 중간선거에서 그는 보수 유권자 운동인 티파티 후보의 도전으로 재선이 불투명했으나 근소한 차이로 승리했다. 특히 애리조나주는 세라 페일린 전 알레스카 주지사가 지정한 '전략 지역'이어서 그의 승리는 전국적인 관심사가 되기도 했다. 민주당 내 보수 성향의 의원 모임 '블루 도그'Blue Dog의 일원인 기퍼즈 의원은 다수의 민주당 의원들과는 달리 총기 소지 문제에 찬성해 왔으며, 불법 이민자를 막도록 국경 감시를 강화하자는 입장을 냈다.

다만 2010년 초 건강보험 개혁 법안 처리 때 찬성표를 던진 이후 수차례 협박을 받아 왔으며, 사무실에 누군가가 돌을 던져 유리창이 깨지는 사건이 발생하기도 했다. 당시 그는 MSNBC 방송에 출연해, "지난 20, 30년 동안 정치를 했던 동료들도 지금과 같은 정치적 환경을 겪지 못했다."며 '증오 정치'를 비판했다. 사건 이후 여론은 '증오·독설 정치가 총격을 조장한 정치적 환경'이라는 분석을 내놓기도 했다.

사건 직후 버락 오바마 대통령은 텔레비전으로 생중계된 특별 성명을 통해 "형언할 수 없는 비극이 왜 일어났는지를 아직 알지 못한다."면서 사안의 중대성을 감안해 로버트 뮬러 FBI 국장을 현지로 급파해 수사를 총괄하게 했고, 이후 수습에 대한 연방 정부 차원의 전폭적인 지원을 약속했다. 또한 1월 12일 직접 투손 현장에 갔으며 저녁에는 애리조나 대학에서 다음과 같은 연설을 했다. 연설 도중 슬픔에 목이 메어 한동안 말을 못 이어 갔다. 그래서 이 연설에는 '51초의 침묵'이라는 별칭이 따라다닌다.

가족과 친구를 잃은 분들, 애리조나 대학 학생 여러분, 여기 모인 공무원 여러분, 투손과 애리조나에 있는 모든 시민 여러분. 오늘 저녁 나는 미국인의 한 사람으로 여기에 왔다. 모든 미국인들이 그러하듯 오늘 나는 여러분과 함께 무릎 꿇고 기도하며, 그리고 내일 여러분 곁에 있을 것이다.

여러분의 가슴에 갑작스럽게 생긴 구멍을 메워 줄 그 어떤 말도 찾을 수가 없다. 그러나 알아주길 바란다. 이 나라의 희망이 오늘 밤 여기에 있다는 것을, 우리는 이 비극 앞에 당신과 함께 아파하고 있다는 것을, 그리고 당신의 슬픔과 함께하고 있다는 것을 말이다. 우리는 여러분의 대표자인 개브리엘 기퍼즈 하원 의원과 생존자들이 이 비극을 반드시 이겨 낼 것이라고 믿는다.

성경은 "시내가 있어 나뉘어 흘러 하나님의 성 곧 지존하신 이의 성소를 기쁘게 하도다. 하나님이 그 성 중에 계시매 성이 흔들리지 아니할 것이라 새벽에 하나님이 도우시리로다"[「시편」 46편 4, 5절]라고 이야기한다.

토요일 아침에 개브리엘 의원, 그녀의 보좌관들과 선거구 주민들은 평화적 집회와 자유로운 발언의 권리를 행사하기 위해 슈퍼마켓 앞에 모였다. 그들은 우리나라 건국자들이 구상한 민주주의의 가장 핵심적인 가치를 이행하고 있었다. 시민의 대표가 선거구민들이 제기하는 질문에 답하고, 그들의 염려를 정부에 전달하고자 했다. 개브리엘 의원은 그것을 '골목 국회'라고 불렀고, 이는 실로 민중의, 민중에 의한, 민중을 위한 정부의 최신 버전이다.

그리고 그런 실로 미국다운 풍경이 한 총격자의 총탄에 산산이 부서져 버렸다. 그리고 6명이 토요일에 목숨을 잃었다. 그들은 우리가, 우리 미국이 최고의 가치로 생각하는 것을 대표하고 있던 사람들이었다.

애리조나 대학 졸업생이자, 이 대학 로스쿨 졸업생인 존 롤 판사는 거의 40년 동안 법조계에 종사해 왔다. 롤 판사는 20년 전 존 매케인에 의해 연방 법원에 추천되었고, 조지 H. W. 부시 대통령에 의해 지명되었으며, 이후 애리조나 수석 판사가 되었다. 그의 동료들은 그를 가리켜 제9순회 항소법원the Ninth Circuit에서 아마 가장 열심히 일하는 판사였을 거라고 했다. 그는 매번 그렇듯이 미사에 참석하고 집으로 돌아가는 도중에 잠깐 들러서 하원 의원에게 인사를 하려던 참이었다. 존

판사는 그의 사랑하는 아내 모린과 그의 세 아들, 다섯 명의 아름다운 손자 손녀들의 마음속에 영원히 살아 있을 것이다.

친구들이 '도트'라고 불렀던 도로시 모리스와 조지는 고등학교 때 만나 사랑에 빠졌고, 결혼을 해서 두 딸을 낳았다. 그들은 모든 것을 함께 했다. 그들은 레저용 차량을 타고 넓은 도로를 따라 여행을 다녔고, 친구들의 표현대로 50년 내내 신혼여행을 즐겼다. 친구들은 이 두 사람을 50년 내내 신혼부부라며 놀리기 좋아했다. 토요일 아침, 두 사람은 슈퍼마켓을 지나가다가 하원 의원이 무슨 말을 하려는지 들으러 갔다. 총성이 울렸을 때, 전직 해병대였던 조지는 본능적으로 부인을 보호하려 감싸 안았다. 두 사람 모두 총에 맞았고, 도트는 목숨을 잃었다.

뉴저지 출신 필리스 슈넥은 은퇴 후 추운 날씨를 피해 투손으로 왔다. 하지만 여름이 오면 그녀 삶의 중심인 세 자녀와 7명의 손자 손녀들, 그리고 두 살짜리 증손녀가 있는 동부로 돌아가려고 했다. 퀼트 실력을 타고난 그녀는 종종 자신이 가장 좋아하는 나무 아래에 앉아 퀼트를 짜곤 했다. 그녀는 [미식축구팀] 뉴욕 제츠와 뉴욕 자이언츠의 로고가 새겨진 앞치마를 만들어서 자신이 자원봉사하고 있는 교회에서 나눠주었다. 그녀는 공화당원이었지만 [민주당의] 개브리엘 의원을 좋아했고, 그녀에 대해 조금 더 알고 싶어 했다.

도르완과 매비 스토더드는 거의 70년 전에 투손에서 함께 자랐다. 그들은 헤어졌고, 이후 각자 가정을 꾸렸다. 그러다 두 사람 모두 혼자가 되었을 때 다시 이곳에 왔으며, 매비 딸의 표현을 따르자면 "다시 남친, 여친이 되었다." 캠핑카를 몰고 나가지 않을 때에는, 마운틴 애비뉴 그리스도의 교회에서 어려움에 처한 사람을 도왔다. 은퇴한 건축 노동자인 도르완은 투스라는 이름의 애완견과 함께 교회를 수리하며 시간을 보냈다. 그의 삶에서 마지막 이타적인 행동은 [총성이 울릴 때] 자기 아내 위로 뛰어드는 것이었다. 그는 그녀를 위해 자신의 생명을 바쳤다.

게이브 짐머만은 자신이 담당한 모든 일에 열성을 다했다. 그러나 그의 진짜 열정은 사람들을 돕는 것이었다. 개브리엘 의원의 지역 봉사 활동 책임자로서, 그는 지역 주민들을 직접 돌보았고, 어르신들이 의료보험 혜택을 받고 계신지 살펴 드리고, 은퇴한 군인들에게는 훈장과 그들이 마땅히 받아야 할 사회보장을 받게 했으며, 정부가 평범한 보통 사람들을 위해 일하도록 관심을 쏟았다. 그는 그가 사랑하던 일을 하던 중에 죽었다. 사람들과 이야기하고, 그들을 어떻게 도울 수 있을지를 살피는 중에 이 세상을 떠났다. 게이브는 그의 부모인 로스와 에밀리, 남동생 벤과 내년에 결혼하기로 했던 그의 약혼녀 켈리에게 영원히 살아 있을 것이다.

그리고 아홉 살 소녀 크리스티나 테일러 그린이 있다. 크리스티나는 우등생이었다. 댄서였고, 체조 선수였고, 수영 선수였다. 그녀는 메이저 리그에서 뛰는 최초의 여자 선수가 되기로 결심했다. 작은 리그 팀의 유일한 여자 선수였고, 아무도 그녀가 못 해낼 것이라 생각하지 않았다.

그녀는 자기 또래의 소녀치고는 흔치 않게 삶에 대해 감사하는 태도를 가지고 있었다. 그녀는 어머니에게 "우리는 정말 축복받은 것 같아요. 우리는 최고의 삶을 살고 있어요."라고 이야기했다. 그녀는 자기보다 어려운 처지에 있는 아이들을 돕는 자선단체에 참여함으로써, 그녀가 받은 축복을 다른 이들에게 돌려주곤 했다.

이들의 갑작스러운 죽음으로 우리 모두의 마음은 찢어졌다. 고통스럽지만 그럼에도 우리의 마음이 충만할 이유들이 있다. 우리의 마음은 총기 난사 현장에서 13명이 살아났음에 감사와 희망으로 가득 차있다. 생존자 중에는 많은 이들이 토요일에 만나고자 했던 바로 그 하원 의원도 포함되어 있다. 이곳에 오기 전, 여기에서 불과 1마일[약 1.6킬로미터] 정도 떨어져 있는 애리조나 대학 병원에서 그녀를 만나고 왔다. 우리가 이야기 나누고 있는 지금 이 순간에도, 개브리엘은 자신과 용감히 싸우고 있다.

여러분에게 전해 주고 싶은 소식이 있다. 그녀의 남편 마크도 여기에 와있다. 그가 이 소식을 여러분과 함께 나눌 것을 허락해 주었다. 동료 의원들이 병실에 남아 그녀를 지키고 있었는데, 우리가 병실을 떠난 지 채 몇 분이 되지 않아, 개브리엘 의원이 처음으로 눈을 떴다는 것이다. 개브리엘이 마침내 눈을 떴다.

개브리엘이 눈을 떴다. 개브리엘이 눈을 떴다. 그래서 나는 여러분에게 이렇게 이야기할 수 있다. 그녀는 우리가 여기에 모여 있다는 것을 알고 있다. 그녀는 우리가 자신을 사랑하고 있다는 것을 알고 있다. 예기치 않은 고난으로 인해, 그녀가 힘겹게 헤쳐 나가야 할 그 긴 여정을 우리가 함께할 것임을 그녀는 알고 있다. 우리는 그녀와 함께할 것이다.

우리는 이 기쁜 소식에 가슴이 벅차오름을 느낀다. 사고 현장에서 사람들을 구해 낸 분들에게 진심으로 감사드린다. 개브리엘 의원 사무실에서 자원봉사를 했던 대니얼 에르난데스에게 감사드린다. 대니얼! 당신은 아니라고 할지 모르지만, 당신은 영웅이다. 그 혼란스러운 상황에서 당신의 상사를 살피기 위해 달려갔고, 부상당한 그녀를 돌봤으며, 그녀가 살아 있을 수 있도록 계속 지켜 주었다.

범인이 탄환을 갈아 끼우기 위해 잠시 총격을 멈췄을 때 그를 넘어뜨린 분에게 감사한다. 그분들이 바로 여기에 와 있다. 몸집은 작지만 단단한 퍼트리샤 메이시는 범인과 싸워 총을 빼앗아 많은 이들의 목숨을 살렸다. 그에게 감사한다.

의사, 간호사, 제일 먼저 신고를 받은 이들에게 감사한다. 그들은 부상당한 이들을 돌보기 위해 전심을 다했다. 이들은 우리에게 영웅심은 전장에서만 볼 수 있는 것이 아님을 알게 해주었다. 영웅이 되기 위해 특별한 훈련이나 육체적 강인함이 필요한 것이 아님을 알게 해주었다. 영웅심은 바로 여기, 토요일 아침에 그랬던 것처럼 바로 여기 모여 있는 수많은 동료 시민들의 마음속에 있다.

그들의 행동, 그들의 희생정신은 우리 모두에게 도전적인 질문을 던져 준다. 그들은 우리가 서로를 위해 기도하고 걱정해 주는 것을 넘어, 앞으로 나아가기 위해 무엇을 해야 하는지에 대한 질문을 던져 준다. 어떻게 해야 이 세상을 떠난 이들의 죽음을 명예롭게 할 수 있을까? 어떻게 하는 것이 진실로 그들을 기억하는 것일까?

이런 비극적인 일이 닥쳤을 때, 이 일이 왜 일어났는지 설명을 듣고자 하는 것은, 그래서 이런 혼란 속에 질서를 만들어 내고, 잘못된 것을 바로잡고자 하는 것은 우리 인간의 본성이다. 이미 사회적으로 이 문제에 대한 토론이 일어나고 있다. 범인의 범행 동기뿐만 아니라 총기 소지 합법화가 우리 사회의 건강을 위해 과연 좋은 것인가에 대한 토론에 이르기까지 거의 모든 것이 논의되고 있다. 미래에 이런 비극이 일어나는 것을 막기 위해 무엇을 해야 하는지 토론하는 것은, [민주주의의 이상이라 할] 자치self-government를 실천하는 데 있어 매우 중요한 요소이다.

그러나 우리의 논쟁이 지나치게 양극화될 때, 자신과 다르게 생각하는 사람에게 이 모든 고통에 대한 비난을 퍼부으려고 할 때, 우리가 서로를 보듬고 치유하기 위해서가 아니라 상처를 주기 위해 토론하는 것은 아닌지, 논쟁을 잠시 멈추고 우리 자신을 돌아볼 필요가 있다. 성경은, 세상에 악이 존재하며 때로 인간이 이해할 수 없는 시련이 일어나기도 한다고 말한다. [「욥기」 30장 26절에서] 욥은 "눈을 들어 빛을 구했을 때, 어둠이 몰려왔다."라고 탄식했다. 불행이 닥쳤을 때, 그것의 원인에 대해 단순한 설명을 구하려는 것을 경계해야 한다.

솔직히 말해, 우리 중에 누구도 이런 비극적인 일이 정확히, 왜 일어났는지 알 수 없다. 우리 중 누구도 무엇이 이 총격을 멈출 수 있었을지, 혹은 그 범인의 마음 깊은 곳에 어떤 생각이 숨어 있었는지 확실히 알지 못한다. 맞다. 우리는 이 비극적 사건의 이면에 있는 모든 사실을 조사해야 한다. 우리는 이런 폭력 앞에 소극적이어서는 안 되고, 소극적이지도 않을 것이다. 이런 폭력을 줄여 나가기 위해 낡은 생각들과 기꺼이 맞서 싸울 것이다. 그러나 이 비극을, 서로를 등지게 하기 위한 또 다른 기회로 사용하려는 것은 절대로 용납할 수 없다. 그렇게 할 수 없다. 그렇게 할 수 없다.

우리가 이 문제들을 이야기할 때, 서로 겸손함으로 대하자. 서로 손가락질하거나 비난을 퍼붓기보다, 이 상황을 우리의 도덕적 상상력을 확장하는 기회로 삼자. 서로에게 조금 더 귀를 기울이고, 서로에 대한 공감력을 키우자. 그리고 희망과 꿈이 우리를 단단하게 엮어 준다는 것을 어떤 방법으로든 상기하자.

궁극적으로 그것은, 우리가 가족 중 누군가를 잃었을 때, 특히 예상치 못한 것이었을 때, 우리가 할 수 있는 최선의 것이다. 우리의 평범했던 일상은 흔들리게 되고, 우리 내면을 돌아보고, 과거를 되돌아보게 된다. 나이 드신 부모님과 충분한 시간을 보냈는가? 그들이 우리를 위해 희생한 모든 것에 충분히 감사함을 표현했는가? 배우자에게 우리가 그들을 얼마나 많이 사랑하는지, 어쩌다 한 번이 아니라 매일매일 이야기했는가?

갑작스러운 이별은 우리를 뒤돌아보게 한다. 그러나 또한 앞을 바라보게도 한다. 현재와 미래를 돌아보게 하고, 우리 삶의 방식에 대해 생각해 보게 한다. 그리고 지금 우리와 함께 있는 이들과의 관계에 대해 돌아보게 한다.

우리가 살아가면서 충분히 친절함과 관대함과 연민의 정을 가지고 주변 사람들을 대했는지, 우리 아이들과 지역사회를 잘 섬겼는지, 우리 삶의 우선순위가 제대로 되었는지 물어보게 될 것이다. 우리 역시 언젠가는 죽을 운명이다. 이 땅에서의 삶은 순식간에 흘러간다. 중요한 것은 우리가 가진 부, 지위, 권력, 명성 등이 아니라 우리가 얼마나 사랑했는지, 다른 사람들의 삶을 더 좋게 만드는 데 아주 작은 역할이라도 했는지이다. 이 과정은 우리의 삶을 재정비하게 해준다. 나는 이것이 이번과 같은 비극이 우리에게 요구하는 일이라 믿는다.

부상을 당한 사람들, 돌아가신 분들은 3억 명이 넘는 우리 미국인 가족의 일원이다. 우리가 그들을 개인적으로 알지는 못하겠지만 그들에게서 바로 우리 자신의 모습을 발견할 수 있다. 조지와 도로시에게서, 도르완과 매비에게서 남편과 아내, 우리 인생의 동반자 간의 변치 않는 사랑을 느낀다. 필리스, 그녀는 우리의 엄마 혹은 할머니다. 게이브는 우리의 남동생 혹은 아들이다. 롤 판사에게서 우리는, 그의 가문을 명예롭게 하고 자신의 일에 탁월했던 한 사람의 모습뿐만 아니라, 법에 대해 우리 미국인들이 갖고 있는 신뢰의 모범적 구현을 본다.

개브리엘 의원에게서는 공공성에 대한 우리의 열의를 본다. 때로는 절망적이고 논쟁적이지만, 반드시 필요하고 결코 끝나서는 안 될, 조금 더 완벽한 연합을 위한 여정에 참여하려는 열망을 본다.

그리고 크리스티나, 크리스티나에게서 우리는 우리 아이들의 모습을 본다. 매우 호기심이 많고, 믿음과 열정이 넘치고, 매력이 넘치는, 정말 사랑받기에 합당한, 우리 사회의 좋은 모범이 되기에 충분한 아이였다.

만약 이 비극이 우리 안에 반성과 토론을 불러일으키고 있다면, 그 논쟁들이 의미 있는 결과를 낼 수 있게 하자. 그래서 이들이 죽음이 헛되지 않게 하사. 이 사안이 서로를 비방하다가 이내 다른 뉴스거리로 옮겨 가 잊히고 마는 정치권의 일상적인 모습이 되지 않게 하자.

이렇게 훌륭한 이들을 떠나보낸 것은 우리로 하여금 더 좋은 사람이 되도록 노력하게 한다. 우리 삶을 더욱더 훌륭하게 만들도록 힘쓰게 한다. 친구들과 이웃 그리고 직장 동료에게 더 잘하도록 힘쓰게 한다. 최근 논의된 바와 같이, 이들의 죽음은 공적 담론에 좀 더 많은 시민성이 필요하다는 것을 알려 주었다. 우리는, 단지 시민성의 부족 때문에 이런 비극이 일어난 것이 아님을 기억해야 한다. 그러나 우리가 좀 더 서로를 존중하며, 더 정직하게 공적 담론을 진행할 때, 비로소 우리가 국가적 도전에 정면으로 직면할 수 있게 될 것이다. 그래야 그들이 자랑스러워할 수 있을 것이다.

우리는 시민적 정중함을 가져야 한다. 왜냐하면 우리는 존 롤 판사나 개브리엘 기퍼즈와 같이, 우리 모든 미국인이 가장 우선시하고 최고로 여기는, 공익을 위해 산 이들의 모범을 따라 살고 싶기 때문이다. 조국을 얼마나 사랑하고 있는지에 대해 서로 의심하지 않고, 서로의 생각을 물을 수 있어야 한다. 함께 일하면서, 우리 관심의 범위를 끊임없이 넓혀 가는 것, 이를 통해 다음 세대에게 아메리칸드림을 전달해 주는 것, 그것이 우리에게 주어진 과제이다.

그들은 믿는다. 그리고 나 또한 믿는다. 우리가 더 나아질 수 있다는 것을 말이다. 돌아가신 이들과 생명을 건진 이들, 그들의 존재가 내게 믿음을 준다. 우리는 이 세상의 모든 악을 막을 수 없을지 모르지만, 우리가 서로를 어떻게 대하는가는 전적으로 우리에게 달려 있다는 것을 알고 있다.

우리 모두는 불완전함에도, 진실함과 선함으로 가득 차있다는 것을, 나는 믿는다. 우리를 갈라놓으려는 힘보다 우리를 연합시키려는 힘이 더 강하다는 것을, 나는 믿는다.

그것이 내가 믿는 것이고, 크리스티나 테일러 그린과 같은 아이들이 믿는 것이다. 잠시 상상해 보자. 우리 민주주의에 대해 이제 막 알게 된 어린 소녀가 있었다. 소녀는 시민으로서 지켜야 할 의무에 대해 이제 막 이해하기 시작했으며, 자신이 조국의 미래를 만들어 가는 데 한 역할을 감당하게 될지도 모른다는 사실을 인식하기 시작했을 것이다. 그 아이는 학생 위원회 위원으로 선출되었으며, 공익을 수행하는 것이 매우 재미있고 소망하는 일이라는 것을 알았다. 그 아이는 자신이 보기에 훌륭하고 중요한 사람임이 분명해서 언젠가 롤 모델이 될 수 있다고 생각하는 하원 의원을 만나러 갔다. 그 아이는 우리 어른들이 너무 자주 당연하게 여기는 냉소주의나 독설에 아랑곳하지 않고 아이의 눈으로 모든 것을 바라보았다.

나는 그 아이의 기대에 부응하고 싶다. 나는 우리의 민주주의가 크리스티나가 상상했던 것만큼 성숙한 민주주의가 되기를 바란다. 나는 미국이 그 아이가 상상했던 것만큼 좋은 나라가 되기를 바란다. 여기 무인 우리 모두는, 우리 아이들이 기대하고 있는 바로 그 나라를 만들기 위해 우리가 할 수 있는 모든 일을 다 해야 한다.

이미 말했듯이, 크리스티나는 2001년 9월 11일에 우리에게 왔다. 이날 태어난 50명 아기들의 사진을 담은 『희망의 얼굴들』*Faces of Hope*이라는 책에 실렸던 아이 가운데 한 명이다. 그 책에 실려 있는 그 아이의 사진 양옆에는, 아이의 인생을 축복하는 소박한 소원이 담겨 있다. "나는 네가 어려운 사람들에게 도움을 주는 사람이 되었으면 좋겠단다." "나는 네가 애국가에 있는 모든 단어의 의미를 알기를 바란단다. 가슴에 손을 얹고 나와 함께 국가를 노래할 수 있기를 바란단다." "나는 네가 빗물 웅덩이에서 뜀박질하며 뛰어놀기를 바란단다."

만약 천국에 빗물 웅덩이가 있다면, 크리스티나는 오늘 거기에서 맘껏 뛰어놀고 있을 것이다. 이 세상에 남겨진 우리는 가슴에 손을 얹고, 그 아이의 온화하고 명랑한 영혼이 영원히 빛날 수 있도록, 우리나라를 계속해서 나아가게 할 것이라고, 미국인의 한 사람으로서 그 의무를 다하겠다고 맹세하자. 하나님의 은총이 돌아가신 이들과 함께하기를, 그들이 영원한 안식과 평화 가운데 있게 해주시기를 기도한다. 하나님께서 생존자들을 사랑으로 돌봐 주시기를 기도드린다. 미국을 지켜주기를 기도한다.

어메이징 그레이스[52)]

― 흑인 교회 총기 사건 희생자 추모 연설(2015년 6월 26일) ―

노력한다고 해서 정치가 바뀔까를 회의하는 사람이 있을 것이다. 정말로 정치가 바뀌지 않을지도 모른다. 인간의 선한 노력이 반드시 좋은 결과로 이어지는 것도 아니고, 신으로부터 모두 응답받는 것도 아님을 보여 주는 사례는 수도 없이 많다. 역사학자들을 괴롭히는 윤리적 고민 가운데 하나는 인간의 역사에서 정의로운 시도가 실패로 귀결된 사례가 너무 많고, 정의롭지 않은 의도에서 나온 시도들이 정의에 기여한 경우가 상당히 많다는 데서 비롯된다.

그러나 역사의 시간을 좀 더 길게 본다면, 의도와 상관없이 정의에 기여한 여러 결과들은 그 전에 실패했던 수많은 정의로운 시도들이 있었기 때문이라고 말해야 할 것이다. 19세기 초에 활동했던 독일의 철학자 헤겔은 '이성의 간사한 지혜'cunning of reason라는 개념을 통해, 마치 세상사가 이성보다는 반反이성에 의해 지배되는 것 같지만 사실 그것은 역사 속에서 합리적 이성이 자기를 실현하는 방법일 뿐이라며, 현실 속에서 이성의 작동이 '간사하다고 힐 징도로' 일마나 신비로운가를 말했는네, 내 생삭으로는 신의 은총 역시 우리가 알 수 없는 신비로운 방식으로 이루어지는 것 같다. 그러니 우리의 노력이 아무리 응답되지 못하고 현실에서 보상되지 않는다 하더라도 우리가 택할 수 있는 자세는 '그럼에도 불구하고'에 있다고 본다. 그럼에도 불구하고, 우리는 우리가 해야 할 일을 해야 한다.

그 혜택이 우리가 아닌 다음 세대에게 실현될 수도 있다. 우리 밖의 시리아 난민들에게 베풀어질 수도 있다. 아무리 노력해도 되는 것이 없다고 느끼는 사회적 약자들이 좌절을 넘어설 수 있는 용기로 나타날 수도 있다. 다만 은총이 어떻게 작용하고 신의 계획이 어떤 것인지를 우리가 알지 못할 뿐이다.

2015년 6월 26일, 오바마 대통령은 미국 사우스캐롤라이나 주 찰스턴의 흑인 교회 총기 난사 사건 희생자 추도식에서 추모 연설을 했다. "이번 사건이 교회에서 발생했다는 점에서 우리는 더욱 깊이 상처를 입었다."면서 그는 "교회는 언제나 미국 흑인 사회의 중심이었고, 적대감 가득한 세상에서 우리를 되돌아볼 수 있는 곳이었으며, 고통의 피난처였다."고 말했다.

그러면서 9명에 이르는 흑인 목사와 신도의 목숨을 앗아간 자의 행동은 "지배의 수단이었고, 겁을 주고 억압하는 방법"으로 "두려움과 보복 범죄, 폭력과 의심을 불러일으키고" 나아가 "사회를 더 깊이 분열시켜 이 나라의 원죄[흑인 노예제]로 되돌아가게 하려 한 것"이지만, "그러나 신은 신비로운 방법으로 일하신다. 신은 다른 생각을 가지셨다. 그는 자기가 신에게 쓰임 받고 있다는 것을 몰랐다. 증오에 눈이 먼 그는 신의 은총이 갖는 능력을 이해하지 못했다."라고 선언했다.

오바마가 연설 내내 "편리한 침묵"과 "편견의 불편한 진실을 외면"하기보다 "더 오래 지속될 변화를 위한 고된 작업을 함께하기"를 요청했다. "역사가 불의를 정당화하는 칼이 될 수 없다. 진보를 막는 방패도 아니다. 과거의 잘못을 되풀이하지 않는 방법을 알려 주는 설명서가 되어야 한다. 악순환의 고리를 끊는 방법 말이다. 더 나은 세상으로 가는 길, 바로 그것 말이다."라며 멈추지 말고 도전하고 노력하자고 말했다.

흑인 시민들이 전처럼 차별과 폭력을 운명처럼 받아들이지 않고 싸우게 되었으며, 인종차별에 반대하는 백인, 히스패닉, 아시아인도 그들과 함께하게 되었지만, 그럴수록 극단적인 인종차별주의자들의 비이성적인 폭력 또한 강해졌다. 흑인 교회에까지 들어와 총질을 하는 폭력 앞에서 흑인 시민들은 오바마에게 질문하고 나섰다. 당신이 대통령이 되고도 현실이 이렇다, 어떻게 해야 하는가, 싸워야 하는가, 대체 이 싸움은 언제 끝날 수 있는가. 당신이 오바마라면 어떻게 대답했을까. 폭력을 저지른 자에게 책임을 묻고 희생자를 위로하는 것만으로 충분했을까. 보상을 약속하는 것으로 흑인들의 분노를 잠재울 수 있을까.

추도 연설 「어메이징 그레이스」는 이런 질문에 대한 오바마의 응답이라 할 수 있다. 은총의 놀라움, 그것은 곧 이런 메시지와 같다. 인간 현실의 수많은 비극성을 피할 수 없다 하더라도 더 나은 사회로의 진보를 위해 싸워야 할 충분한 이유가 있다. 그에 대한 보상과 구원은 우리가 알지 못할 뿐 신의 신비로운 계획 속에 있다, 그러므로 다만 정의를 위해 힘쓰자. 노골적이고 직접적인 언어로 표현되지는 않았지만, 추모 집회에 참석하기 위해 교회에 모였던 5500여 명의 흑인 시민들에게 오바마가 말하고자 한 바는 분명하고도 감동적으로 전달되었으리라 생각한다.

신께 모든 찬양과 영광을 돌린다. 성경은 우리에게 희망을 가지라고 말한다. 인내하면서 보이지 않는 것에 믿음을 가지라고 한다.

"이 사람들은 다 믿음을 따라 죽었으며 약속을 받지 못하였으되 그것들을 멀리서 보고 환영하며 또 땅에서는 외국인과 나그네임을 증언하였으니"(「히브리서」11장 13절).

우리는 오늘 여기에 믿음으로 살았던 신의 사람을 기억하기 위해 왔다. 보이지 않는 것을 믿은 사람. 미래에 더 나은 날들이 있다고 믿은 사람. 인내의 사역을 맡은 사람. 그는 약속받은 모든 것을 얻지 못하리라는 것을 잘 알면서도 그렇게 했다. 자신의 노력으로 신자들이 더 나은 삶을 살 수 있다고 믿었기 때문이다.

…… 언젠가 클레멘타 핑크니 목사가 말한 것처럼, "우리의 소명은 교회라는 공간에 국한되어 있지 않다. 그것은 우리의 삶과 교회가 있는 지역공동체에 있다." 그는 우리의 기독교 신앙은 말이 아니라 행동을 요구한다는 생각으로 실천했다. '기도를 드리는 축복의 시간'은 일주일 내내 계속되지만, 우리의 믿음을 실행으로 옮기는 것은 개인의 구원 이상의 것, 즉 우

리 집단 모두의 구원에 관한 것이다. 배고픈 사람들에게 먹을 것을 주고 헐벗은 이를 입히고 집 없는 이에게 집을 주라는 것은 단발적인 자선에 대한 요구가 아니라 공정한 사회를 위한 절박한 의무다.

......

고인의 가족 여러분, 여러분의 슬픔을 온 나라가 함께하고 있다. 이런 일이 교회에서 일어났기에 우리의 아픔은 더욱 깊다. 교회는 지금도 그리고 항상 아프리카계 미국인들의 삶의 중심이었다. 너무 자주 적대적인 세상에서 우리만의 장소가 되어 주었다. 수많은 고난을 피할 수 있는 성소였다. 여러 세기 동안 흑인 교회는 노예들이 안전하게 예배를 드릴 수 있는 조용한 항구와도 같았다. 그들의 자유로워진 후손들이 모여 할렐루야를 외칠 수 있는 찬양의 집이었다. 지하 철도를 따라 탈출하느라 지쳐 있던 이들을 위한 휴식의 정거장이었다. 민권 운동의 보병들을 위한 벙커였다. 우리의 일자리와 정의를 위한 커뮤니티 센터가 되어 왔고 앞으로도 계속해서 그럴 것이다. 장학금과 네트워크의 장소였다. 그리고 아이들이 사랑받고 양육되고 위험한 길에 빠지지 않도록 보호하는 장소였다. 이곳에서 아이들은 아름답고 똑똑하다는 말을 들을 수 있었다. 아이들은 이곳에서 자신이 소중하다는 사실을 배울 수 있었다. 이런 일들이 교회에서 이루어졌다. 이것이 흑인 교회의 존재 이유다. 우리의 심장이 뛰고 있는 곳. 인간으로서의 존엄성이 침범되지 않은 곳.

……

핑크니 목사와 8명의 신도를 살해한 자가 이런 역사를 알고 있었는지는 모르겠다. 하지만 폭력적인 행위가 어떤 의미인지 그는 확실히 알고 있었다. 그것은 폭탄과 방화, 교회를 향한 총격의 긴 역사를 이어 가는 행위였다. 그것은 무의식적인 것이 아니라 지배의 수단이었고 위협하고 억압하는 방법이었다. 그가 생각해 낸 이런 행위가 두려움과 맞대응을 불러일으킬 수도 있다. 그리고 폭력과 의심을 불러일으킬 수도 있다. 그는 아마 그러리라 짐작했을 것이다. 이런 행위가 우리나라의 원죄를 되살리는 분열을 가중할 것이라고 말이다.

하지만 신은 신비로운 방법으로 일하신다. 신은 다른 계획을 가지고 계신다. 그는 신의 쓰임을 받고 있다는 것을 몰랐다. 증오에 눈이 먼 살인 용의자는 핑크니 목사와 성경 공부반을 둘러싸고 있던 은총을 볼 수 없었다. 그들이 교회 문을 열고 기도 모임으로 낯선 사람을 초대했을 때 그 빛나던 사랑의 빛을 그는 볼 수 없었다. 살인 용의자는 고인의 가족들이 법정에서 자신을 마주쳤을 때 그런 반응을 보이리라고는 결코 예상하지 못했을 것이다. 말로 표현할 수 없는 슬픔 속에서 용서의 언어를 건네다니, 그는 상상도 할 수 없었을 것이다. …… 그는 증오에 눈이 멀어 핑크니 목사가 아주 잘 알고 있는 것, 즉 신의 은총이 갖는 능력을 이해하지 못했다.

이번 주 내내 나는 은총에 대해 깊이 생각했다. 사랑받던 이들을 잃은 가족들의 은총. 핑크니 목사님이 설교에서 전했던 은총. 내가 가장 좋아하는 찬송가에 있는 은총. 우리 모두가 아는 노래, 〈어메이징 그레이스〉! 그 소리가 얼마나 감미로운지. "은총이 어찌나 놀랍던지, 나 같이 비참한 죄인을 살리셨다네. 한때 길을 잃었지만 이젠 나의 길을 찾았다네. 예전엔 눈먼 소경이었지만 이젠 보게 되었다네"[찬송가 가사].•

기독교 전통에 따르면 은총은 우리가 대가를 주고 얻은 것이 아니다. 은총은 우리가 그럴 만한 일을 해서 얻은 것이 아니다. 그것은 우리가 받아 마땅한 것이 아니다. 죄인에 대한 구원과 축복을 통해 분명히 나타내셨듯이, 은총이란 신의 자유로운 의사이자 자비로운 뜻이다.

이 나라의 이 끔찍한 비극 앞에서 신은 우리에게 은총으로 찾아오셨다. 신은 우리가 눈멀어 보지 못했던 곳을 볼 수 있게 하셨다. 신은 우리가 길을 잃었을 때 우리가 최선의 자아를 찾을 수 있도록 기회를 주셨다. 우리가 원한과 자기만족, 근시안, 서로에 대한 두려움을 가졌다면 그런 은총은 받을 수 없었을 것이다. 신은 우리에게 똑같은 은총을 주셨다. 어떤 방법으로도 신은 우리에게 은총을 주셨다. 우리에게 또다시 은총을 주

• 우리나라 찬송가에서는 "나 같은 죄인 살리신 주 은혜 놀라워. 잃었던 생명 되찾고 광명을 얻었네."로 번역되었다.

셨다. 그러나 그 은총을 최대한 좋은 방향으로 사용하고, 감사함으로 받아들이며, 우리가 이런 은사를 받기에 합당한지를 증명하는 일은 이제 우리에게 달렸다.

......

신은 우리가 여기서 멈추기를 바라지 않는다고 생각한다. 너무나도 오랫동안 우리는 과거의 불의가 현재의 모습을 만들고 있는데도 눈감고 외면해 왔다. 어쩌면 지금도 우리는 그걸 지켜보고 있는지도 모른다. 어쩌면 이 비극은 우리에게 어려운 질문을 던지고 있는지 모른다. 어떻게 우리는 그렇게 많은 아이들이 가난에 시달리고, 낡은 학교에 다니고, 직업에 대한 아무런 기대 없이 자라도록 내버려 둘 수 있었는가? 어쩌면 우리는 우리 아이들 가운데 일부가 서로 증오하게 만들어 놓고 이제 와서 그 원인을 찾고 있는 것인지 모른다.

......

너무나도 오랫동안 우리는 총기 폭력이 이 나라를 얼마나 혼란스럽게 만드는지를 보려 하지 않았다. …… 우리 가운데 누구도 하룻밤 사이에 인종 문제가 바뀔 것이라고 기대할 수 없으며 기대해서도 안 된다. 이런 일이 일어날 때마다 누군가는 우리가 인종에 대해 이야기해야 한다고 말한다. 우리는 인종에 대해 많이 이야기한다. 하지만 지름길은 없다. 더 많은 이야기가 필요한 것이 아니다. ……

정의란 우리가 서로를 인정할 때 성장할 수 있다. 나의 자유도 당신이 자유로울 때 가능하다. 역사는 부정의를 정당화하는 칼날이 될 수 없다. 진보를 막아서는 방패도 될 수 없다. 과거의 잘못을 반복하지 않는 매뉴얼, 악순환을 끊는 매뉴얼이 되어야 한다. 더 나은 세상을 향한 길이 되어야 한다. 은총의 길은 열린 생각에 있다. ……

이것이 내가 이번 주에 느낀 것이다. 열린 마음 말이다. 어떤 특정한 정책이나 특별한 분석보다 더 중요한 것은 이것이다. 내 친구인 매릴린 로빈슨 작가는 열린 마음을 이렇게 불렀다. "일상적인 일들 속에서 서로 행할 수 있는 것을 넘어서는, 또 다른 종류의 선함을 담고 있는 저수지!" 선함의 저수지! 우리가 은총을 찾을 수 있다면 무엇이든 할 수 있다. 우리가 은총을 담을 수 있다면 모든 것이 변할 수 있다. 은총의 놀라움. 은총의 놀라움. [찬송가를 부르기 시작한다.] "은총이 어찌나 놀랍던지, 나 같이 비참한 죄인을 살리셨다네. 한때 길을 잃었지만 이젠 나의 길을 찾았다네. 예전엔 눈먼 소경이었지만 이젠 보게 되었다네."

[이번 비극에 희생된 사람들을 한 명씩 호명하며] 클레멘타 핑크니는 그 놀라운 은총을 받았다. 신시아 허드는 그 놀라운 은총을 받았다. 수지 잭슨은 그 놀라운 은총을 받았다. 에설 랜스는 그 놀라운 은총을 받았다. 드페인 미들턴 의사는 그 놀라운 은총을 받았다. 티완자 샌더스는 그 놀라운 은총을 받았다. 대니얼 시먼스는 그 놀라운 은총을 받았다. 샤론다 콜먼-싱글

턴은 그 놀라운 은총을 받았다. 미라 톰슨은 그 놀라운 은총을 받았다. 그리고 그들은 자신들의 삶을 통해 우리에게 은총을 전해 주었다. 우리의 삶이 다하는 날까지 그 고귀하고 특별한 선물에 합당하게 살기를 기도한다. 은총이 그들을 영원한 안식처로 인도하기를 기도한다. 계속해서 미국에 은총을 내려 주시기를 기도한다.

나가며
정치적이되 아름다워야 한다

1.

많은 이들이 정치 언어는 세고 강해야 하는 것처럼 말한다. 그래서 그런지 정치 언어가 점점 더 공격적으로 변해 가고 있다. 정치 논쟁이 '수사하라!', '처벌하라!' 같은 공안 담론으로 채워지는 것은 문제다. 누군가를 향해 '반성하라!', '사과하라!'라는 말로 그 내면을 무단으로 헤집고 들어가 '수치심을 부과하려는' 언어 사용법도 좋게 볼 수 없다.

'절대' 용납하지 못한다거나 '끝까지' 두고 보겠다는 식의 '극강의 용어'도 절제해야 할 일이다. '도덕적 규탄'과 '윤리적 심판'의 언어를, 강하고 센 부사나 형용사를 동원해 표현하는 것은 정치에 필요한 이성을 마비시킨다. 규탄과 심판의 언어가 더 나은 변화를 가져올 가능성은, 불행하게도 없다.

정치 언어를 그런 식으로 사용하는 사람들의 표정이 좋게 느껴질 리가 없다. 진심이 아니라는 것쯤은 누구나 안다. 표현된 말에 비해 실제 행동과 실천은 그렇지 않기 때문이다. 상대에 대한 말에는 관용이 없으나 자신의 행동에 대해서는 놀라울 정도로 관대한 경우도 많다. 그럴수록 정치에 대한 신뢰나 기대는 줄어든다.

정치가의 말은 정확해야 할 것이다. 무엇보다도 사실성의 기반이 튼튼해야 한다. 논리적으로는 타당성의 근거가 확고해야 한다. 인과론도 없고, 비교 가능한 유형론도 없이 일방적인 주장으로 끝나는 정치 언어는 선동이다. 정확하고 타당하면 세고 강한 표현에 의존할 이유가 없다. 형용사·부사를 남발하지 않아야 말이 담백하고 아름다울 수 있다. 아름다운 말이 밋밋하고 유약하다는 생각은 편견이다.

정확한 표현, 타당한 주장, 아름다운 말보다 강한 것은 없다. 정치적 목적을 갖는 말이라 해도, 사실성이나 타당성의 기반이 튼튼해야 하고 그 표현은 아름다워야 한다. 세상을 만든 것도 말이었고 인간을 만든 것도 말이었다. 인간 사회의 변화와 개선을 생각한다면, 누구든 먼저 말로써 일해야 한다. 말로써 '변화되고 개선된 미래'를 설득력 있게 정의하는 것, 거기서부터 매사 좋은 일이 시작된다.

2.

말은 중요하다. 좋은 말은 '가능의 공간'을 확대한다. 나쁜 말은 '있던 가능성'마저 사라지게 한다. 서로 다른 사람들이 협력하고 연대할 수 있도록 '심리적 기반'을 만드는 것도, 인간 공동체를 상처로 얼룩지게 하는 것도, 사람들을 '생각의 지옥'으로 이끄는 것도, 인간의 마음을 '살해'하는 것도 말이다.

아리스토텔레스에 따르면, 말은 인간을 이성적이고 도덕적으로 이끄는 '자연의 선물'이다. 그 때문에 인간은 '삶의 목적을 가진 유일한 피조물'이 될 수 있었다. 이와 동시에 말이 나쁜 인간, 그래서 덕성을 상실한 인간은 야수보다 잔혹한 존재가 된다. 인간 이성이 말로 표출되고 또 말로 망가진다는 점에서, 인간은 '언어의 동물'이 아닐 수 없다. 말을 가졌기 때문에 인간은 동물이면서도 그 이상의 존재도 되고 그 이하의 야수적 존재가 된다. 아리스토텔레스는 자신의 대표작인 『정치학』에서 이렇게 말했다.

인간은 언어logos 능력을 가진 유일한 동물이다. …… 언어는 무엇이 유익하고 무엇이 유해한지, 그리고 무엇이 옳고 무엇이 그른지를 밝히는 데 쓰인다. …… 인간은 지성과 덕성을 위해 쓰도록 언어라는 무기를 갖고 태어났지만, 이런 무기들은 너무나 쉽게 정반대의 목적을 위해서도 쓰일 수 있다. 그래서 덕성을 갖추지 못하면 인간은 가장 불경하고 가장 야만적인 존재가 된다.[53]

말과 행동의 이분법은 정치에서 성립하지 않는다. '말보다 실제 행동이 중요하다'고 말하기보다는 오히려 '말이 곧 행동이다'라고 말해야 한다. '행동으로서의 말'을 존중해야 정치다. 한마디로 말해, 정치가에게는 말이 곧 행동이다.

민주주의에서 정치란 '말의 힘'을 통해 작동한다. 민주주의는

'동의'를 구해 일하는 체제다. 정치가란 어떤 사람인가? 공적으로 발언하는 일이 직업인 사람이다. 말을 공동의 힘으로 바꾸는 사람이다. 그들의 좋은 정치 언어는 '분열의 상처'를 치유해 공동체의 도덕적 기반을 풍부하게 하는 사회적 효과를 발휘한다.

3.

민주화 이전의 민주적 실천과 민주화 이후의 민주적 실천은 다르다. 민주화 이전, 즉 권위주의 독재 체제에서라면 민주주의자는 정치 밖에서 체제와 싸우고 저항하는 사람들일 것이다. 정치가 적법한 절차에 의해 운영되지 않는 체제를 민주주의자가 받아들일 수는 없었기 때문이다. 그 때문에 권위주의 시기에는 어느 정도 거친 말과 전투적 실천이 관용될 수 있었다.

민주화 이후에는 달라져야 한다. 민주화가 되었다는 것은 정치체제가 최소한의 정당성을 확보했다는 것을 뜻한다. 여야가 정치체제를 번갈아 운영할 수 있는 것이 민주주의다. 그런 민주주의 체제를 전복할 생각이 아니라면, 민주적인 방법으로 일해야 한다. 어디까지나 공정하고 합리적인 방법으로 문제를 제기하고 풀어가야 한다.

민주주의는 '체제의 전복자'가 아니라 '체제의 공동 운영자'를 필요로 한다. '만년 야당'도 '영원한 집권당'도 없다. 민주주의란 오늘의 여당이 내일의 야당이 되고 오늘의 야당이 내일의 여당이

되는 체제를 뜻한다. '야당도 집권하는 체제'가 아니라면 민주주의가 아니다. 민주화 이후 민주주의자들의 유능함은 그간 소외되었던 목소리, 집단, 이익, 갈등을 조직하고 정치적으로 대표해 법과 공공 정책의 내용을 변화시키는 것에서 발휘되어야 한다.

정치 밖에서 정치와 싸우는 반정치적 운동이 아니라, 정치에 참여해 사회적인 요구를 균형 있게 투입하고 책임 있게 결정하고 나아가 유능하게 통치하는 민주주의를 해야 한다는 말이다. 민주주의자도 통치자가 되어야 한다. 그런 정치가와 정치 세력이 성장할 수 있어야 민주주의다.

민주주의에서라면, 정치가나 정당이 제아무리 다르고 차이가 있다 해도, 협력해야 할 '공통의 기반'은 있기 마련이다. 민주주의가 시민 사이의 전쟁으로 이어지지 않는 것은 바로 그 공통의 기반 위에서 여야의 역할이 이루어지기 때문이다. 생명에 대한 존중은 모두의 가치다. 진보든 보수든, 폭력과 질병이 많아지는 사회를 반기는 사람은 없다. 이런 생각이 공유되어야 한다. 의심이 지나치면 세상은 온통 잿빛으로 보일 뿐이다.

진보도 성장과 자유의 가치를 부정하지 않으며, 보수 역시 공정하고 평등한 사회가 되는 것을 거부하지 않는다고 생각해야 함께 일할 수 있다. 좌든 우든, 발전주의자든 생태주의자든, 시장주의자든 사회주의자든 좀 더 자유롭고 건강하고 안전하고 평등하고 평화로운 사회를 만드는 일과 관련해, 방법론에서는 차이가 있을 수 있어도 그런 목표 자체에 대해서는 이견을 가질 수 없다고 여겨야 한다.

방법을 둘러싼 이견과 갈등 때문에 공통의 가치 기반이 위협 받는 것은 아니다. 반대로 그런 이견과 갈등을 통해 공통의 가치 기반이 더 단단해지고 조금씩 더 넓어지게 해야, 좋은 의미의 정치다. 사나운 말이나 잘못된 언어 사용 때문에, 도덕적 가치 기반이 좁아지고, 조정 가능한 갈등조차 화해 불가능한 의제로 만드는 것은 정치의 기능을 파괴하는 일이다.

4.

민주주의는 민주주의자를 필요로 한다. 민주주의자 없이 민주주의는 발전할 수도, 지켜질 수도 없다. 민주정치를 운영하는 사람들이 가져야 할 말의 책임성이 준수되어야 한다. 공격적이고 적대적인 정치 언어는 인간 사회를 자연 상태 내지 정신적 내전 상황으로 이끄는 파괴적인 역할을 한다. 상대방에 대한 야유와 조롱, 모욕의 언어는 정치가 아니다.

그런 말과 태도가 만들어 내는 도덕적 악영향은 말할 수 없이 크다. 상대 진영에 대해 누가 더 잘 모욕할 수 있는가를 두고 경쟁하는 '중상calumny의 정치', 반면 자기 진영에 대해서는 상대의 잘못을 누가 더 잘 고자질할 수 있는가를 두고 경쟁하는 '아첨flattery의 정치'가 지배하면 민주주의는 '나쁜 말의 경쟁 체제'로 퇴락하고 만다.

그런 상황이 되면 민주주의는 그 장점을 잃고 귀족정이나 군주정보다 못한 정치체제로 나빠지게 된다는 것을 정치철학자들은 입을 모아 경고했다. 민주주의는 정치적 말하기의 규칙과 규범이 존중되지 않으면 그 가치를 실현할 수 없다. 상대 정당이나 상대 파당과의 경쟁과 합의를 위해서는 성실한 준비와 책임 있는 대화가 필요한데, 이런 노력을 게을리하는 대신, 돌아서 자신의 지지자를 향해 상대방을 고자질하는 '팬덤 정치'나, 서로를 모욕 주기 위해 여론을 동원하는 '소셜 미디어 정치'는 절제되어야 한다. 이런 방식의 정치로는 사회 분열을 막을 길이 없다. 이견異見을 야유의 대상으로 만들거나 이적利敵시하는 것은 '정치적 범죄행위'다.

말이 나쁘면 정치는 인간미 없는 '상호 파괴의 장'이 되고 만다. 그러면 정치만 나빠지는 게 아니라, 시민과 사회가 고통받는다. 정치하는 사람들 사이에서 차이에 대한 존중, 합리적 대화, 책임 있는 합의가 당연한 행위 규범이 되지 않는 한, 민주주의도 서로에게 고통을 줄 수 있다. 우리는 지금 이 문제를 뼈저리게 경험하고 있다.

5.

좋은 정치 언어는 의회정치의 생명과 같다. 그런 의미에서 정치 언어를 가장 가치 있게 사용해야 하는 사람은 다른 누구도 아닌 국회의원이다. 현대 민주주의 제도 가운데 하나인 의회parliament라는 용어는 말 혹은 대화를 뜻하는 고대 불어 'parler'에서 왔다.[54] 인간이 만든 제도나 기관 가운데 의회만이 복수의 적대 세력에 의해 운영된다. 서로 다른 이념과 집단 이익이 경합하는 것을 기관 운영의 원리로 삼는 특별한 제도가 의회다. 이 점에서 하나의 조직 원리나 위계적 구조로 움직이는 관료제나 기업, 학교, 교회 등 다른 제도나 기관과는 뚜렷이 구분된다. 흥미로운 것은, 그런 의회 덕분에 사회적 적대와 갈등을 비폭력적으로 다룰 수 있었다는 사실이다. 의회야말로 현대 민주주의자들이 발견한 최고의 '평화 기획'이다. 그 비밀은 사회적 적대를 '정치적 말싸움'으로 바꿔 낸 데 있다.

의회가 제대로 기능하기 위해서는 '말의 다원주의', 즉 갈등과 차이가 공존할 수 있도록 규범화된 언어를 사용하는 것이 절대적으로 필요하다. 관료제처럼 일원적 원리나 위계 구조로 작동하는 곳이라면 제도나 규칙을 바꿔 일할 수 있다. 하지만 기관 운영과 관련한 제도나 규칙을 자주 바꿀 수 없는 곳이 의회다. 의회는 수평적인 경쟁의 장이다. 적대하는 복수 세력이 같이 움직여 가는 독특한 곳이다. 따라서 외재적 강제를 부과하는 제도나 규칙보다 내부 행위자들의 현명함과 지혜가 중요하고, 수평적 상호작용을 이끄는 말과 행위 규범이 작동해야 하는 곳이 의회다.

그간 국회의장이 바뀔 때마다 국회 제도를 바꾸고 규칙을 새롭게 정하려는 목적으로 위원회 조직을 가동해 왔다. 국회 개혁을 위한 제도 대안의 모색도 계속되었다. 한마디로 제도를 새로 도입해 변화를 만들려는 일종의 '제도 중심주의'가 지배했다. 그러는 사이 국회 내 말과 행위는 더 나빠져 갔다. 의회정치를 이끄는 말과 행위의 규범을 정립하고 발전시켜야 한다는 생각은 발현되지 않았고, 그 문제에 관심과 노력을 기울인 정치 지도자도 없었다.

국회는 제도보다 불문율, 선례, 용례로 움직이는 민주주의 기관이다. 어느 나라 국회든 의원들 사이에는 자율적 행위 규제 원리로서 수많은 규범이 존재한다. 그런 규범을 어기는 것을 법을 어기는 것보다 부끄럽고 수치스럽게 여기는 전통이 있는 기관이 의회다. 따라서 법과 규칙을 강제하기보다 서로가 존중하는 규범을 발전시켜야 의회정치가 좋아진다.

『어떻게 민주주의는 무너지는가』라는 책으로 주목을 받은 정치학자 스티븐 레비츠키와 대니얼 지블랫의 지적은 경청할 가치가 있다. 그들에 따르면 미국 민주주의가 잘 작동했을 때의 특징은, 정치 세력들이 제도적 권한과 규칙을 있는 그대로 상대에게 강요하지 않고 오히려 절제한 것이었다. 대신 정치 세력들이 서로 존중하면서 공존의 방법을 찾고 모색해 갔던 '비제도적' 규범이 작동했다.

'상호 관용'과 '제도 절제'로 이루어진 이런 규범을 그들은 '연성 가드레일'soft guard rail이라고 불렀다. 제도나 규칙 같은 고정된 경성 가드레일이 아니라, 비제도적 행위 규범이 작동해야 민주주의 정치를 이끌 수 있다는 것을 강조한 것이다.[55] 그런 의미에서 국회 운영을 '법대로 하자'는 것은 사실상 정치 말고 법의 강제를 따르자고 하는 것이 될 수 있다.

정치의 기능이 약해지면 국회는 자유롭게 의견을 말하고 설득력을 갖춰 논의하는 '시민의 집'이 될 수 없다. 국회가 나빠지면, 정치가만이 아니라 시민 또한 공론장으로부터 상처받고 '공론의 광장'을 떠나 '가련한 빈집'에 갇히는 운명을 피할 방법이 없다.

서로 우위를 점하려는 제도 싸움이 지배하면 국회는 전쟁터처럼 변한다. 선거법처럼 게임의 규칙을 둘러싼 제도 싸움, '공수처법'처럼 권력기관의 통제권을 둘러싼 제도 싸움의 사례에서 보듯이, 합의나 조정 대신 사활과 승패가 국회를 지배하면 정치의 기능은 사라진다. 공격과 방어의 진을 치는 것과 유사한 효과가 여야 사이를 가른다.

국회는 정치하는 곳이어야 한다. 정치는 서로 공존하고 서로 나눌 수 있는 방식으로 일하는 것을 가리킨다. 법과 제도, 정책이 승자의 전리품이 되면, 패자가 된 정당이나 이를 지지하는 시민은 그런 법과 제도, 정책을 받아들이지 못한다. 새 법과 제도, 정책이 시행될수록 사회 속에 적대는 쌓여 간다. 겉으로는 순응해도 복수를 꿈꾸는 시민이 늘어난다.

6.

정치인들의 말이 줄어든 것은 아니다. 오히려 말과 메시지가 과잉이라 할 정도로 넘쳐 난다. 문자 언어만이 아니라 이미지를 포함해 전과는 비교할 수 없을 만큼 메시지가 늘었다. 흥미로운 것은 그처럼 말과 글, 영상은 많아졌는데 여야가 마주 앉아 심의하고 숙의하고 조정하고 협의하는 일은 줄어들고 있다는 사실이다. 상대에게 등을 돌리고 지지자나 여론에 아첨하면서 상대를 조롱하는 말만 폭발적으로 늘었다.

그런 말들이 갖는 특징이 있다. 대체로 상대가 한 말 그 자체가 소재가 될 때가 많다. 상대나 그 주변인의 말은 비난거리로 이용되고, 추문은 사실 여부와 상관없이 즐겨 악용된다. 논란은 논란을 부르고, 공유 가능한 사실과 판단은 사라지고, 듣고 싶고 보고 싶은 것만 듣고 보게 된다. 정보 과잉, 주장 과잉, 메시지 과잉 속에서 진실도 정의도 관점에 따라 상대화되어 버린다. 모두가 '가짜 뉴스'를 규탄하고 '팩트 체크'가 유행이 되었는데도 그런 이상한 결과가 만들어진다. 가짜 뉴스나 팩트 체크를 말하는 것 자체가 논란거리가 되기도 한다.

사실을 독점하려는 욕구가 절제되지 않으면 좋은 변화는 시작될 수 없다. 사회가 평화로울 수도 없다. 추문 중심의 정치 언어는 다른 무엇보다 전염성이 강하다. 그런 정치는 '싸움 구경'의 효과를 낳고, 세상을 흥분시킨다. 정치가 추문 동원의 경쟁 장이 되자 이를 취재하는 언론 공론장의 말도 순식간에 나빠졌나. 언론 공론장이 나빠지자 시민사회나 생활 세계의 정치 언어는 그보다 더 나빠졌다. 인터넷 댓글에서 보듯, 정치 언어의 부정적 효과는 아래로 내려갈수록 증폭된다.

정치인들 사이에서 열전의 대상이 되는 주제는 점점 국지화되었다. 정치에서는 의제의 범위가 넓을수록, 즉 관련 이해 당사자들을 포괄하는 정도가 클수록, 평화의 효과가 커진다. 의제가 사소한 것이 될수록 상대를 정형화해서 비난하는 야유와 조롱의 언어가 많아진다. 누군가를 표적으로 삼아 공격하는 일도 많아진다. 자연히 표현과 스타일은 자극적일 수밖에 없다. 누가 더 고통스러울지를 두고 다투는 듯한 극강의 표현이 즐겨 채택되는 것은 그 때문이다. 그런 말을 하는 사람들의 심리가 온전할 수도 없다. 상대를 반사회적인 존재로 몰아붙이는 동안 자신의 내면이 파괴되는 것을 경험하지 않을 수 없기 때문이다.

국회가 전에 없던 고소와 고발, 소송전이 넘쳐 나게 된 것이 안타깝다. 입법자들이 법원이나 헌법재판소로 달려가 제소하는 사례가 많아졌다. 스스로 문제 해결자가 될 수 없게 된 국회 상황을 이보다 더 잘 실증하는 것도 없다. 지지자들 사이에서 더 강한 제도와 법 적용을 요구하는 것은 물론, 척결과 청산을 주장하며 상대를 악마화하는 저주의 언어가 일상화되었다. 정치 언어의 문제에 대한 깊은 관심은 더 늦출 수 없는 과제가 아닌가 한다.

말의 힘을 이해하고 다룰 줄 아는 정치가가 없는 국회는 민주적 기능을 할 수 없다. 정치가가 사라진 국회, 서로 편을 나눠 말의 전쟁을 벌이는 국회, 공적 사안에 대한 숙의 없이 법과 제도만 양산하는 국회를 좋게 평가하기는 어렵다. 정치가 혹은 지도자로 인정받는 의원이 많아져야 국회도, 민주주의도 산다.

7.

좋은 정치 언어를 사용하는 정치가들이 많았으면 하는 바람을 이야기했지만, 그런 바람을 실현하는 것이 왜 이리 어려운 것일까. 인간 자체가 안고 있는 한계일까, 아니면 민주주의의 한계일까.

존 스튜어트 밀이 『자유론』에서 강조했듯이, "인류에게는 지배자로서든 동료 시민으로서든 자신의 의견이나 습성을 행동의 준칙으로 타인에게 강요하려는 경향이 있다." 그 경향을 제어하는 것이 정치의 역할이다. 정치의 역할이 없는 '자연 상태'에서는 만인의 대중들 사이에서 극단적인 정치 양극화를 피할 수 없다.

정치나 정당의 역할을 시민 의견이나 대중 여론을 수동적으로 모사하거나 대변하는 것으로 이해하면서, '민심을 따르고 민심대로 하라'는 것은 근본적으로 한계가 있다. 오히려 시민의 의견 형성은 물론 분열된 여론을 통합하는 적극적 역할과 기능을 하는 것에 정치의 존재 의의가 있기 때문이다.

자연 상태라고 하는 개념은 인간의 정치가 실패할 수 있다는 경고장이 아닐 수 없다. 정치도 국가도 실패할 수 있다. 그 결과는 자유와 평등, 안전과 평화의 가치가 위협받는 삶이 될 것이다. 홉스 이후 근대 정치철학이 '좋은 정치가 좋은 시민을 만든다.'는 윤리적 위안보다 '사나운 정치는 사나운 시민을 낳는다.'는 실패 가능성에 더 많은 관심을 갖게 된 것은 우연이 아니다.

오래전 알렉시 드 토크빌이 주목한 바 있지만, 민주주의의 최대 단점은 (정치가나 시민이나 할 것 없이) 생각이 다른 사람의 마음을 지배하고 싶은 열정을 절제하지 못하게 만든다는 데 있다. 민주주의가 아닌 체제에서라면 외면적인 순응을 얻는 것만으로도 충분하겠지만, 모두가 의견의 자유를 갖는 민주주의에서는 각자의 의견이 형성되는 내면의 세계에 영향을 미치려는 욕구를 자제하기 어렵다. 바로 이런 문제 때문에 민주주의는 서로가 존중해야 하는 정치 규범을 필요로 한다.

그런 규범의 핵심은 종교적 믿음에서 정치적 이념과 사상에 이르기까지 각자의 의견에 관한 한 방해받지 않아야 한다는 것이다. 그런 규범이 파괴되면, 민주주의를 한다고 하면서 오히려 더 세상의 의견을 자기 쪽으로 돌리려는 허망한 욕구를 참지 못한다. 그렇게 되면 정치뿐만 아니라 사회가 공존하기 어려운 두 개의 극단으로 분열되어 적대와 증오의 자연 상태로 퇴락할 수 있다.

다른 누구보다도 그 문제를 중시한 사람은 존 스튜어트 밀이다. 그 때문에 그는 민주주의가 나빠지는 것을 막기 위해 의견의 자유와 토론의 중요성을 강조했다. 그는 민주주의가 잘못 운영될 때의 문제를 "개인이, 다른 개인에 대해 폭군"이 될 가능성에서 찾았다. 민주주의가 수적 우위에 매달리게 되면, 여론의 우세를 추구하는 정치가 사회는 물론 개인의 내면에 이르기까지 간섭하려는 열정을 갖게 된다.

생각이 다른 정치가나 시민은 관용보다 미움의 대상이 되고, 그것은 합리적 이성보다 일방적 감정이 앞서는 정치를 이끌게 된다. 그로 인해 인간의 자유는 위험에 처하게 되고 사회는 의견의 다양성에서 얻을 혜택을 상실하게 되는데, 더 흥미로운 것은 거기서 끝이 아니라는 데 있다. 자신과 생각이 다른 사람을 혐오하는 감정의 정치는 독단적 열정을 낳는데, 문제는 자신의 옳음에 대한 과도한 확신이 쉽게 '타성'이 되고 만다는 데 있다.

정치에서의 타성은, 어떤 쟁점이 등장할 때마다 그것이 사실에 기초한 것인지 아닌지, 내가 무엇을 할 수 있고 무엇을 할 수 없는지에 대해 따지지도 않은 채, 나나 내 편에 도움이 되는지 안 되는지가 다른 무엇보다 중요해진 것의 결과다. 그때쯤 되면 타성은 "열정 없는 타산"을 불러오고 그 결과로 남는 것은 '각질화된 마음' 이상이 될 수 없게 된다. 지금 우리 정치가 그런 양상이다. 상대 진영에 대한 각질화된 마음이 선거를 지배하고, 자신의 정파가 무조건 승리했으면 하는 기계적 타산에 이끌려 행동하는 것이 타성이 되었기 때문이다.

존 스튜어트 밀이 말하고자 한 것은 바로 여기에 있다. 한마디로 이견과 다양성의 가치에 대한 존중이 없는 민주주의는 '죽은 독단' 이상 다른 것이 될 수 없다는 것이다. 반대가 허용되지 않는 민주주의는 위험하다. 자신의 옳음만 고집하는 것은 반대와 이견으로부터 배울 기회를 없앤다.

우리가 이견과 반대의 권리를 보호하고자 하는 것은 의견의 옳고 그름 그 자체 때문이 아니다. 그보다는 '의견이 존재하는 것의 중요성'을 인정하기 때문이다. 존 스튜어트 밀은 이 점을 강조하며, "설령 단 한 사람을 제외하고 모든 시민이 동일한 의견이고 그

한 사람만이 반대 의견을 갖는다고 해도 그 한 사람에게 침묵을 강요할 권리는 없다. 이는 그 한 사람이 권력을 장악했을 때 나머지 시민을 침묵하게 할 권리가 없는 것과 같다."라고 말한 바 있다.

우리가 다당제 민주주의를 하고 야당의 반대를 인정하는 것은 다음과 같은 매우 간단한 전제에 따른 것이다. 정치에서의 옳음은 대립하는 두 의견 가운데 어느 한쪽이 아니라 두 의견 사이에 있을 때가 많다. 그렇기에 민주주의에서 정치적으로 중대한 결정은 대체로 서로 대립하는 의견의 조정과 결합으로 이루어진다. 그래야 최종적으로 도달한 공적 결정은 도덕적 정당성을 인정받고, 반대와 이견의 당사자들로부터도 합당한 순응을 구할 수 있다.

8.

정치철학에서는 이견을 허용하지 않는 체제를 가리켜 '전제정'이라 한다. 그 체제의 가장 큰 특징은 옳음을 고집해 자의적인 독단을 강요한다는 데 있다. 민주정도 얼마든지 전제정으로 퇴락할 수 있다. 이런 체제는 정치를 시민의 민주적 대표가 아니라 왕을 선출해 맡기는 것과 같은 양상을 만들어 낸다.

앞서 언급한 토크빌은 이런 전제적 민주정 혹은 민주적 전제정에서는 "인간의 심성 속에 시기하는 감정을 강렬하게 불러일으키는 경향"이 극대화된다고 말한다. 이런 경향이 지배하면 "선거를 치를 때마다 나라에는 혁명에 버금가는 열정이 동원된다." 그렇게 되면 두려움이나 공포를 동원하는 것 말고 국가를 다스릴 다른 방법은 남지 않게 된다. 실패한 민주주의 정치에 대한 토크빌의 우울한 결론은 여기에 이른다.

지금 우리 정치의 모습이 그런 우울한 전망으로부터 얼마나 멀리 있는지 돌아볼 일이다. 이견과 다양성 속에서 일하는 민주주의가 아니라, 어느 한편의 독단에 편들기만 가능한 민주주의는 흔쾌하지 않다. 상대의 승리를 공포로 인식하는 사람이 민주주의자일 수는 없다. 패배를 받아들일 수 없는 사람은 승자가 돼서도 패자를 없앨 생각밖에는 못 한다.

패자가 되는 것을 받아들이지 못하는 민주주의는 조정과 타협이 허용되지 않는 민주주의를 낳는다. 그 속에서 자라나는 것은 적대와 증오의 정치일 수밖에 없다. 그들의 표정은 일그러져 있다. 정치가들이 그런 표정으로 일하는 민주주의는 좋은 변화를 이끌 수 없다.

정당 대변인의 역할이 지금처럼 상대를 야유하는 일로 전락해도 좋은지 생각해 볼 일이다. 서로를 마주 보고 문제를 풀어 가는 것이 아니라, 뒤돌아 자신의 지지자들을 향해 상대를 이르는 '아첨 정치'를 민주적이라고 말할 수는 없기 때문이다. 그렇게 되면 정치만 양극화되는 게 아니라 시민도 사회도 감정적으로 양극화된다. '문빠'나 '개딸', '태극기 부대'로 속칭되는, 일방적 선호와 배타적 혐오를 동전의 양면처럼 갖는 '열정적 소수들'passionate minorities이 지배하는 여론의 세계에서 안전하고 평화로운 시민의 삶은 실현될 수 없다.

9.

인간의 정치에서 싸움과 갈등을 없앨 수는 없다. 정치란 인간이 가진 적대와 싸움의 본능을 평화적으로 처리하는 기능을 한다. 정치의 이런 기능 없이 적대적 갈등을 피할 수 있는 사회는 없다. 인간사에서 공적 선택을 둘러싼 갈등은 제거될 수 없다. 모두가 동일한 의견을 갖도록 하거나 모두를 이타적인 존재로 바꿀 수도 없다. 그러므로 자신과 견해가 다른 상대 파당을 최대한 비난하고 욕보이는 것을 정치라고 할 수는 없다.

정치를 조정 불가능한 싸움판으로 만드는 정치가들은 민주주의를 실패로 이끈다. 그들은 정치를 '비창조적 흥분 상태'로 이끄는 사람들이다. 변화와 개혁을 만인이 나눠 쓸 공공재로 만들지 못하는 사람들이다. 자신의 옳음만 강변하니 표정에는 늘 화가 나 있다. 독단의 정치를 고수하다 보니 여와 야는 있으나 여-야 사이는 없다. 야유조의 언어가 습성화되다 보니 정치는 점점 저열해진다. 그런데도 이를 주도하는 사람들이 지지자로부터 갈채를 받는 민주주의가 자리를 잡아 버렸다.

지금 우리의 민주주의 정치가 그런 퇴행을 스스로 제어할 수 없게 된 것은 안타까운 일이다. 변화의 노력은 이런 상황에 대한 깊은 자각에서 시작되어야 할 것이다. 그러지 않고 늘 하던 대로

'혁신적' 제도를 도입한다고 해서 달라질 것은 별로 없을 것이기 때문이다. 정치, 다르게 이해하고 다르게 해야 한다. 정치의 수준을 낮추는 것도 높이는 것도 정치가다.

말이 나쁜 정치가를 퇴출시키는 것이 최우선의 시민적 과제가 되어야 한다. 앞으로의 선거는 그런 시민적 결정이 이루어지는 과정이 되어야 한다. 민주주의는 저절로 좋아지지 않는다. 마치 화단이나 텃밭처럼 꾸준히 가꾸고 관리해야 한다. 특단의 방법이나 획기적인 조치 같은 것도 없다. 비료나 제초제를 투입하는 것처럼 쉽게 해결하려고 하면 안 된다. 토양의 힘을 길러야 하는 시간이 필요한 것처럼, 좋아진다고 믿고 노력하고 또 노력해야 한다.

오래가는 변화는 오래 걸린다. 이를 받아들이지 않고 늘 비상한 혁신적 해결책을 찾으려고 조급해하면 아무것도 달라지지 않는다. 인간의 역사는 이를 보여 주는 풍부한 실증의 원천이다. 오래갈 말을 하라. 실체적 변화를 위한 말을 하라. 침착한 시민성을 위한 말을 하라. 꾸준한 실천을 위한 말을 하라. 정치적이되, 그래서 아름다웠으면 한다.

후주

1) 아즈텍 문명에서 통치자를 뜻하는 틀라토아니[Tlatoani] 역시 '언변이 뛰어난 사람'이라는 뜻이었다. 이 사실은 아즈텍 문명 전시회를 다녀온 박경민의 도움으로 알게 되었다.

2) 자세한 것은 https://modernizecongress.house.gov를 참조할 수 있다.

3) 고대 수사학이 중시한 여러 개념은 다음 책을 참조할 수 있다. 타타르키비츠, 블라디슬로프, 『타타르키비츠 미학사 1: 고대 미학』, 손효주 옮김, 미술문화, 2005.

4) "Decorum in the House and in Committees," https://archives-democrats-rules.house.gov/archives/house_decorum.htm.

5) 박성희, 『레토릭』, 커뮤니케이션북스, 2016, 42쪽.

6) 같은 곳.

7) 안재원, 「해제: 키케로 수사학, 서양 인문학의 새로운 지평」, 키케로, 『수사학: 말하기의 규칙과 체계』, 안재원 옮김, 도서출판 길, 2006, 48쪽에서 재인용.

8) 퀸틸리아누스, 『스피치 교육: 변론법 수업』, 전영우 옮김, 민지사, 2014. 영어 원전의 제목은 다르다. Quintilianus, Marcus Fabius, *Quintilian's Institutes of Oratory: Or, Education of an Orator*, Literally Tr. with Notes, By J. S. Watson.

9) 곽준혁, 『정치철학 1: 그리스로마와 중세. 정치와 도덕은 화해 가능한가』, 민음사, 2016, 274쪽에서 재인용.

10) 같은 곳에서 재인용.

11) 박지향, 「'유럽의 영웅' 처칠」, 영국사회학회, 『영국연구』 제14호 (2005), 331쪽.

12) 국회회의록 검색 서비스(https://likms.assembly.go.kr, 검색일: 2020/04/15).

13) 유진오의 회고록은 다음 글에서 재인용했다. 김성보, 「남북 국가 수립기 인민과 국민 개념의 분화」, 『한국사연구』 제14권(2009).

14) 이와 관련된 좀 더 자세한 설명은 다음 글을 참조할 수 있다. 박상훈, 「'국가'와 '국민'을 줄여 써야 할 국회」, 국회미래연구원, 『국가미래 전략Insight』 44호(2022).

15) 월린, 셸던, 『정치와 비전 2: 서구 정치사상사에서의 지속과 혁신』, 강정인·이지윤 옮김, 후마니타스, 2009, 33쪽.

16) 당시 언론의 반응에 대해서는 Foner, Eric, *The Fiery Trial: Abraham Lincoln and American Slavery*, W. W. Norton, 2010, pp. 266~268을 참고할 것.

17) https://edsitement.neh.gov/sites/default/files/2018-08/lincoln 01-764.pdf.

18) 미국 민주주의의 역사에서 노예제가 갖는 결정적 의미에 대해서는 레비츠키, 스티븐·대니얼 지블랫, 『어떻게 민주주의는 무너지는가』, 박세연 옮김, 어크로스, 2018을 참조할 것.

19) 이하 이와 관련해 자세한 내용은 Wills, Garry, *Lincoln at Gettysburg: The Words That Re-Made*, Simon & Schuster, 1992, 서문에 잘 나와 있다.

20) Dallek, Matthew, "The Comparisons Between Barack Obama and Abraham Lincoln," *U.S.News*, 2008/11/20. https://www.usnews.com/opinion/articles/2008/11/ 20/the-comparisons-between-barack-obama-and-abraham-lincoln.

21) 레디커, 마커스, 『노예선』, 박지순 옮김, 갈무리, 2018, 409쪽.

22) 박지향, 「'유럽의 영웅' 처칠」, 332쪽.

23) 같은 글, 339쪽.

24) 같은 글, 350쪽.

25) 같은 글, 348쪽.

26) *New York Times*, 1970/11/11. https://www.nytimes.com/1970/ 11/11/archives/charles-de-gaulle.html.

27) 코비, 스테판,『원칙 중심의 리더십』, 김경섭·박창규 옮김, 김영사, 2001, 152~155쪽.

28) 김형곤,「프랭클린 루즈벨트 대통령의 지도력 형성 배경과 본질」, 『미국사 연구』제15집(2002), 109쪽에서 재인용.

29) 같은 글, 113쪽에서 재인용.

30) 같은 글, 112~114쪽에서 재인용.

31) 같은 글, 111쪽에서 재인용.

32) 같은 글, 114, 115쪽에서 재인용.

33) 이때 루스벨트가 한 노변정담의 내용은 국내에도 출간되어 있다. 루스벨트, 프랭클린 D.,『루스벨트 대통령의 노변담화』, 올댓컨텐츠, 2015.

34) Clinton, Bill, "Captain Courageous," *Time*, 1999/12/31. https://content.time.com/time/subscriber/article/0,33009,993022,00.html.

35) Higgins, Chalotte, "Barack Obama, the New Cicero," *The Guardian*, 2008/11/26. https://www.theguardian.com/world/2008/nov/26/barack-obama-usa1.

36) 같은 글.

37) Lim, Elvin T., *The Anti-Intellectual Presidency: The Decline of Presidential Rhetoric from George Washington to George W. Bush*, Oxford Univ. Press, 2008.

38) 박성희,『레토릭』, 42쪽; Leith, S., *You Talking to Me?: Rhetoric from Aristotle to Obama*, Profile Books, 2012.

39) 체이트, 조너선,『오바마의 담대함: 버락 오바마는 어떻게 비판을 이겨내고 확고한 유산을 창조했는가』, 박세연 옮김, 성안당, 2017.

40) 오바마, 버락,『내 아버지로부터의 꿈』, 이경식 옮김, 랜덤하우스코리아, 2007.

41) 문병용,『오바마의 설득법』, 길벗, 2012; 박성래,『역전의 리더 검은 오바마』, 랜덤하우스코리아, 2012.

42) 멘델,『오바마, 약속에서 권력으로』; 체이트,『오바마의 담대함』.

43) 이에 대해서는 오바마,『내 아버지로부터의 꿈』, 5장에서 자세히 볼 수 있다.

44) Niebuhr, Reinhold, *Moral Man and Immoral Society: A Study of Ethics and Politics*, Charles Scribner's Sons, 1932; 니버, 라인홀드, 『도덕적 인간과 비도덕적 사회』, 이한우 옮김, 문예출판사, 2017.

45) 오바마, 『내 아버지로부터의 꿈』.

46) 고대 수사학에서 현대 수사학에 이르기까지의 다양한 논의와 기법에 대한 자세한 설명에 대해서는 다음을 참조할 것. 에르난데스 게레로, 호세 안토니오·마리아 델 카르멘 가르시아 테헤라, 『수사학의 역사』, 강필운 옮김, 문학과지성사, 2001.

47) 체이트, 『오바마의 담대함』.

48) 아메리칸드림에 대한 오바마의 접근을 공동체주의적 수사학의 관점에서 다룬 논의에 대해서는 더퓌, 마틴·케이스 보클먼, 『오바마론』, 최지영 옮김, 늘봄, 2008, 8장을 참조할 것.

49) 이 연설과 관련된 이야기는 필자의 다른 책 『정치의 발견』 3장에서 발췌 번역과 함께 소개한 바 있다.

50) 이 연설은 필자의 다른 책 『정치의 발견』 3장에서도 다룬 바 있다.

51) 이에 대해서는 오바마, 『내 아버지로부터의 꿈』, 11장에서 좀 더 자세히 볼 수 있다.

52) 이 연설은 필자의 다른 책 『정치가 우리를 구원할 수 있을까』 7장에서 다룬 바 있다.

53) 아리스토텔레스, 『정치학』, 천병희 옮김, 도서출판 숲, 2009, 21, 22쪽.

54) "The history of British Parliament," *LES News Puglia*. http://www.lesnews-puglia.net/index.php/cultura/330-the-history-of-british-parliament (검색일: 2022/11/16).

55) 레비츠키·지블랫, 『어떻게 민주주의는 무너지는가』.

참고문헌

곽준혁. 2016. 『정치철학 1: 그리스로마와 중세. 정치와 도덕은 화해
　　　가능한가』. 민음사.

굿윈, 도리스 컨스. 2020. 『혼돈의 시대 리더의 탄생』. 강주헌 옮김.
　　　커넥팅.

김성보. 2009. 「남북 국가 수립기 인민과 국민 개념의 분화」. 『한국사연구』
　　　제14권.

김형곤. 2002. 「프랭클린 루즈벨트 대통령의 지도력 형성 배경과 본질」.
　　　『미국사 연구』 제15집.

니버, 라인홀드. 2017. 『도덕적 인간과 비도덕적 사회』. 이한우 옮김.
　　　문예출판사.

더글러스, 프레더릭. 2014. 『미국 노예, 프레더릭 더글러스의 삶에 관한
　　　이야기』. 손세호 옮김. 지식을만드는지식.

더퓌, 마틴·케이스 보클먼. 2008. 『오바마론』. 최지영 옮김. 늘봄.

도날드, 데이비드 허버트. 2003. 『링컨 1, 2』. 남선우 옮김. 살림.

드골, 샤를. 2013. 『드골, 희망의 기억』. 심상필 옮김. 은행나무.

레디커, 마커스. 2018. 『노예선』. 박지순 옮김. 갈무리.

레비츠키, 스티븐·대니얼 지블랫. 2018. 『어떻게 민주주의는 무너지는가』.
　　　박세연 옮김. 어크로스.

루즈벨트, 프랭클린 D. 2015. 『루즈벨트 대통령의 노변담화』. 올댓컨텐츠.

마넹, 버나드. 2004. 『선거는 민주적인가: 현대 대의 민주주의의 원칙에
　　　대한 비판적 고찰』. 곽준혁 옮김. 후마니타스.

멘델, 데이비드. 2008.『오바마, 약속에서 권력으로』. 윤태일 옮김.
　　한국과미국.

문병용. 2012.『오바마의 설득법』. 길벗.

미국정치연구회 엮음. 2013.『어게인 오바마: 2012 미국 대선과 오바마의
　　재선』. 오름.

밀, 존 스튜어트. 2004.『자유론』. 박홍규 옮김. 문예출판사.

박상훈. 2013.『민주주의의 재발견』. 후마니타스.

_____. 2015[2011].『정치의 발견』. 후마니타스.

_____. 2017.『정치가 우리를 구원할 수 있을까』. 도서출판 이음.

_____. 2022.「'국가'와 '국민'을 줄여 써야 할 국회」. 국회미래연구원,
　　『국가미래전략Insight』44호.

박성래. 2012.『역전의 리더 검은 오바마』. 랜덤하우스코리아.

박성희. 2009.「대통령 취임연설의 제의적(Epideictic) 특성 수사 분석:
　　버락 오바마 미국 대통령의 취임 연설을 중심으로」.『스피치
　　커뮤니케이션』11권.

_____. 2016.『레토릭』. 커뮤니케이션북스.

박지향. 2005.「'유럽의 영웅' 처칠」. 영국사회학회.『영국연구』제14호.

보비오, 노르베르토. 1999.『자유주의와 민주주의』. 황주홍 옮김.
　　문학과지성사.

스위머, 수잔. 2009.『미셸 오바마 스타일』. 최유나 옮김. 장서가.

아리스토텔레스. 2009.『정치학』. 천병희 옮김. 도서출판 숲.

_____. 2013.『니코마코스 윤리학』. 천병희 옮김. 도서출판 숲.

_____. 2017.『수사학/시학』. 천병희 옮김. 도서출판 숲.

안재원. 2006.「해제: 키케로 수사학, 서양 인문학의 새로운 지평」. 키케로.
　　『수사학: 말하기의 규칙과 체계』. 안재원 옮김. 도서출판 길.

에르난데스 게레로, 호세 안토니오·마리아 델 카르멘 가르시아 테헤라.
　　2001.『수사학의 역사』. 강필운 옮김. 문학과지성사.

오바마, 버락. 2007.『내 아버지로부터의 꿈』. 이경식 옮김.

　　　　랜덤하우스코리아.

_____. 2007.『버락 오바마, 담대한 희망』. 홍수원 옮김.

　　　　랜덤하우스코리아.

월린, 셸던. 2007.『정치와 비전 1: 서구 정치사상사에서의 지속과 혁신』.

　　　　강정인·이지윤·공진성 옮김. 후마니타스.

_____. 2009.『정치와 비전 2: 서구 정치사상사에서의 지속과 혁신』.

　　　　강정인·이지윤 옮김. 후마니타스.

윌스, 게리. 2012.『링컨의 연설』. 권혁 옮김. 돌을새김.

체이트, 조너선. 2017.『오바마의 담대함: 버락 오바마는 어떻게 비판을

　　　　이겨내고 확고한 유산을 창조했는가』. 박세연 옮김. 성안당.

코비, 스테판. 2001.『원칙 중심의 리더십』. 김경섭·박창규 옮김. 김영사.

콜린스, 필립. 2022.『블루스퀘어: 세상을 외치다』. 강미경 옮김.

　　　　영림카디널.

퀸틸리아누스. 2014.『스피치 교육: 변론법 수업』. 전영우 옮김. 민지사.

키케로, 마르쿠스 툴리우스. 2006.『수사학: 말하기의 규칙과 체계』.

　　　　안재원 옮김. 도서출판 길.

타타르키비츠, 블라디슬로프. 2005.『타타르키비츠 미학사 1: 고대 미학』.

　　　　손효주 옮김. 미술문화.

토이, 리처드. 2015.『수사학』. 노승영 옮김. 고유서가.

투퀴디데스. 2011.『펠로폰네소스 전쟁사』. 천병희 옮김. 도서출판 숲.

페리클레스·뤼시아스·이소크라테스·데모스테네스. 2015.『그리스의

　　　　위대한 연설』. 김헌·장시은·김기훈 옮김. 민음사.

플라톤. 2013.『국가』. 천병희 옮김. 도서출판 숲.

_____. 2014.『고르기아스/프로타고라스: 소피스트들과 나눈 대화』.

　　　　천병희 옮김. 도서출판 숲.

플루타르코스. 2010.『플루타르코스 영웅전』. 천병희 옮김. 도서출판 숲.

하프너, 제바스티안. 2019.『처칠, 끝없는 투쟁』. 안인희 옮김. 돌베개.

홉스, 토머스. 2008.『리바이어던』. 진석용 옮김. 나남출판사.

Clinton, Bill. 1999/12/31. "Captain Courageous." *Time*. https://con
tent.time.com/time/subscriber/article/0,33009,993022,00.html.

Dallek, Matthew. 2008/11/20. "The Comparisons Between Barack
Obama and Abraham Lincoln." *U.S.News*.
https://www.usnews.com/opinion/articles/2008/11/20/the-comp
arisons-between-barack-obama-and-abraham-lincoln.

Foner, Eric. 2010. The *Fiery Trial: Abraham Lincoln and American
Slavery*. W. W. Norton.

Higgins, Chalotte. 2008/11/26. "Barack Obama, the New Cicero." *The
Guardian*. https://www.theguardian.com/world/2008/nov/26/
barack-obama-usa1.

Leith, S. 2012. *You Talking to Me?: Rhetoric from Aristotle to Obama*.
Profile Books.

Lim, Elvin T. 2008. *The Anti-Intellectual Presidency: The Decline of
Presidential Rhetoric from George Washington to George W. Bush*.
Oxford Univ. Press.

Niebuhr, Reinhold. 1932. *Moral Man and Immoral Society: A Study of
Ethics and Politics*. Charles Scribner's Sons.

Quintilianus, Marcus Fabius. *Quintilian's Institutes of Oratory: Or,
Education of an Orator*. Literally Tr. with Notes, By J. S. Watson.

Thucydides. [1628]1989. *History of the Peloponnesian War*. Thomas
Hobbes Trans. The Univ. of Chicago Press.

_____. 1849. *History of the Peloponnesian War*. Henry Dale Trans.
H. G. Bohn.

_____. 1906. *The World's Famous Orations*. William Jennings
Bryan Trans. Funk & Wagnalls.

_____. 2000. *History of the Peloponnesian War*. Rex Warner Trans.
Penguin Books.

_____. 2004. *History of the Peloponnesian War*. Richard Crawley Trans. Dover Publications Inc.

Young, Iris. 2006. "Katrina: Too Much Blame, Not Enough Responsibility." *Dissent*, Winter.

Wills, Garry. 1992. *Lincoln at Gettysburg: The Words That Re-Made*. Simon & Schuster.

웹 자료

https://edsitement.neh.gov/sites/default/files/2018-08/lincoln01-764.pdf.

https://modernizecongress.house.gov.

https://www.americanrhetoric.com/barackobamaspeeches.htm.

https://www.americanrhetoric.com/newtop100speeches.htm.

https://www.loc.gov/search/?fa=subject:speeches,+addresses,+etc.

찾아보기